高等教育"十三五"规划教材·经济管理系列

西方经济学教学案例新编

主编 耿香玲 王英姿 司子强

北京交通大学出版社

·北京·

内 容 简 介

本书的教学案例及其分析与尹伯成教授主编的《西方经济学简明教程》(第八版)各章节的基本理论相匹配。在案例选择和案例分析过程中特别注重适用性、时效性、通俗性。本书案例所对应的西方经济学理论包括均衡价格理论、消费者行为理论、生产理论、收入分配理论、市场失灵理论、国民收入核算理论、国民收入决定理论、利率与投资理论、IS-LM 模型、总供给-总需求模型等。

本书适合作为地方应用型本科院校学生学习西方经济学课程的配套教材。

图书在版编目(CIP)数据

西方经济学教学案例新编/耿香玲,王英姿,司子强主编. —北京:北京交通大学出版社,2017.7(2018.12 重印)

(高等教育"十三五"规划教材·经济管理系列)

ISBN 978-7-5121-3286-3

Ⅰ. ① 西… Ⅱ. ① 耿… ② 王… ③ 司… Ⅲ. ① 西方经济学-案例-高等学校-教材 Ⅳ. ① F0-08

中国版本图书馆 CIP 数据核字(2017)第 172061 号

西方经济学教学案例新编
XIFANG JINGJIXUE JIAOXUE ANLI XINBIAN

策划编辑:田秀青   责任编辑:田秀青

出版发行:北京交通大学出版社   电话:010-51686414   http://www.bjtup.com.cn

地   址:北京市海淀区高梁桥斜街 44 号   邮编:100044

印 刷 者:北京鑫海金澳胶印有限公司

经   销:全国新华书店

开   本:185 mm×260 mm   印张:13.75   字数:344 千字

版   次:2017 年 7 月第 1 版   2018 年 12 月第 2 次印刷

书   号:ISBN 978-7-5121-3286-3/F·1700

印   数:2 001~4 000 册   定价:29.00 元

本书如有质量问题,请向北京交通大学出版社质监组反映。对您的意见和批评,我们表示欢迎和感谢。

投诉电话:010-51686043,51686008;传真:010-62225406;E-mail:press@bjtu.edu.cn。

前　言

　　根据教育部高校改革精神，地方应用型本科院校的办学定位是为地方经济发展培养应用型专门人才，这些院校的一项重要职能就是培养学生对理论知识的应用能力。这种应用能力包括提出问题、分析问题和解决问题的能力；对事物的理解和判断能力；对方案的分析、比较、鉴别和选择能力；对实际问题的正确处理能力；对经济和社会政策的执行能力等。西方经济学作为经管类专业的核心课程和基础理论课程，其教学目标是培养学生上述各方面能力。

　　对于西方经济学教学而言，案例教学法是培养学生应用能力的重要手段。在西方经济学案例教学过程中，教师由教学活动的主导者变为参与者、组织者和协调者，而学生成为教学活动的主体和中心，他们在教师的指导下，在案例所描述的情境中，把基本理论与实际案例有机结合起来，运用西方经济学理论对案例进行分析、讨论，就某个问题发表和交换看法，同时体验从西方经济学视角分析问题，尝试并训练自己的经济学思维方式。教师则有意识、有目的地训练学生运用所学经济学理论分析实际经济问题的能力。

　　实施好案例教学的一个先决条件是精选一批紧扣社会经济发展现实、阐释说明力强的优秀案例。但是，在案例教学过程中我们发现，传统西方经济学教科书附带的教学案例大多数取材于20世纪末或21世纪初的经济现象和经济问题，虽然也能说明西方经济学理论和知识，但是这些案例与当下经济现实相距比较远，时效性和时代感不强。西方经济学作为经世致用之学，如何用它说明当下发生的经济事件和经济现象是摆在全体西方经济学教师面前的重要问题。为此，我们编写了《西方经济学教学案例新编》，注重案例时效性，选择最新发生的、最鲜活的经济事件和经济问题作为案例材料，然后用西方经济学理论加以分析和说明。

　　本书具有以下特点。

　　1. 适用性。本书主要是为地方应用型本科院校的学生更好地学习、理解和应用西方经济学理论而编写的。案例选择和案例分析过程特别强调适用性。在案例选择方面注重贴近社会经济现实，贴近学生经济生活实际，如《"粉丝经济"面面观》《"高考经济"火爆背后的盲目消费》《出国留学不得不考虑机会成本》等都是发生在学生身边的现象。每一个案例后面都提出了相关讨论题，使学生更好地参与到案例教学中来，做到有感而发，有话可讲，让学生在阅读和分析案例的过程中更好地理解和掌握西方经济学基本理论和基本知识。

　　2. 时效性。西方经济学是经世致用之学。在西方经济学教学中，必须用西方经济学理论剖析和解释最新出现的经济现象和经济问题。因此，本书在案例选择上注重时效性，将最近几年国内、国际经济生活中发生的最鲜活、最时新的经济事件和经济现象作为基本素材，编写出完整的、具有代表性和典型意义的西方经济学教学案例。例如，《中国消费者为什么热衷于到境外"扫货"？》《关于"滴滴"与"优步"合并算不算垄断的讨论》《延迟退休对青年就业的影响》等案例，具有鲜明的时代感和现实性。

　　3. 前瞻性。西方经济学教学不仅要培养学生分析现实经济问题的能力，还应该引导学生预测未来经济发展的趋势。因此，在案例选择中，我们选取了一些具有前瞻性的西方经济学案例，如《数据成为创新社会最重要的生产要素》《中国如何跨越"中等收入陷阱"？》《准确理解和把握共享发展理念的深刻内涵》等。其目的在于通过讲解和分析这些案例引导学生把握经济发展脉搏和走向，正确认识政府关于经济发展的大政方针，使他们的经济行为选择更科学、更理性，使他们的人生目标与国家和社会的需要相一致，指导他们做好职业发展规划。

4. 通俗性。鉴于本书的使用对象主要是地方应用型本科院校的学生，在案例编写过程中注重规范性和通俗性相统一。一方面，在案例资料的选择和分析中注重反映西方经济学基本原理的一般规律和科学体系，用案例揭示西方经济学知识体系的内在逻辑关系和基本原理。另一方面，在基本原理的呈现和阐述中没有过多地运用相关模型和数学表达式，而是用通俗易懂的语言来描述和分析，并配以有趣的图片来增强学生的直观感受。其目的是从学生现有的知识储备、兴趣点和思维方式出发，让普通学生能看懂、能理解、会运用。使学生感觉西方经济学不仅有用，而且有趣。

本书的教学案例及其分析与尹伯成教授主编的《西方经济学简明教程》（第八版）各章节的基本理论相匹配，可作为地方应用型本科院校学生学习西方经济学课程的辅助教材。

本书由常熟理工学院耿香玲教授、王英姿副教授和司子强老师担任主编。耿香玲教授编写第一章、第二章、第五章、第六章、第七章、第八章、第十二章、第十三章、第十四章；王英姿副教授编写第九章、第十章、第十一章、第十六章；司子强老师编写第三章、第四章和第十五章。全书由耿香玲教授负责设计编写方案并统稿。

本书编写过程中引用和参阅了大量报纸、期刊、专著、教科书、网站等刊载的资料，在每个案例来源中都一一注明了作者和出处，在此向有关编著者一并表示深深的谢意。在本书编写过程中，常熟理工学院的朱福兴教授、吴爱民副教授、胡孝平老师提出了宝贵建议，在此一并表示感谢。在本书编辑出版过程中，得到北京交通大学出版社田秀青老师及其他老师的热情帮助，田秀青老师以其严谨认真的治学态度为本书提出了许多修改意见，在此表示诚挚的谢意。

由于编写时间仓促，编者水平有限，书中不可避免地有种种谬误和瑕疵，欢迎读者提出宝贵意见。

编者
2017 年 1 月

目　录

上篇　微观经济学教学案例

下篇　宏观经济学教学案例

上　篇

微观经济学教学案例

第一章 导 论

【案例1-1】中国水资源稀缺性

案例适用知识点

资源稀缺性

案例来源

中国产业洞察网。

案例内容

中国水资源稀缺，人均淡水资源仅为世界平均值的 $\frac{1}{4}$。中国有 $\frac{2}{3}$ 的城市供水不足，$\frac{1}{6}$ 的城市严重缺水，其中也包括天津、北京等特大城市。突出的水资源稀缺与水污染问题逐步地威胁到中国的经济发展与社会安全，是当前亟待解决的问题。根据水利部官方统计："我国当前水资源短缺情况十分突出，全国669座城市中有400座供水不足，110座严重缺水；在32个百万人口以上的特大城市中，有30个长期受缺水困扰。在46个重点城市中，45.6%水质较差，14个沿海开放城市中有9个严重缺水。北京、天津、青岛、大连等城市缺水最为严重；农村还有近3亿人口饮水不安全。"工业生产的快速增长和对污水排放治理的监督滞后又更进一步加重了水体的污染。

部分国家人均水资源量如图1-1所示。

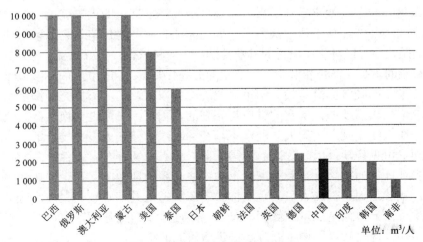

图1-1 部分国家人均水资源量

我国水资源稀缺性体现在：水资源可用量、人均水资源量极为有限，降雨时空分布严重不均，地区分布差异性极大。我国年降水量约为 61 900 亿 m³，相当于全球陆地总降水量的 5%；地表水年径流量约为 27 115 亿 m³，居世界第 6 位。但由于我国人口众多，按人均年径流量计算，仅为每人每年 2 100 m³，不足世界平均水平的 1/4。从地区来看，水资源总量的 81%集中分布于长江及以南地区，其中 40%以上又集中在西南五省区。总的来说，我国北方地区属于资源型缺水地区，而南方地区水资源虽然比较丰富，但由于水体污染，水质型缺水问题也相当严重。

我国水源地污染日益严重，威胁供水安全。根据 2011 年中国环境公报显示，我国地表水污染较重。长江、黄河、珠江、松花江、淮河、海河和辽河七大水系总体为轻度污染。在 204 条国控重点河流和 409 个国控重点地表水监测断面中，我国 I 类水河长占评价河长的 4.6%、II 类占 35.6%、III 类占 24.0%、IV 类占 12.9%、V 类占 5.7%、劣 V 类占 17.2%，主要污染指标为高锰酸盐指数、五日生化需氧量和氨氮含量。在 26 个国控重点湖泊（水库）监测断面中，水质为 I 类的水面面积占评价水面面积的 0.5%、II 类占 32.9%、III 类占 25.4%、IV 类占 12.0%、V 类占 4.5%、劣 V 类占 24.7%，主要污染指标是总氮含量和总磷含量。2011 年重点湖泊（水库）水质状况见表 1-1。

表 1-1　2011 年重点湖泊（水库）水质状况

湖泊类型	I 类	II 类	III 类	IV 类	V 类	劣 V 类
三湖*	0	0	0	1	1	1
大型淡水湖	0	0	1	4	3	1
城市内湖	0	0	2	3	0	0

注：*三湖指太湖、滇池和巢湖
数据来源：环保部

案例分析

稀缺性（scarcity）在西方经济学中特指物品相对于人类需要而言的有限性。西方经济学称这种稀缺性物品为经济物品。稀缺资源不能无限制地被人使用，例如，一个苹果被一个人吃掉了，那么另外一个人就吃不到了。可以说传统经济学理论的大厦就是围绕稀缺资源的概念而建立起来的。传统经济学理论认为：一种商品或者服务的价值与它的稀缺性直接相关。这里要注意的是，西方经济学中所说的稀缺性是指相对稀缺性，也就是说，稀缺性强调的不是资源的绝对数量的多少，而是相对于人类欲望的无限性来说，再多的物品和资源也是不足的。

西方经济学中的经济物品是指一切可以通过交换取得，但又不能充分满足个人欲望的商品或服务。空气是人需要的，但它的供应是无限的，因而不必通过交换取得。淡水也是人需要的，对于守在大江大湖边上的人，淡水不具有稀缺性。但在大多数场合下，自来水要通过付费才能得到，可见稀缺性因时因地而不同。但只要有市场存在，一件商品稀缺到什么程度就不是一个主观评价的结果，它会由市场上的价格来精确地做出回答。稀缺性强烈或者是因为供应有限，或者是因为需求太多，越是稀缺的东西越是具有更高的交换价值，所以稀缺性又相当于交换价值。人们希望得到健康、友爱等，这些东西也是稀缺的，但却不能通过交换得到，没有交换价值，所以不属于西方经济学所研究的稀缺性。从一定意义上说，西方经济学是研究一个国家或社会如何克服稀缺性的学问。

西方经济学认为，稀缺性从理论上来说可以分为两类：经济稀缺性和物质稀缺性。假如水资源的绝对数量并不少，可以满足人类相当长时期的需要，但由于获取水资源需要投入生产成本，而且在投入一定数量生产成本的条件下可以获取的水资源是有限的、供不应求的，这种情况下的稀缺性就称为经济稀缺性。假如水资源的绝对数量短缺，不足以满足人类相当长时期的需要，这种情况下的稀缺性就称为物质稀缺性。

　　经济稀缺性和物质稀缺性是可以相互转化的。缺水地区自身的水资源绝对数量都不足以满足人们的需要，因而当地的水资源具有严格意义上的物质稀缺性。但是，如果将跨流域调水、海水淡化、节水、循环使用等增加缺水区水资源使用量的方法考虑在内，水资源似乎又只具有经济稀缺性，只是所需要的生产成本相当高而已。丰水区由于水资源污染浪费严重，加之缺乏资金治理，使可供水量满足不了用水需求，也会变成水资源经济稀缺性的地区。

　　当今世界，水资源既有物质稀缺性，可供水量不足；又有经济稀缺性，缺乏大量的开发资金。正是由于水资源供求矛盾日益突出，人们才逐渐重视到水资源的稀缺性问题。

　　我国绝大多数地区的水价既无法反映行业发展对水资源的需求，也无法反映水资源的稀缺状况和重要性，导致一方面缺水，另一方面在滥用水。实际上，我国的用水成本是比较高的，这种低水价是难以长期维持的。据测算，我国用水真实成本为每年 4.4 万亿元，但是支付的真实成本只有 1 万亿元。其中包括收取水费 1 000 亿元、国家财政补贴 5 000 亿元和企业治理投入 4 000 亿元。

　　既然水资源稀缺性是与水资源价值密不可分的，其稀缺性就应该通过价格反映出来，水价应包含水资源稀缺性因素。例如，进一步动态地分析，水资源在不同地区、不同丰枯年份、不同季节，其稀缺程度是变化的。那么水价也应该是一个动态的、连续的并体现水资源稀缺变化的过程。

　　近几年，我国许多地区都已经或将要举行水价阶梯制度听证会。北京去年执行阶梯水价，由每立方米 4 元调整为一、二、三阶梯分别为每立方米 5 元、7 元、9 元；浙江省杭州市由每立方米 1.85 元调整为每立方米 2.9 元、3.85 元、6.7 元；江西省南昌市由每立方米 1.18 元调整为每立方米 1.58 元、2.37 元、4.74 元；新疆维吾尔自治区乌鲁木齐市执行阶梯水价后，综合平均水价将达每立方米 2.34 元。

案例讨论

　　（1）经济稀缺性和物质稀缺性有什么不同？
　　（2）在水资源稀缺大背景下，你认为应采取什么措施节约用水？

【案例1-2】不同经济体制对西方经济学基本问题的不同回答

案例适用知识点

西方经济学研究的基本问题

案例来源

参照百度文库"西方经济学案例库"改编。

案例内容

西方经济学有四个基本问题：

第一个问题，生产什么产品和各生产多少。

第二个问题，怎样生产这些产品，或者说怎样安排产品的生产过程。

第三个问题，为谁生产，即产品如何分配的问题。

第四个问题，一国的经济资源是否被充分利用，以及如何被充分利用。

这四个问题也是经济资源配置和利用方式问题。经济资源配置和利用方式也就是经济体制问题。按照西方经济学家的划分，经济体制大体分为四种：自然经济、计划经济、市场经济与混合经济。不同的经济体制对上述四个问题的回答是明显不同的。

第一个问题，生产什么产品和各生产多少。

在以市场经济为主导的国家里，生产什么产品和各生产多少主要取决于企业和消费者之间的相互作用。即生产什么产品和各生产多少既取决于消费者的货币选票，也取决于企业自身对经济利益的追求，其中价格在决定生产什么产品和各生产多少上是关键。

而在中央集权的计划经济国家里，企业生产什么产品和各生产多少则是由政府计划部门确定的，企业没有生产经营自主权，是政府部门的附属物，只能被动执行国家的生产计划。由于生产者缺乏生产积极性，致使生产和生活物资全面短缺。为了保证居民最低限度的消费，政府部门不得不以发放票证方式限制消费者的消费品种和消费数量，如粮票、油票、布票等。

第二个问题，怎样生产这些产品，或者说怎样安排产品的生产过程。

在以市场经济为主导的国家里，在哪里生产？采用什么样的生产技术进行生产？以什么样的规模进行生产？采用什么样的企业组织形式进行生产等问题主要由企业根据生产技术水平，生产成本的高低，市场竞争状况，国际、国内市场环境等因素进行自主决定。当然政府也会参与，不过政府是通过制定法规来规范企业的组织形式、企业与雇员及消费者之间的相互作用方式等。

而在中央集权的计划经济国家里，既然政府是生产计划的制订者，掌握着所有企业的生产资源，通过"统购包销"的形式安排和控制整个生产过程。企业在哪里生产，采取什么样的企业组织形式进行生产，生产规模有多大，在哪里采购原材料，产品卖到哪里去都要听命于计划部门的安排。苏联和中国改革开放前曾长期采取这样高度集中的经济体制。

第三个问题，为谁生产，即产品如何分配的问题。

在以市场经济为主导的国家里，消费者的消费水平主要由其收入水平决定，而收入的高低主要取决于劳动、资本、土地、企业家才能等生产要素的价格。这些生产要素的价格又是在生产要素市场上由要素的供给和需求共同决定的，是要素的需求者（企业）与要素的供给者（消费者）两者之间的相互作用的结果。当然政府可以通过税收和收入重新分配来参与这一过程，不过一切都是按照市场机制来进行的。

而在中央集权的计划经济国家里，不存在严格意义的生产要素市场。企业招工和劳动者就业都由各级劳动部门统一决定。劳动者的收入水平由政府按照岗位的不同直接决定，企业没有用工自主权，也不能独立决定工资和奖金分配。这就造成企业吃国家"大锅饭"，劳动者吃企业"大锅饭"，劳动者干多干少一个样，干好干坏一个样的局面。

第四个问题，一国的经济资源是否被充分利用，以及如何被充分利用，即资源的配置效率问题，如何通过某种机制将资源分配到更能充分利用资源的经济单位上。

在以市场经济为主导的国家里，资源利用问题主要依靠市场机制来解决。在"看不见的手"的支配下，企业追求利润最大化，消费者追求效用最大化，在价格机制的作用下，供给和需求相一致，社会资源得到充分而有效的利用。政府则通过法规来规范企业的行为。

而在中央集权的计划经济国家里，政府的计划部门按照自己对国民经济的理解来进行决策，产品数量、价格、消费和投资的比例、投资方向、就业及工资水平、经济增长速度等都由政府指令性计划决定。这会导致供给和需求、投资和消费脱节，导致资源极大浪费，资源配置效率低下。

📖 案例分析

比较不同的经济资源配置和利用方式可以发现，市场经济是效率经济，计划经济缺乏效率。奉行不同的经济体制是 20 世纪 80 年代以前西方市场经济国家普遍富裕强盛，东方计划经济国家普遍贫困落后的重要原因之一。于是开启了自 20 世纪 70 年代后期以来世界上原计划经济国家以市场经济为基本取向的全面改革之路。中国以渐进改革的方式走向市场经济。东欧各国则采取激进的方式走向市场经济。然而，市场经济体制在资源配置和利用方面并不是万能的。西方国家在几百年市场经济实践中也屡屡经历了经济危机、社会动荡，直至残酷战争等严重问题。一般来说，在克服垄断和外部性弊端，提供公共产品、管理信息、调节收入分配、控制经济波动等方面，市场经济体制都无能为力，需要国家和政府出面来发挥作用，于是混合经济体制产生了。

混合经济体制的基本特征是生产资料私人所有和国家所有相结合，自由竞争和国家干预相结合，因此也是垄断和竞争相混合的制度。政府限制私人某些活动，国家垄断限制了完全竞争的盲目性。在这种体制下，凭借市场经济体制来解决资源配置问题，依靠国家干预来解决资源利用问题。这种体制被认为是迄今为止最好的经济体制，效率和公平可以得到较好的协调。

 案例讨论

（1）为什么市场经济是高效率经济，而计划经济是低效率经济？

（2）为什么混合经济体制是最好的资源配置和利用方式？

【案例1-3】假设本身并不重要

案例适用知识点

经济学的研究方法

案例运用的知识点

假设在经济学中的运用

案例来源

李仁君. 假设本身并不重要：谈经济学研究方法. 海南日报，2005-11-02.

案例内容

经济学的研究方法需要假设，但不意味着经济学的研究只停留在假设上。

在茫茫沙漠中，烈日当头，几个饥饿的学者由于没有工具，面对一堆罐头食品与饮料一筹莫展。于是，他们讨论如何开启罐头。物理学家说：给我一个聚光镜，我可以用阳光把罐头打开。化学家说：给我几种化学药剂，我可以利用它们的化学反应来开启罐头。经济学家则说：假如我有一把开罐刀……

这个故事被认为是对经济学家的嘲讽，因为经济学家在分析问题时总是依赖于一大堆假设。于是乎好像百无一用是经济学家，经济学是最不科学的一门学科。但假设却是经济学家常用的一种抽象分析方法，其目的在于排除非本质因素的干扰，把复杂的问题简单化并最终得到研究结论。

案例分析

其实，上面那个故事并不能说明只有经济学家在分析问题时才利用假设，物理学家和化学家不也是在空想么？试想，在沙漠中，如果连开罐刀也没有，又何来聚光镜和化学药剂？难道物理学家和化学家会随身带着这些东西么？他们只不过是根据自己的本行来假设罢了，在茫茫沙漠中一样不能奏效。

不能因为经济学家的假设最直接就觉得它最没有可能。相反，如果回到一般情况下，经济学家的假设无疑是最容易与现实相符的，也是最容易为人所接受的。这个故事只能说明经济学更加贴近人们的日常生活，它并不是人们所想象的那般高深莫测。它所假设的内容平时往往容易被人们所忽略。因此，经济学家最能挖掘假设对理论的巨大作用，根据弗里德曼提出的假设不相关命题，即使假设本身是不现实的，也并不影响以之为手段得到正确的结论。

在一些假设的基础上进行抽象分析，似乎又是经济学不得不做的选择。马克思说过，分析经济形式，既不能用显微镜，也不能用化学试剂，二者都必须用抽象力来代替。此语道出了抽象分析对经济学的重要性。

举一个通俗的例子：假如你要去美国旅游，但对美国又不熟悉，为了全面地了解美国，你可以找到一张美国航天局制作的卫星地图，它虽然完整地记录了美国的山山水水乃至一草一木，但对于普通人而言，由于它信息太全面了，看了以后反而一无所获。

于是，你又找了一张美国旅游局制作的旅游地图，这是一张经过大量删减的地图，它不再详细到记载美国的一草一木，而只记载了主要的山脉、河流、道路、城市等有限的信息，但正是这张记载有限信息的地图却能给你帮助，使你能够了解美国。这里的旅游地图是经过抽象和简化了的地图，一般地图都是有比例尺的，比例尺就起到了一个抽象和简化的作用，这正说明了生活中为什么人们从来都不需要比例尺为1:1的地图。

经济学的研究方法需要假设，但不意味着经济学的研究只会停留在假设上，一定的假设只不过是为了得到最终结论的手段，经济学理论的进展往往是在不断放松假设条件并步步逼近真实的过程中取得的。也就是人们常说的，认识问题总是先从具体到抽象，再从抽象回到具体。一国的经济领域是极其复杂的，其中有上百万乃至上亿人口，有数量众多的企业，在这种环境下探索经济规律是很困难的。假设可以从各种复杂的经济关系中，抽象出最本质的关系加以研究，从而会使解释这个世界更为容易。例如，为了研究国际贸易的影响，人们可以假设，世界上只有两个国家，而且每个国家只有两种产品。当然，现实世界由许多国家组成，每个国家都生产成千上万的不同类型的产品。但是，通过假设两个国家和两种产品，人们可以集中进行思考，一旦理解了只有两个国家和两种产品这种假想世界中的国际贸易，就可以更好地理解复杂世界中的贸易。

同理，在旅游地图的例子中，你在旅游地图的引导下进入美国，但最后不会受到地图的束缚，你完全可以真实地饱览美国地图上并没有记载的山水草木。

案例讨论

（1）为什么说假设对经济学的研究是十分必要的？
（2）在经济学研究中，你认为应该如何正确地运用假设？

【案例1-4】寻求经济学研究范式的互通共融

案例适用知识点

经济学研究对象和研究方法

案例来源

李金华. 寻求经济学研究范式的互通共融. 光明日报, 2016-06-16.

案例内容

当下, 国内经济学期刊发表的学术论文中带有经济模型的占了相当大的比例, 但是, 错用和滥用数量经济模型的现象时有发生, 甚至普遍存在。有些论文忽视模型的假设前提, 错误地使用模型, 致使结论严重脱离现实; 有些论文避简就繁, 滥用模型, 故弄玄虚; 有些论文模型与结论脱节, 对策建议与研究过程无关, 结论不是源于前文的定量研究, 缺乏可信度。凡此种种, 招致了学术界和非学术界对模型应用和定量研究的广泛诟病, 继而在学术界产生了诸多认识上的误区, 特别是还引发了经济学研究范式之争。对此, 学术界有责任澄清认识, 正确引领中国经济学研究的发展方向。

一、恪守学术道德 彰显科学精神

科学研究是探寻真理, 发现规律, 促进人类进步的活动。严密的逻辑推理和精确的实验观察是科学研究的本质。与自然科学研究一样, 严肃的经济学研究是一项科学研究活动, 要体现科学本质, 彰显科学精神。

彰显科学精神, 就要严谨客观、求真求实。在研究中充分利用实验数据, 尊重经济学基本原理, 遵从逻辑推演法则, 服从研究方法适用条件; 不主观臆断, 不虚造数据, 不妄构变量; 一切思考、分析和判断都始终致力于发掘事实, 探求本原, 追寻规律, 解决问题。在今天经济现象空前复杂、经济学研究空前繁荣的时代, 经济学者应追踪理论前沿、关注社会现实、解决具体问题。这是学者的本分, 也是学者应该恪守的学术道德。

经济模型和定量方法有时是研究的工具或手段, 有时是研究的对象, 这取决于学者的研究目标。经济学论文注重经济模型和定量方法, 但不能把经济模型和定量方法作为评价经济学论文的唯一依据。一篇经济学论文的优劣不在于是否有经济模型或定量方法, 不在于经济模型的多寡。经济学论文是否要用经济模型? 用多少经济模型? 用什么样的经济模型? 上述问题的关键在于经济学论文的主题和研究的需要。撇开研究目标, 无视研究内容, 随心所欲地堆砌各种经济模型, 不是科学的态度。不过, 全盘否定经济模型, 一概摒弃定量方法, 不分条件地一味强调思想、思辨, 也有悖科学精神。如果把经济学研究视为一个生产过程, 学者是生产者, 经济模型就是劳动产品。劳动产品本无意识, 优劣好坏取决于生产者的技能和态度。因此, 经济模型有功, 功不在经济模型自身; 经济模型有过, 过也不在经济模型自身。这是当下经济学研究必须澄清的重要认识。大道至简, 能用至为简单的方法解决至为复杂的问题, 是经济学研究的至高境界, 也是学者学术研究的最高境界。

二、鼓励包容共生　倡导互通共融

经济模型和定量方法认识上的误区，导致了关于经济学研究范式的是非之辩：经济学研究究竟是规范研究还是实证研究？

西方经济学理论认为，经济学研究方法有规范研究和实证研究之分，故而经济学也就有规范经济学和实证经济学的区别。规范研究，就是在若干假定的前提下，依据客观事物和经济现象之间的内在联系，从纯理论上演绎推导出结论，做出判断，它注重数理演绎和逻辑关系；实证研究是从实地调查、观测或者实验获取的样本数据和资料中，通过分析，发现事物的本原，从个别到一般，由特殊到普遍，归纳总结出带规律性或一般意义的结论，它强调结论和认知必须建立在观察和实验的经验事实上，且具有普遍性和客观性。

但是，规范与实证的"二分法"在西方经济学中一直存有很大争议。影响最大的是以萨缪尔森为代表的"可操作主义"和以弗里德曼为代表的"工具主义"之争，但是争议并未分出高下，辨出曲直。长期以来，规范与实证共生共存，"可操作主义"与"工具主义"也都只成为特定时代、特定阶段所出现的经济学名词。事实上，在经济学研究中，数学归纳推演与实地观测分析一直是并行不悖的。可以容易地发现，很难找出一种纯理论推演的研究成果，也很难找出一种纯实验观测分析的成果。经济学研究的历史如此，经济学研究的现实更是如此。

📖 案例分析

现代社会，经济现象和经济事实日趋复杂，许多经济问题的研究，既需要数理推导、逻辑思辨，又需要数据分析。经验证明，单纯的所谓规范研究或单纯的所谓实证研究均难以满足复杂经济现象的研究。所以更多的场合是规范研究和实证研究并用，马克思主义经济学主张的历史与逻辑统一的分析方法便是规范与实证有机结合的经典范例。这也是当今经济学研究应当倡导的理念和思想。

经济学研究应体现在提升社会福祉上。推动社会进步，促进社会发展，提升人类福祉，是一切自然科学研究的终极目标，也应成为经济学研究的崇高使命。

经济学研究成果，或者体现为理论、学说、方法的创立，或者体现为对既有理论、学说、方法的修正完善，或者体现为对重大现实问题的发现和解决。无论哪种形式，都应该体现科学研究的本质，彰显科学研究的意义。经济学者应该树立国家意识、人类意识，要把服务国家、服务人类作为一切研究的根本出发点，把个人研究旨趣与国家、人类利益相结合，确保研究的论题有用，研究的成果有价值。学术乃天下之公器，经济学学术界理应积极探索经济学研究范式，为建立中国特色经济学研究体系不懈努力。

📖 案例讨论

在经济学研究中，各种研究方法应如何包容共生，体现提升社会福祉的研究价值？

第二章　需求、供给与均衡价格理论

 【案例2-1】苏州乐园门票降价引发的思考

📖 **案例适用知识点**

供求理论——需求弹性与总收益的相互关系

📖 **案例来源**

顾兆农. 10元门票为何只卖10天? 人民日报, 2001-09-17.

📖 **案例内容**

2001年夏，苏州乐园门票从80元降到10元。一时间，趋之者众，仅仅10天该园累计实现营业收入400万元以上。

盛夏的苏州乐园，十分过瘾地火了一把。

"火"，是自7月20日傍晚5时点起来的。这是该园举办"2001年仲夏狂欢夜"的首日，门票从80元降至10元。此夜，到此一乐的游客竟达7万之多，大大出乎主办者"顶多3万人"的预测，这个数字，更是平时该园日均游客数的15~20倍，创下开园4年以来的历史之最。

到7月29日，为期10天的"狂欢夜"活动落下了帷幕。园方坐下来一算，喜不自禁：这10天累计接待游客25万余人，实现营业收入400万元以上，净利润250万余元，这些指标均明显超过白天正常营业时间所得。

正常情况下，苏州乐园的门票为80元，每天的游客总数为3 000~4 000人，营业时间从上午9时到下午5时。而"狂欢夜"活动是在"业余"时间进行，即从每天下午5时到晚上10时，门票却降到10元。这就是说，"狂欢夜"活动这10天，这家乐园在不影响白天正常营业的情况下，每天延长了5小时的营业时间，营业额和利润均翻了一番以上。

"狂欢夜"活动与该园举办的"第四届啤酒节"是同时进行的。42个相关厂家到乐园助兴——其实，厂家是趁机宣传和推销自己的产品。据园方介绍，以往举办啤酒节，乐园是要收取厂家一定的"机会"费用，但是，这次却基本不收或少收一些，而厂家必须向游客免费提供一些"小恩小惠"，如企业的广告宣传品等。减免了费用的支付，厂家岂有不乐的？

"火"一把的关键，是原先80元一张的门票陡降到10元钱。非但如此，游客凭门票还可以领到与10元门票同等价值的啤酒、饮料和广告衫等。

需要说明的是，游客如果白天购买80元门票入园后，园内的多数活动项目就不再收费；

而游客如果购买 10 元门票入园后，娱乐项目仍要适当收取一点费用。这样算下来，园方至少可以保证自己不赔钱，何况还有那么多厂家的支撑。游客算一算，也比 80 元一张门票值，因为，有些游客只是参与部分娱乐项目的消费，甚至只是晚间出来纳个凉、吹吹风，尤其是三口之家，更是觉得这样划算，总共花 30 元就能享受新鲜的啤酒、精彩的演出、美丽的焰火、免赠的礼品，太实惠了！厂家更是精心做了广告，推销了产品，还培育了潜在的消费群体。总之，大家都赚了。

📖 案例分析

微观经济学认为，总收益是价格与销售量的乘积。价格与总收益的相互关系与需求弹性有很大关系。对于需求富有弹性的商品，降低价格能够提高销售量，其原因在于价格下降后，销售量提高的幅度大于价格下降的幅度，总收益是增加的。因此，苏州乐园这次大大降低门票价格以后，公园总收益不降反升，而且上升的幅度极大。累计接待游客 25 万余人，实现营业收入 400 万元以上，净利润 250 万余元，营业额和利润均翻了一番以上。其原因在于对于大多数普通消费群体而言，公园游览是需求富有弹性的商品，因此降低价格能够极大增加消费者的需求。

同时，游园活动与其他商品消费具有极大的互补性，关联效应很大。游客的增加为厂家带来了巨大收益。消费者享受了超值的服务，厂家不仅推销了产品，还培育了潜在的消费群体，达到了多赢的结果。

可惜，10 天一晃就过去了，闻讯而来的许多游客感到很遗憾：园方干吗见好就收呢？

园方市场促销部的人员表示，这样的好事，他们也希望能够持续下去，进而成为一种常态，但还是缺乏信心。如果长期实行低票价入园，可能会带来一时繁华，可企业的可持续发展会受到影响，因为，潜在的消费被提前实现。另外，这次活动成功了，不等于说以后类似的活动就一定也会成功。还有，乐园的娱乐项目，几乎都是参与性的，游客太多，势必影响娱乐的质量，进而影响到乐园的声誉。

但是，没有人气就没有市场。眼下一些主题公园经营不景气，一个很重要的原因，就是动辄就上百元甚至几百元的门票把普通消费群体吓跑了。从这个角度讲，如何持续吸引更多的消费者到主题公园来，是个值得研究的课题。降低门槛以后，来的人肯定多了，这应该不成问题。会不会把门挤破？未必。低价位门票成为常态后，游客也会根据自己的需要和乐园方面的有关信息来调整游乐的时间。至于潜在消费提前实现的问题也未必。据园方介绍，到这里来的有 40% 的回头客。那么，如果实行 10 元门票制，怎么就肯定说没有更多的回头客呢？乐园活动的形式可以经常变化，娱乐项目可以经常出新，促销的地域范围也可以扩大，能不能换着花样持续制造新卖点，有效地吸引新老游客，体现着一个娱乐企业经营能力的高低。此前，苏州乐园曾对三口之家推出 390 元/张的家庭年卡，结果一下销售了 1 万多张，50 元/张的学生双月卡也很抢手，说明合理的让利，会得到市场的回报。

苏州乐园是一个以高科技为主、以参与性为特征的现代化乐园，投资 5 亿多元，运行成本也比较高。这样的景点尚且有降低门槛的成功实践，那些众多以简单的观赏为主、投资和运行成本都十分有限而门票价格又居高不下的主题公园，恐怕有更大的降价空间。别忘了，降低入园门槛的高度，受益的是消费者，也是娱乐企业自身。

 案例讨论

（1）为什么苏州乐园通过降价获取了巨大的经济效益？

（2）为什么后来苏州乐园不降价了？假如继续降价苏州乐园还能盈利吗？为什么？

【案例 2-2】大众旅游时代，旅游景区如何摆脱门票依赖？

案例适用知识点

供求理论，需求弹性理论，公共产品理论

案例来源

庞明广，张玉洁. 古城维护，"围城收费"之外还有哪些出路？苏州日报，2016-06-10.

案例内容

拥有 800 多年历史的云南丽江古城，近日因在入口设卡向游客查收古城维护费，引发城内数百家商户的抗议。从 2001 年开始，丽江启动"以城养城"措施，对前来旅游住宿的游客收取每人每天 20 元的古城维护费，每人次最高 40 元。2007 年 7 月起，调整为每人次 80 元。此前，古城维护费主要委托旅行社及客栈、酒店代收，或由征稽支队巡查补征、景区景点查验补征。去年，丽江古城保护管理局开始在进入古城的 20 多个主要入口设置关卡，并查收古城维护费。

2016 年 6 月 1 日上午，正是丽江古城内数千家商铺、客栈陆续开门迎客的时段。然而，在丽江古城东大街、七一街等路段，一些商铺却没有像往常一样按时营业。一排排紧闭的大门使古城街道略显萧瑟，与平日的热闹喧嚣形成强烈反差。

据丽江古城保护管理局通报，截至当日上午 11 时，古城内共有 74 家客栈、508 家商铺关店停业。商户此举的目的，是抗议管理部门在丽江古城入口设置关卡，向游客查收古城维护费。

一些游客也表达了对丽江古城"围城收费"的不满。"游客在丽江古城住宿、吃饭、购物等消费，政府都已向商家收税了，为什么还要再向游客征收古城维护费？"来自辽宁的游客张先生认为，古城维护费存在重复征收的问题。

也有网友认为，丽江属于欠发达地区，地方财政较为紧张，如不征收古城维护费，每年上千万人次的游客到访，丽江古城很难得到有效保护。

丽江古城保护资金压力大、基础设施建设负担重，是政府推行收费政策的主要理由。丽江古城相关部门公布的数据显示，从 2001 年到 2015 年，丽江古城维护费累计征收入库 27.7 亿元，古城各项保护管理工作至今已累计投入 66 亿多元。

丽江古城的这种收费模式，在国内并非孤例，古城景区以门票、维护费等方式向游客收费的现象非常普遍。2013 年 4 月，凤凰古城宣布实行古城景区"一票制"，推出 148 元"大门票"。景区管理部门表示，将依靠部分门票收入加强古城保护和基础设施建设；2015 年 9 月，大理古城也开始向游客征收每人次 30 元的古城维护费，当地管理部门称，从 2010 年到 2014 年，政府财政已累计投入 2 亿多元保护古城，保护资金仍存在较大缺口。

案例分析

大众旅游时代，如何摆脱"门票依赖"？

从凤凰古城收取 148 元"大门票"到丽江古城设卡查收维护费，历史古城"围城收费"

模式多次引发争议。屡屡发生的收费争议说明，古城景区长期以来形成的"门票依赖"，已不适应大众旅游时代的发展形势，与游客多样化需求已不相适应。古城景区该如何转型升级，实现提质增效？这是中国所有古城景区面临的共同问题。当前的全域旅游概念，实际上是对旅游业的"供给侧改革"。

根据经济学原理，旅游业作为竞争比较激烈的产业，受供求关系影响比较明显，古城高额的门票价格增加了消费者旅游成本，势必将大量游客挡在城门之外。与此相关联，城内各商家都有赖于游客进城消费，高额门票导致的游客减少，势必影响城内大小商贩的生意，他们表达抗议和不满也在情理之中。

同理，相对于中国普通消费者的收入水平而言，到古城一游仍然是奢侈性消费，其需求收入弹性是比较大的，消费者对门票价格反应比较敏感，即降低门票价格会使旅游人数大量增加；反之，提高门票价格会使旅游人数大幅减少，并导致与旅游相关的经营主体收入大大减少。

因此，古城景区的保护与发展，需要通过创新创意、提升服务质量来吸引游客消费，进而带来更多的盈利。如果因为收费而导致游客不来景区，那费用的收取会得不偿失。

但是如何破解古城保护的资金缺口呢？有学者指出，游客前往丽江古城游玩，其住宿、交通、吃喝玩乐等花费，本身就对当地税收有贡献，这一贡献，本就该成为维护古城的公共资金。应该成立专门的古城保护基金来保障古城维护的费用。古城保护基金可由国家和地方政府财政拨款，再从商户经营收入中收取一部分，管理部门可以通过旅游景点票务、酒店和旅行社的附加费用来征收旅游发展基金，而非直接向消费者收取维护费。

丽江古城作为世界文化遗产，保护始终是第一位的。当地管理部门一直在探寻新的保护模式，并希望在古城保护、旅游发展与游客体验之间，寻找到一个最佳平衡点。在这方面，丽江不妨借鉴杭州西湖和凤凰古城的做法。杭州西湖不收门票，但游客的吃、住、游、购、娱等全方位消费给景区带来了非常可观的经济效益。自凤凰古城取消"一票制"以来，当地游客人数和旅游收入均实现大幅增加，当地正在通过扩展景区景点，打造乡村旅游、休闲旅游等新的全域旅游业态，优化旅游产品，推动旅游业转型升级，这是古城旅游发展的必由之路。

📖 案例讨论

（1）你认为古城旅游业如何摆脱对门票经济的过度依赖？
（2）古城作为公共产品，如何在古城保护和旅游发展之间寻找平衡点？

（图片来源：百度图片）

【案例2-3】国际市场油价波动原因分析

案例适用知识点

供给、需求和均衡价格理论

案例来源

回顾 2005—2015 年国际原油市场价格走势. http://finance.sina.com.cn/money, 2015-06-17.

案例内容

隆众石化网分析师李彦表示，从 2005 年 6 月至 2015 年 6 月，国际原油市场价格的走势变化大致可以分为四个阶段（如图 2-1 所示）。最高时曾一度冲至 147 美元/桶的超级高位，最低时也曾一度跌至 33 美元/桶的罕见低位。跌宕起伏、大起大落的表现不可谓不精彩。十年后的今天、油价居然再度回到了十年前的水平，颇有种"繁华看尽，重温初心"的感觉。

图 2-1　2005 年 6 月至 2015 年 6 月国际原油市场价格走势图

第一阶段"风平浪静"（2005.6—2007.10）

从图 2-1 中可以看出，这段时间原油市场价格走势总体平稳，且最高点也没有超过 80 美元/桶。纵观十年，其实 80 美元/桶可以认为是高油价和低油价的分界线。这一阶段，50～80 美元/桶的油价，其实也可以认为是国际原油市场价格的理性区间。

第二阶段"疯狂过山车"（2007.11—2008.12）

从 2007 年 11 月开始，油价开始一路向上冲刺，上升势头之猛极其罕见，并且在 2008 年 7 月到达顶峰。油价如此疯狂上涨的背后，有三大因素支撑：一是 OPEC（石油输出国组织）决定减产；二是当时恰逢全球经济快速增长时期，中国原油需求强劲；三是美联储大幅降息，美元贬值，投机商炒涨情绪显著。可以看出供需两端均现利好，加之美元贬值，油价一举冲至十年间的最高点。不过正所谓盛极必衰，暴涨随后就迎来了暴跌，2008 年 10 月的

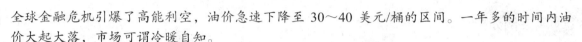

全球金融危机引爆了高能利空，油价急速下降至 30～40 美元/桶的区间。一年多的时间内油价大起大落，市场可谓冷暖自知。

第三阶段"冲高之路"（2009.1—2014.6）

2009 年 4 月开始，全球经济逐渐从金融危机的阴霾中走了出来，油价再现攀高之路，且在 2011—2013 年稳定在 90～120 美元/桶的高位区间。油价在坠入低谷后迅速反弹并升至高位区间，其主要利好支撑有两点：第一，这个阶段，正是美联储 QE（量化宽松政策）火力全开的时代，美元汇率趋低，对油价的支撑明显；第二，供应趋紧的忧虑层出不穷，比如 OPEC 限产、2011 年的利比亚战乱和 2012 年的伊朗石油禁运。

第四阶段"跳水回归"（2014.7—2015.6）

2014 年下半年开始，油价自高位转头跳水，市场为之大跌眼镜，2014 年 7—12 月半年的时间，长达 3 年多的高油价盛世灰飞烟灭。2015 年，油价再度跌回 50～70 美元/桶的区间，"一跌回到解放前"，十年前的油价水平再现。去年这次让人记忆犹新的暴跌，主要是拜"四大利空"所赐。

第一，海洋石油开发和页岩油气革命，加强了美国能源供应能力，新增石油产能不断投放市场。美国能源资料协会预计，2014 年美国国内增产 110 万桶/天，2015 年将达 96.3 万桶/天。全球许多国家也都准备开发页岩油气资源，一旦环境污染问题逐渐缓解，这种非常规能源的供应将继续增加。美国能源署的数据显示，2014 年 11 月的第一周，美国国内原油产量突破每天 900 万桶，为 1983 年以来的最高水平。世界上最大的产油国沙特阿拉伯日产量为 960 万桶，OPEC 的日产量在 3 000 万桶左右。

第二，全球经济复苏缓慢，进入持续低增长期，原油需求遭遇前所未有的下行压力。国际能源署全球原油日需求预估报告 2014 年下调 20 万桶，2015 年下调 30 万桶，当前预计每日增长 110 万桶。国际能源署表示，美国原油进口萎缩速度远快于预估，而产量却攀升到 30 年新高位。除美国经济复苏势头相对较好之外，欧洲再次陷入衰退风险。中国经济成长及原油需求放缓，经济结构调整带来的单位 GDP 耗能下降。世界主要经济体发展增速放缓，能源需求减弱，石油消费受到抑制，导致国际原油供应宽松的长期格局，2015 年全球原油将转向过剩，国际原油价格难以迅速止跌回升。

第三，全球气候变化要求各国减少温室气体排放，限定排放数量，并制定各自的时间表。中美发布《中美气候变化联合声明》，开启两国对低碳新能源产业的战略性扶持和贸易，明年的巴黎气候大会将对能源行业实施更严厉的监管。煤炭、原油等作为传统能源的利用受到更多限制，无法支持原油消费总量快速增长。各国努力提高能效、开发新能源替代原油资源，新能源在能源消费中的比重将逐步增加。

第四，OPEC 为维持市场份额决定不减少原油产量。2014 年 11 月 27 日 OPEC 决定维持每天 3 000 万桶的产量目标，打消了对于 OPEC 将会降低产量以支持油价的最后一点希望，将使全球原油市场中供过于求的局面长期存在，油价应声大跌至五年以来的最低水平，主力原油合约场内交易收于每桶 66.15 美元。OPEC 显然愿意忍受更低一些的油价，以便维持其市场份额。因为美国页岩油气迅速开发和俄罗斯及拉美国家原油产量提升，非 OPEC 产油国的生产规模不断增长，OPEC 的市场份额一直面临严峻挑战。在国际原油市场，OPEC 的份额已经由 20 年前的 50%下降至如今的 30%。OPEC 不肯减产保价，意味着当前油价尚未触及其生产成本线。

案例分析

　　西方经济学认为，商品均衡价格是在需求和供给相互作用下形成的。上述案例表明，国际原油价格暴跌涉及多种因素：市场供应充足，全球原油需求增长预期放缓，多国货币贬值，美元大幅升值，地缘政治博弈等，这种价格波动是供求竞争转向买方市场，全球大宗商品依赖美元标价而美元大幅升值，全球地缘政治博弈等因素综合作用的结果，但根本原因在于供求失衡。过去十几年以来影响世界经济的三次油价冲击都在于全球原油需求的快速下降。从经济学上来讲，原油供给失去约束、美国投放石油产能、全球经济持续萎缩，三大核心要素都不能支撑原油价格，无论是用"需求-供给"模型，还是用"总收入-总支出"模型进行模拟测算，油价都严重偏离均衡价格，页岩油气技术革命带来的国际石油市场供过于求的格局将可能维持较长一段时间。只要美国石油生产商不减产，价格战仍将持续，油价难以走强，低油价或成为新常态，油价必然长期波动。原油市场供过于求的格局，导致美国原油持续大幅增产，OPEC 掀起价格战，俄罗斯陷入窘境，国际原油战略格局正陷入一场剧烈的变动中，最终重新洗牌。中国则是此次油价下跌的受益国，因为随着中国经济发展，对原油的进口依赖也逐渐加大，油价大幅下跌有利于中国减少进口成本，对维持国内物价稳定具有积极意义。

　　案例讨论

　　（1）你认为引起世界市场原油价格波动的原因有哪些？

　　（2）你对未来世界原油价格走势如何判断？

【案例2-4】采取多项措施扩大文化产品的有效供给

案例适用知识点

供给、需求和均衡价格理论

案例来源

黄永刚. 从提高供给质量出发，扩大文化产品有效供给. 光明日报，2016-06-01.

案例内容

目前，我国文化改革发展取得了显著成就，与此同时，随着居民人均收入的提高，文化消费需求层次也不断提高且日益多样化。与人民群众日益增长的精神文化需求相比，文化消费领域在内容提供、消费渠道、周边生产等方面，仍然存在一些明显的短板。

从文化消费的发展阶段来分析，文化消费可分为基本型文化消费、发展型文化消费和享受型文化消费。现阶段，人们越来越注重满足更加便利化、多样化和个性化的文化消费需求，文化消费的层次在不断提高，逐步由低层次的消遣型、娱乐型向高层次的知识型、发展型、智能型方向发展和转变。目前，在三种文化消费形式并存的基础上，发展型文化消费和享受型文化消费需求将进一步放大。总的来看，针对群众的文化需求，目前文化供给既存在总量不足的问题，也存在质量不高的问题。

一是基本型文化消费供给过剩且质量不高。这个问题在艺术创作方面表现得相对突出，各种形式的文化产品在数量上呈现爆发性增长，特别是网络媒介产品，其每日上线数据可以说是十分庞大。而整体文化市场上，"有数量缺质量、有高原缺高峰"的现象仍较为普遍。仅以电影制作为例，近年中国故事片年均产量700部左右，能够上映的不足一半，而这些上映的影片中不少也在亏本，不少电影在院线"一日游"即遭下线。中国电影类型仍显单一，质的差距依旧明显。很多时候，观影者并没有什么选择的机会。

二是启迪心智、陶冶心性、满足消费者较高层次精神追求和情感体验的发展型文化消费品，供给数量和质量都明显不足。文化产品的创新性明显存在短板，购买国外版权进行模仿的产品仍然处于社会话题榜的上端，这种现象充分表明，文化产品的生产与消费者的需求还存在巨大的差距。在不同媒介领域，深受广大青年人和未成年人喜爱的优秀文化产品和服务，不管是数量还是质量，都相对不足。

三是享受型文化消费品质量参差不齐且价格高。消费者对于文化产品的性价比缺乏进一步了解的渠道，管理机构和市场对参差不齐的文化消费品在规范管理上还存在不足，这在一定形式上抑制了消费意愿和市场的健康发展，文化消费品供给质量标准与价格体系有待完善。

此外，文化建设还存在文化资源分散且利用率不够高、文化企业的创新能力不够强等问题。这些问题，都需要通过供给侧结构性改革来有效解决。

文化建设是全面建成小康社会总目标的重要组成部分。我们必须充分认识、深刻把握文化建设在全面建成小康社会中的重要意义，深刻认识文化建设是发展中国特色社会主义的内在要求，文化繁荣发展是衡量民生改善程度及社会幸福指数的重要指标，文化建设为经济社会发展提供良好氛围和深厚土壤。在全面深化改革的大背景下，加强供给侧改革是我国文化建设的题中应有之义。

（一）推进公共文化服务社会化，形成多方供给、有序竞争的良好格局

在全面深化改革的大背景下，公共文化服务体系建设必然要与公有制为主体、多种所有制经济共同发展这一当代中国社会基本经济制度和基本生活方式相适应，实现公共文化服务的社会化，这是文化建设供给侧改革的必要途径。实现公共文化服务社会化，至少要做好三项重点工作：一是要引入市场竞争机制，二是要鼓励社会力量参与，三是要推进政府购买公共文化服务工作。

引入市场竞争机制是公共文化服务社会化的重中之重。这要求正确处理市场、政府与社会的关系，进一步发挥市场在文化资源配置中的重要作用。需要说明的是，在公共文化服务体系建设过程中，市场机制的进入，并不是要弱化政府的公共文化服务功能，而是要通过引进市场机制优化公共文化服务的主体结构，建立健全市场经济环境所要求的"政府—市场—公共文化机构"之间良性的互动关系模式。

鼓励社会力量参与是公共文化服务社会化的关键环节。在引导社会力量参与公共文化服务方面，要加强对社会力量参与公共文化服务的政策扶持；营造平等准入的发展环境，引导和规范社会力量参与公共文化事业；推动社会体制机制创新，培育和促进文化类社会组织发展壮大；加强宣传激励机制，营造有利于社会力量参与公共文化服务的舆论氛围。

建立政府向社会力量购买公共文化服务机制是公共文化服务社会化发展的当务之急。购买模式有利于改变政府大包大揽的传统做法，促进政府自身运作方式的改革，减轻政府压力，提高政府管理和公共文化服务社会的效率；有利于发挥社会力量在提供公共文化服务、改善社会文化治理方面的作用，激发整个社会的文化活力和文化创造力。

（二）建立群众文化需求反馈机制，及时准确搜集群众文化需求

我国公共文化服务体系建设处于既需要弥补历史欠账、加强基础设施和服务建设，又需要深化文化管理体制改革的特殊时期。在这个过程中，自然是先选取有形可见的、容易量化的建设指标作为切入点，而对于无形的、难以量化的建设指标，如按需供给、服务水平质量、群众满意度等，多少表现出有心无力，说起来重要、做起来次要、忙起来不要等问题。因此，群众文化需求反馈机制，应该是文化建设供给侧改革要解决的首要问题。群众需求反馈机制建设主要内涵应至少包括四个方面，即需求反映机制、群众参与决策机制、按需供给机制、反馈评价机制。

需求反映机制是指形成信息畅通的群众基本文化需求反映渠道，对需求信息进行科学筛选、分析和呈现，并向供给者和需求者进行反馈的过程。一方面要建立立体化、高效便捷的需求反映渠道；另一方面要及时有效地处理需求信息。要广泛征集群众对公共文化服务工作的意见建议，并遵循时效性、公平性等原则，保证需求信息向供给者和需求者输送反馈。

群众参与决策机制是指在公共文化服务过程中，由政府引导群众参与公共文化服务设施建设、公共文化服务供给、公共文化服务管理、公共文化服务评估等决策的工作机制。要鼓励群众自办文化，支持成立各类群众文化团队，为群众文化队伍提供展示交流平台，实施基层特色文化品牌建设项目，吸引更多群众参与文化活动，激发广大人民群众的文化创造热情。

按需供给机制是指公共文化服务供给的动态性调整机制，即在群众需求信息分析及反馈基础上，对公共文化服务与产品供给做出相应调整，从而提高公共文化服务供给的针对性、实效性，使其更适合差异化服务对象的文化需求。要把握群众诉求，根据地域、民族特点，文化层次不同，欣赏习惯差异等因素，提供有针对性的公共文化产品和服务，严禁一刀切。

反馈评价机制是指以当地公共文化服务体系建设实施标准为基础，以群众满意度测评为核心指标，对公共文化服务的数量、质量进行全方位评估的工作机制。要把群众满意度调查结果作为衡量公共文化产品和服务效果的重要依据，建立一套科学可行的群众满意度调查指标，定期开展满意度问卷调查、网络满意度调查等活动。

（三）建立多层次文化产品和要素市场，发挥市场在资源配置中的积极作用

多层次文化产品和要素市场，是现代文化市场体系的有机组成部分。随着社会主义市场经济深入发展，文化产品和要素市场初步形成，但目前文化产品和服务的供需矛盾仍然突出，文化要素流动仍然不畅，文化产品和要素市场建设仍需要进一步加强。必须建立多层次文化产品和要素市场，大力推动金融资本、社会资本、文化资源相结合。

一要加强文化产品市场建设。不断丰富文化产品市场，是建立健全现代文化市场体系的重点。要发展演出娱乐、电影电视剧、动漫游戏、电子音像制品等传统文化产品市场，建设以网络为载体的新兴文化产品市场。鼓励文化企业利用电子商务等先进物流技术开展第三方物流服务，构建以大城市为中心、中小城市相配套、贯通城乡的文化产品流通网络，努力实现文化产品低成本、高效率流通和配送。

二要加强文化生产要素市场建设。文化生产所必需的要素交易市场，是文化市场发展的基础性条件。要有序发展文化产权、版权、人才、技术、信息等要素市场，建立健全文化资产评估体系和文化产权交易体系，发展以版权交易为核心的各类文化资产交易市场。推进文化资本市场建设，促进金融资本、社会资本与文化资源有效对接，充分利用国内外多层次资本市场解决文化企业融资难问题。

三要加强文化社会组织建设。文化社会组织是政府联系市场主体的桥梁，充分发挥其提供服务、反映诉求、规范行为的作用，是建立健全现代文化市场体系的重要条件。要坚持培育发展和管理监督并重，加强各类文化行业协会等行业组织建设，健全行业规范，完善行业管理，更好地履行协调、监督、服务、维权等职能。

（四）推进创新驱动战略，增强各类文化企业发展活力和实力

在培育大型骨干文化企业的同时，也更加注重扶持小微文化企业的成长。必须在充分发挥国有文化企业主导作用的同时，鼓励非公有制文化企业发展，支持各种形式小微文化企业发展，构建开放的文化市场发展格局。

（五）加强移动互联网技术的运用，培育新兴文化业态

据不完全统计，2014年我国共有1600亿元资金涌向文化产业，随着互联网逐渐渗入传统文化产业领域，文化产业内部结构也正在发生深刻变化。预计到2016年年底，我国文化产业中的互联网文化产业占比将达到70%。同时，多网、多终端市场的形成需要大量内容服务，这些都是文化产业发展的新机会。文化产业要发展，就要充分利用互联网思维，运用线上线下互动模式进行文化产品生产、推广和宣传，实现线上文化产品的线下"落地开花"。

要用"互联网+"实现单个文化产品到文化产品集群的升级转变。进入互联网时代以来，每一件有质量、有创意的文化产品都潜在地附加着巨大的商业机会，就看我们如何去深入挖掘，将单一产品升级转型为产品集群。

要用"互联网+"思维实现文化产业的金融服务升级。作为传统的融资渠道的重要补充，近年来，在互联网平台下，众筹、股权投资等新的文化金融模式正在出现。专门的众筹网站的诞生以及淘宝网等许多网站成立的众筹平台，为文化艺术类的项目提供了新的思路，艺术家、小企业家可以通过在网络上展示创意，预先向大众募集资金。

 案例分析

根据西方经济学原理，文化产品有效供给包括与居民文化需求变化相一致的供给，与居民文化需求层次相一致的供给、与居民文化需求结构相一致的供给、与居民文化消费支付能力相一致的供给等基本内涵。现阶段，人们越来越注重满足更加便利化、多样化和个性化的文化消费需求，文化消费的层次在不断提升，逐步由低层次的消遣型、娱乐型向高层次的知识型、发展型、智能型方向发展和转变。但是，我国文化产品明显存在满足居民基本文化需求的文化产品和服务供给过剩且质量不高，满足消费者较高层次精神追求和情感体验的发展型文化消费品供给数量和质量都明显不足，满足居民享受型文化需求的文化产品质量参差不齐且价格过高等供给短板。因此，加强文化产品供给侧结构性改革，扩大文化产品的有效供给，更好地满足广大居民日益增长的精神产品需求是各类文化建设主体面临的重要任务。为此，加强群众文化需求反馈机制建设，建立居民文化需求反映机制、群众参与决策机制、按需供给机制、反馈评价机制等是当前文化产品供给侧改革的首要任务。另外，要建立多层次文化产品和要素市场，发挥市场在文化资源配置中的积极作用，更好地实现文化产品供给和需求的有效对接。同时，在文化建设过程中要正确把握社会效益和经济效益、政府和市场、产业与事业的关系。让文化产业和文化事业融合发展，发挥协同效应，更好地服务群众的文化需求。

案例讨论

（1）当前我国居民文化消费需求发生了怎样的变化，其变化趋势是什么？

（2）文化产品和服务供给侧改革应遵循什么样的原则？

【案例2-5】食品的国际价格和食品需求的收入弹性

案例适用知识点

需求价格弹性理论和需求收入弹性理论

案例来源

根据百度文库"西方经济学案例库"改编。

案例内容

对于生活在相对贫困国家的许多人来说，赚取足够的食品维持生计是每天最重要的工作。但是对于生活在富裕国家的许多人来说，维持生计决不是什么问题。表2-1运用弹性理论表示了上述区别。在表2-1中第一栏按照从最贫困到最富裕的顺序列出了一些经过选择的国家，第二栏是这些国家的人均收入占美国人均收入的比例，第三栏是该国食品需求的收入弹性，第四栏是食品需求的价格弹性。

表2-1 一些国家的食品需求的收入弹性与价格弹性

国　　家	人均收入占美国人均收入的比例/%	食品需求的收入弹性	食品需求的价格弹性
印度	5.2	0.76	−0.32
尼日利亚	6.7	0.74	−0.33
印度尼西亚	7.2	0.72	−0.34
玻利维亚	14.4	0.68	−0.35
菲律宾	16.8	0.67	−0.35
韩国	20.4	0.64	−0.35
波兰	34.6	0.55	−0.33
巴西	36.8	0.54	−0.33
以色列	45.6	0.49	−0.31
西班牙	55.9	0.43	−0.36
日本	61.6	0.39	−0.35
意大利	69.7	0.34	−0.3
英国	71.7	0.33	−0.22
法国	81.1	0.27	−0.19
德国	85.0	0.25	−0.17
加拿大	99.2	0.15	−0.10
美国	100.0	0.14	−0.10

📖 案例分析

从表 2-1 中可以看出，对于不同国家而言，食品需求的收入弹性随着收入的提高而下降。换言之，越是低收入国家，食品需求的收入弹性越高，越是高收入国家，食品需求的收入弹性越低。从而引出一个直观解释：贫困国家的人们如果收入提高，他们会比富裕国家的人们更加愿意将增加的那部分收入的较大部分用于购买食品。

从食品需求的价格弹性来看，越是低收入国家，食品需求的价格弹性越大，越是高收入国家，食品需求的价格弹性越小。这是因为，在人均收入比较低的国家，人们将大部分收入用于购买食品，他们在购买不同食品时对价格比较敏感，如果某种食品价格上升了，他们会大幅度减少这种食品的购买量，进而用其他食品加以替代。但是在比较富裕的国家，由于购买食品支出占总支出的比例很小，他们对食品价格的变化不敏感。例如，在高收入国家，即使高档餐饮价格提高了，也不会对高收入群体消费量产生太大的影响，由于他们有足够的购买力，即使价格提高了，人们照常在高档餐厅吃饭，享用奢侈大餐。但是对普通消费者而言，高档餐饮需求的价格弹性要高得多。这里有一个重要因素就是替代效应，在贫困国家，人们已经将收入的较大部分用于购买食品，如果食品的价格上升，他们可能会大幅度减少涨价食品的消费量，进而增加价格相对低的食品的消费量。也就是说在贫困国家，由于食品支出占据了收入的较大部分，食品价格上升对收入效应的影响也比较大。即食品价格提高了，人们的相对收入下降了，因而食品的需求量减少了。这样的情况不会发生在富裕国家。

西方经济学中有一个恩格尔定律，其基本内容是：在一个家庭或国家中，食品支出在收入中所占的比例随着收入的增加而减少。食物支出占总支出的比例称为恩格尔系数。恩格尔系数可以衡量一个国家或一个家庭的富裕程度，越是富裕的国家或家庭，恩格尔系数越小，越是贫困的国家或家庭，恩格尔系数越大。用弹性理论来表述恩格尔定律可以是：对于一个国家或家庭来说，富裕程度越高，则食品需求的收入弹性越小；反之，则越大。

📖 案例讨论

（1）你认为西方经济学中的需求价格弹性和需求收入弹性理论对企业经营有什么样的启示？

（2）在国际市场上，食品企业如何根据不同国家的食品需求的收入弹性开发不同类型的产品并制定不同的价格？

第三章　消费者行为理论

【案例3-1】中国消费者为什么热衷于到境外"扫货"？

案例适用知识点

消费者行为理论

案例来源

梁启东. 中国游客在境外"扫货"的三个原因. http://blog.sina.com.cn/lnlqd.

案例内容

中国人口众多，拥有全世界最大的旅游人群。十多年前中国政府正式开放出境游后，中国出境游需求井喷式地爆发，成为支撑世界旅游市场的举足轻重的力量。而中国人出境游，一个最大的特点就是喜欢购物。无论在欧洲国家，在美国，还是在日本，在新马泰，大小商场、机场免税店，到处挤满来自中国的游客，不，那不是一般的游客，而是购物大军。他们旅游不息，购物不止。而中国游客的全球"扫货"之旅，成为境外商家的"救世主"。他们的身影，也成了各国商场的一道独特景观。国家旅游局发布的数据显示，2014年，中国公民出境游突破1亿人次。新年期间最受欢迎的目的地是韩国、泰国、日本等。2014年度中国公民出境（城市）旅游消费市场调查报告显示，中国游客境外人均花费近2万元人民币，其中用于购物的支出约占57.8%。中国旅游研究院估计，中国游客在春节期间的花费超过了1400亿元人民币。中国人海外"扫货"导致的"肥水"外流，使我国年度出入境旅游贸易逆差突破1000亿美元。

是什么原因使中国游客在海外热衷于购物，甚至疯狂"扫货"、一掷千金呢？笔者认为有以下三个原因。

第一，价格原因。

说中国人的收入高了，消费能力强了，这是一个基础性的原因。但是中国人热衷于海外购物，直接原因是同样的产品，外国的比中国的便宜。

中国商务部的一项调查显示，就国内外价差而言，高档品牌的手表、箱包、服装、酒、电子产品，中国市场平均价格比美国高51%，比法国高72%。

国内外的价差，给中国游客的印象是，国外东西太便宜了，简直进了"购物天堂"。不光是名表、名包等所谓奢侈品与国内价差悬殊，就连普通的鞋子、衬衫、牛仔裤等，都比国内价格便宜一半甚至低到三四折，电子产品近些年也便宜下来。在国内很贵的中华烟、茅台酒、五粮液，在国外机场免税店都便宜一大截。另外，日常护肤品境内外价格差异也非常明显。

最近几年，人民币不断升值，而欧元、日元、韩元等外币不断贬值。外币的大幅缩水，使境外游成本削减大半。笔者在日本看到，同型号的日本相机，在日本售价比在国内售价便宜不少。中国游客到日本、韩国旅游采购，很大的原因是日元、韩元走低，同一商品与中国国内价差很大，所以会刺激中国游客购买。

中国游客在国外的采购清单正在不断扩容。在欧洲有化妆品、瑞士军刀、名包、手表、巧克力，等等。在日本、韩国，从铅笔、削皮刀、眼罩等小物品，到电子产品、电饭煲、旅行箱等大件，中国游客都在购买。笔者在东京电器商店比较集中的秋叶原，发现中国游客至少占一半，相当多的服务员是中国人。从韩国首尔机场飞回国内的途中，每次看到的中国游客基本每个人手中都是大包小包，有的甚至带回三四箱子的"战利品"。

我国中高档商品进口关税偏高，国内免税购物发展水平落后。研究显示，如果将高档商品进口关税下调10个百分点，用于海外购物的资金可回流3 000亿元人民币。同时，降低关税吸引更多海外品牌进驻中国，形成倒逼机制，也可促使国内企业进一步转变经营方式、调整产品结构。中国人民大学经济学院范志勇副教授是研究中国跨境消费的专家，据他分析，旅游过程中消费需求及国内购物条件的矛盾，导致2013年我国居民出境旅游人均花费1 368美元，相当于我国入境旅游者人均消费的3倍左右。

第二，品牌原因。

近年来，炒得很热的日本"马桶盖"，特别是在赴日旅游热中，中国游客热衷于购买日本各类日常用品的现象引起了热议。

价格便宜导致中国游客"扫货"可以理解。但是日本的"马桶盖"并不便宜，为什么还能引起中国游客的抢购呢？

一句话，品牌。

最近几年，随着生活水平的提高，国人的品牌意识不断增强。用高档化妆品、穿名牌服装、戴高档手表、拿名贵手提袋成为时尚。不论奢侈品还是日常用品，中国市场正不断被外国品牌所吸引。

购物需要财力作为支撑。出境游的主力，已经由前些年的高收入阶层，变为中产白领，女性所占的比例较大。炫耀性消费、送礼、给亲朋好友代买东西，是中国游客购物的主要原因。

中国游客采购特定品牌的日本产品，比如虎牌保温杯、今治牌毛巾等。这和日本政府近年来推出的日用品"高端精品化"战略不无关系。据报道，今治毛巾是爱媛县今治地区的特色产品，一直行销全国。但从20世纪90年代起，受中国低价毛巾的冲击，产量大减，不少厂家倒闭。2006年，日本政府出资启动今治毛巾品牌化战略。当地政府规定，满足严格质量标准的厂家才能使用"今治"牌商标，并定期实施严格的抽样检查。品牌的"高端精品化"战略大获成功。如今，在东京的大百货商店，经常有中国游客购买成打的今治毛巾。

在这种境外购物潮中，国内知名的购物中心，往往外国大牌林立；反之，在境外购物中心，当地本土品牌的占比就很大。有专家担忧："如果中国的购物中心都缺少中国特色，那如何让中国游客随时随地想到国产品牌？"

笔者询问过在韩国和日本的购物中心采购的中国游客，他们"扫货"的动机什么。他们说，在那些店里，不仅全球商品齐全，日本、韩国本土的护肤品、服装也是层出不穷，加上便宜的价格，店铺里都有中文导购、中国服务员，挑选起来就刹不住车，直到拿不动为止。

第三，质量原因。

质量好、用起来安全、性价比高是中国游客在境外"扫货"的另一个原因。

在日本购物的游客反映，日本不少商品从外观到性能再到质量应该说都比国内商品要好一个档次，日本很多小商品的人性化设计让人用起来感觉很好。而中国国内市场鱼龙混杂，容易导致消费者眼花缭乱带来选择困惑，而国外消费少了很多这方面的后顾之忧。也就是说，境外"扫货"显现出来的是国内市场的信任危机。

确实，因为长期通过价格战争夺市场，中国品牌往往给消费者留下低价低质的印象，与长期在中国打着"高价高质"的境外品牌形成鲜明对比。不论品质上是否真的相差很大，境外产品"性价比高"成为中国消费者的共识。

前些年，国内的"三聚氰胺"事件引发了中国奶粉的信任危机，国人出国买奶粉成为一景。现在中国人去国外购物，到底都买了些什么呢？据日本媒体报道，日本一家咨询公司的抽样调查显示，中国游客最爱购买的是医药用品，其次是化妆品，再就是电饭锅等。日本的"尿不湿"质量好，孩子穿一整天都很干爽，质量明显高于中国产品。由于中国人抢购"尿不湿"，日本商场甚至已开始限购。作为"世界工厂"的中国，全世界工业产品几乎一半产量世界第一，但中国的国民却在境外"扫货"，甚至买回来日常用品，这难道不具有讽刺意义吗？

更具有讽刺意义的是，很多产品的外包装上就赫然印着"Made in China"。在中国经济已经成为世界第二的情况下，不能再以崇洋媚外简单分析这种现象。其实"扫货"者说得非常清楚："抢购的不是日本马桶盖，而是日本标准。"因为中国的马桶盖质量就是赶不上日本。马桶盖企业也公开承认，同一品牌、同一产品，不同的目标市场，生产标准是不一样的。

还有一个值得注意的现象——中国游客在韩国的商店中买回茅台、五粮液、中华烟，他们认为，在那里买的烟酒不会是假货。为什么中国游客舍近求远，背回完全的中国产品呢？一方面是便宜；另一方面是保真，国外的商店卖假货的概率小，国外买的产品如有瑕疵还可以包换。

中国游客境外"扫货"，从本质上讲，是对中国产品的信任危机。人们热衷于从日本背回大米，从新西兰背回奶粉，何尝不是食品安全的考虑。如果连我们自己的消费者都对自己的产品不信任，我们怎能期待外国人对我们的产品信任呢？

今天的中国，一个伟大的目标是打造经济升级版，实现大国崛起。什么是大国崛起？我觉得，除了经济总量世界第一，除了经济指标增幅全球领先，还需要有很多的影响力因子。当全世界的孩子们，以到中国留学为荣；当全世界的女性，以用中国的化妆品为荣；当中国的电影在全世界的院线上演；当中国产的马桶盖摆进全世界的卫生间；当中国产的电饭锅成为全世界家庭主妇的首选……品牌、技术、标准、质量，中国制造要走进世界市场，中国产品要建立国际比较优势，中国品牌要取得世界的信任，我们还有很多的工作要做。

在各个国家纷纷放宽签证限制、雇用会讲汉语的售货员，急切地希望从中国人的旅游热潮中获利的大背景下，我们欣喜地看到中国国务院有关部门宣布，自2015年6月1日起，降低部分消费品进口关税税率，平均降幅超过50%。目前，经济下行压力较大，拉内需、促消费是经济增长和结构调整的重要环节。降低部分消费品进口关税税率，看似是有损经济利益，实际是实实在在促进内需。让利于民，使百姓更愿意把钱花在国内，就会引导经济持续、稳定、健康发展。

案例分析

西方经济学认为，消费者行为取决于购买动机，这种动机来自消费者的某种欲望，马斯洛需求层次理论将人类需求分为生理需求、安全需求、社交需求、尊重需求和自我实现需求。国内消费者之所以不远万里到国外"扫货",其原因之一是国外质量好、用起来安全、性价比高。人们热衷于从日本背回大米,从新西兰背回奶粉,更多的是出于对食品安全的需要。正如一位"扫货"者所说:"抢购的不是日本马桶盖,而是日本标准。"因为中国的马桶盖质量就是赶不上日本。马桶盖企业也公开承认,同一品牌、同一产品,不同的目标市场,生产标准是不一样的。

消费者消费产品和劳务的目标是实现效用最大化。效用是指消费者消费物品或劳务所获得的满足程度。最近几年,随着生活水平的提高,国人的品牌意识不断增强。用高档化妆品、穿名牌服装、戴高档手表、拿名贵手提袋成为时尚,也是成功人士的标志。去境外"扫货"的消费者大都瞄准了高档时装、名牌化妆品、珠宝等商品,也会将糖果、巧克力、衬衫、小纪念品等买回送人,这种消费行为更好地满足了消费者的炫耀心理,由此给他们带来更多的满足感。

西方经济学认为,消费者剩余是消费者在购买一定数量某种商品时愿意支付的最高价格与实际支付价格的差额。随着中国老百姓收入水平的提高,其支付意愿和支付能力也在提高。相对于国内商品而言,国外商品尤其是品牌商品具有"质优价廉"的特点,手表、箱包、服装、酒、电子产品这5类产品中的20种高档品牌产品,中国市场平均价格比美国高51%,比法国高72%。不少商品从外观到性能再到质量应该说都比国内商品要好一个档次,由此给消费者带来更多的"消费者剩余",大大增强他们消费的"获得感"。

总之,在经济新常态下,国民消费需求发生深刻变化,模仿型排浪式消费基本结束,消费拉开档次,个性化、多样化消费渐成主流。在相当一部分消费者那里,对产品品牌、质量、安全、标准等要素的追求压倒了对价格的考虑。国货满足不了需求,大家就到国外买洋货。相关企业应该在提升产品质量,创建优秀品牌,降低产品价格等方面下足功夫,将大批消费者留在国内。

案例讨论

(1)改革开放以来,中国消费者的需求结构发生了什么样的变化?

(2)你认为中国游客到国外"扫货"的动机有哪些?

(3)中国游客到国外大举"扫货"对中国企业有什么样的启示?

(图片来源:百度图片)

【案例3-2】从陈奕迅签名的激光唱片拍卖看消费者行为

案例适用知识点

消费者行为理论

案例来源

根据百度文库"西方经济学案例库"改编。

案例内容

假如你有一张陈奕迅的签名激光唱片，因为你不是陈奕迅粉丝，你决定把该激光唱片以拍卖的方式卖出。4名陈奕迅粉丝出现在你的拍卖会上：A、B、C、D。他们每个人都希望拥有这张激光唱片，但每个人愿意支付的价格不一样。在经济学上，每个人愿意支付的最高价格称为支付意愿。假定粉丝A支付意愿最高，愿意出100元；粉丝B支付意愿次之，愿意出80元；粉丝C支付愿意为70元；粉丝D支付愿意为50元。为了卖出你手中的激光唱片，你得从低价开始叫价，比如说从10元开始，每次加价10元。由于4个人愿意支付的最低价格比起拍价高得多，价格很快上升。当A报价90元时，叫价停止。因为在这一点上另外3个人不愿意支付高于80元的价格。A支付90元得到了这张激光唱片。但是A愿意支付的最高价格是100元，所以说A得到了10元的消费者剩余。

案例分析

依据消费者行为理论，从本案例中得到的启示有如下几点。

第一，消费者购买商品是为了效用最大化，而且，商品的效用越大，消费者愿意支付的价格越高。本案例中A可以说是陈奕迅的铁杆粉丝，听陈奕迅的歌曲给他带来非常大的精神效用满足。根据效用理论，企业在决定生产什么时首先要考虑这一商品在多大程度上满足消费者的需要，能给消费者带来多大效用。

第二，本案例中，不同的消费者按照其对陈奕迅歌曲的偏爱程度给出了不同的支付意愿。对一件商品来说，消费者偏爱程度越高，或者说消费该商品给他带来的满足感越大，其支付意愿也越高。例如，同样是这张激光唱片，案例中A粉丝支付意愿高出D粉丝一倍。因此，企业要使自己生产出的商品能卖出去，而且能卖高价，就要分析消费者的心理，能满足消费者的偏好。一个企业要成功，不仅要了解当前的消费时尚，还要善于发现未来的消费时尚。这样才能从消费时尚中了解到消费者的偏好及变动，并及时开发出能满足这种偏好的商品。同时，消费时尚也受广告的影响。一种成功的广告会引导着一种新的消费时尚，左右消费者的偏好。所以说，企业行为从广告开始。

第三，消费者连续消费一种商品的边际效用是递减的。如果企业连续只生产一种商品，它带给消费者的边际效用就在递减，消费者愿意支付的价格就低了。本案例中，如果消费者A购买两张一模一样的陈奕迅的激光唱片，第二张激光唱片给他带来的边际效用必然减少。因此，企业要不断创造出多样化的商品，即使是同类商品，只要有区别，就不会引起边际效用递减。例如，同样是陈奕迅的激光唱片，可以选择不同的歌曲目录，可以表现不同的演唱风格，这就成为不同的商品，就不会引起边际效用递减。

第四，消费者购买各种商品是为了实现效用最大化，或者也可以说是为了消费者剩余最大。消费者剩余是指消费者在购买一定数量的商品时实际支付的价格与他愿意支付的价格之间的差额，当某种商品价格既定时，消费者从这种商品中所得到的效用越大，即消费者对这种商品评价越高，消费者剩余越大。当消费者对某种商品的评价既定时，消费者支付的价格越低，消费者剩余越大。因此，消费者愿意支付的价格取决于他以这种价格所获得的商品能带来的效用大小。消费者为购买一定量某商品所愿意支付的货币价格取决于他从这一定量产品中所获得的效用，效用大，愿意支付的价格就高；效用小，愿意支付的价格就低。本案例中陈奕迅激光唱片拥有者采取拍卖的形式出售这张激光唱片，就是企图根据消费者的支付意愿卖出最高价格。A 粉丝以 90 元的价格购得该唱片，获得 10 元消费者剩余。如果他以更低的价格，如 50 元购得该唱片，则获得 50 元的消费者剩余。

📖 案例讨论

（1）消费者行为理论对企业生产经营有什么样的启示？

（2）你认为企业实施怎样的营销策略能够提高消费者剩余，从而提高消费者的支付意愿？

【案例3-3】上海公交敬老服务卡变老龄津贴的意义何在?

案例适用知识点

消费者行为理论、公共政策理论

案例来源

马也. 敬老服务卡变津贴,上海"公交新政"亮点在哪. 苏州日报,2016-06-22.

案例内容

2007年10月,上海市推出了"70岁以上老年人非高峰时段免费乘车"的政策,并随之统一制作并发放了可计次的专用乘车卡,即敬老服务卡(社会保障卡副卡)。敬老服务卡政策实施以来,确实取得了较好的人文关怀效果:方便了老年人的出行,提高了他们的生活幸福指数,体现了社会和政府对老年人的关怀。但政策实施以来社会各群体的反响,也暴露出这一政策存在的缺陷和问题。

(一)白坐谁不坐? 免费诱导非理性出行

首先,老年人免费乘车政策实施后,老年人出行的次数增加,必然增加城市公交运营的压力,类似交通堵塞问题、交通不安全因素也随之增多。老年人因不可抗拒的自然规律,身体机能日益衰退,在出行过程中可能发生各种显性的或隐性的疾病,造成不必要的伤害。有数据显示,目前有近50%的老年人选择独自出行,更容易引发一系列的安全问题。

同时,上海市人口急剧增长,给城市基础设施的承载能力和安全运行带来了巨大压力。现阶段乃至今后一段时期,公共交通总体上仍将处于满足和保障市民基本出行需求的阶段。上海作为人口老龄化严重的城市,老年人口总量大。由于老年人免费乘车政策的实施,导致老年人出行次数显著增多,除正常的出行需求外,诱导了部分"非刚性、非理性"的出行需求。

用老百姓的话来说就是:"不坐白不坐,白坐谁不坐。"这就出现老年人用敬老服务卡乘车去买菜、乘车去晨练、乘车去"孵空调"等现象。因此,随着无谓出行、高峰出行、老年人独行现象增多,导致不乘、少乘的老年人群心态不平衡,也增加了高峰时段公交车辆的拥挤程度,从而降低了城市公交系统的运行效率,一定程度上浪费了社会资源。

此外,由于敬老服务卡具有免费乘坐公交车辆的特殊性,因此有相当一部分不符合使用条件的人受利益驱动,冒用、蹭用敬老服务卡现象屡见不鲜,严重损害了社会诚信体系的建设。

2016年6月,上海终止了70岁以上老年人持敬老服务卡免费乘公交车的制度,改为给老年人发放综合津贴。今后老年人乘公交车出行也需要买票投币。6月26日是政策实施首个工作日,在公交车上老年乘客寥寥无几。据不完全统计,新政实施后,上海公共交通客流中老年乘客锐减了八成以上。在人民广场附近的"沪朱线"公交起始站,以前这里每天都有大批的老年乘客来排队坐车。由于车程较远,车票需要12元,而当天该线路车厢内,基本上看不到老年人。

（二）暗补变明补，每月拿补贴更公平

虽然不能免费乘坐公交车了，但这并不意味着老年人的福利减少了。根据上海市政府今年4月发布的《上海市关于建立老年综合津贴制度的通知》，原本用于公共交通的敬老服务卡停止使用后，取而代之的则是真金白银的补贴，年龄门槛也从70周岁降至65周岁。根据新的综合津贴制度，具有上海市户籍且年满65周岁的老年人，可以享受老年综合津贴，标准按照年龄段分为五档，从65周岁一直到100周岁以上，每人每月可享受75~600元的补贴。这一综合津贴制度已经从今年5月1日起实行，津贴每月发放至银行卡中，这张具有消费功能的银行卡也被称为"新敬老卡"。

据了解，"老年综合津贴制度"的设计，基于提高全市老年人福利水平、扩大老年人受益面、促进老年人福利均等化诸多方面的考虑。"70岁以上老年人免费乘车"政策的覆盖人群主要集中在70岁以上老年人，总数约177万人，实施老年综合津贴制度后，受益人群将扩大至65岁以上的全体老年人，共计约270万人，受益面明显扩大。

上海之前的敬老服务卡功能单一，仅有免费乘车功能，相当于一张交通卡，据统计，有些老年人出门次数有限，这张卡很少用上。上海市交通委曾进行的调查统计显示，有近60%的老年人没有使用敬老服务卡，21%的持卡人出行次数每月少于16次，让敬老服务卡沦为"鸡肋"，失去了优惠照顾老年人的普遍社会意义。

 案例分析

随着我国经济的发展，公共福利也越来越完善，如何更好地发挥公共福利政策的经济效益和社会效益，最大限度减少政策实施后的负面效应，是公共管理部门面临的一个重要问题。

从消费者行为角度去分析，上海公交新政的重要意义体现在以下几个方面。

第一，提高了公共资源的配置效率，避免了无效出行。对于上海这样的大都市而言，公共交通资源非常紧张，因此，提高公交资源的使用效率十分重要。老年人免费乘车一定程度上增加了老年人无谓出行、高峰出行现象，从而增加了高峰时段公交车辆的拥挤程度，降低了城市公交系统的运行效率，一定程度上浪费了社会资源。而发放老年综合津贴则有效缓解了这一问题，提高了公交资源的使用效率。

第二，满足了老年群体多样化需求，大大提高了老年群体的消费效用。将敬老服务卡改为给老年人发放综合津贴，可以避免单一公交消费带来的边际效用递减问题。敬老服务卡只能享受公交优惠，不能用于其他消费，随着相同公交消费数量的增加，必然带来边际效用递减。新政实施后实行发放综合津贴的方式，实际上是把消费选择权交给了老年人。老年人可以根据其不同的需求购买不同的产品和服务，可以用这个钱去坐公交车，也可以用这个钱去逛公园，也可以去买交通保险或做其他事情，保障了消费者消费选择权，满足了消费者的偏好，会给老年群体带来更大的效用满足。

第三，更好地体现了公共产品的消费公平。从实质上看，老年综合津贴是一种社会福利政策，具有公共产品属性，所有符合条件的老年群体可以无偿享有。上海之前的敬老服务卡功能单一，仅有免费乘车功能，相当于一张交通卡，据统计，有些老年人出门次数有限，对于不乘、少乘老年群体来说，这张卡很少用上，这就违背了公共福利的普惠性原则，失去了普遍优惠老年人的社会意义。而以现金的形式发放津贴，给予老年人更多的福利自主支配权。标准是全市统一的，也实现了社会福利的均等化，维护了公共产品消费公平，使公共产品符合社会实际并达到精准服务的效果。

案例讨论

（1）请你从消费者行为角度对敬老服务卡变老年综合津贴的意义进行分析？

（2）你认为应如何提高公共产品和公共服务的消费效用？

【案例3–4】"粉丝经济"面面观

案例适用知识点

消费者行为理论

案例来源

林丽鹏. 粉丝经济，有戏没戏. 人民日报，2016–08–16.

案例内容

你是谁的"粉丝"？

"粉丝"一词伴随着明星产生，已流行多年，又因互联网的快速发展有了新内涵：今天，即使不追明星，只要关注一个微博、一个微信公众号或者一家网店，你就成了它们的粉丝。粉丝群体的出现不仅是社会现象，更是经济现象。自媒体、"网红"及IP（知识财产）都有极强的"吸粉"能力，在互联网上被热捧。粉丝经济究竟是一种什么经济？它对百姓生活产生了哪些影响？未来会呈现怎样的发展趋势？本报记者对此进行了市场调查。

粉丝经济有多火？

"我已经用了洪荒之力了……"这几天，中国游泳运动员傅园慧在里约奥运会接受采访的视频、截图刷爆了微信朋友圈。当她摘得女子100米仰泳铜牌后，人气进一步飙升。几天内傅园慧的微博"涨粉"数十倍，粉丝总数已超400万，被誉为新一代正能量"网红"。

敏锐的淘宝卖家迅速上线傅园慧"表情包"和傅园慧同款泳镜、泳帽等。傅园慧的粉丝还呼吁广告商快来抢她做代言。更有粉丝自制傅园慧代言巧克力、运动饮料和运动衣的广告示意图。看来，这些粉丝们都有较强的粉丝经济意识，希望为偶像实现商业转化。

粉丝的经济能量有多大？"天猫年成交额已经超过1万亿元，下一个万亿增长点就要靠粉丝经济。今年天猫'6·18粉丝狂欢节'的数据显示，从平均购买力来看，粉丝人群比非粉丝人群高出约30%；而从品牌线上营销活动的转化率来看，粉丝人群是非粉丝人群的5倍。"阿里巴巴副总裁靖捷说。

粉丝经济这么火，它究竟是什么？中国社科院社会科学评价中心主任荆林波认为，粉丝经济并不神秘，吸引消费者注意力，将其变为忠诚的顾客，并参与到产品或服务的销售、推广过程中，就是粉丝经济，这与传统商业并无不同。但移动互联网带来的"吸粉"方式简便、粉丝增长迅速、涉及领域宽泛、推广成本降低等现象是传统商业环境所没有的。

——卖娱乐，偶像粉丝经济花样更多

提起偶像粉丝经济，很多人会回忆起2005年的"超女"，李宇春、周笔畅和张靓颖有各自的粉丝团：玉米、笔迷和凉粉。粉丝们每花0.5元或1元钱就可以通过手机短信给偶像投一票。

如今，新偶像粉丝经济变现的方式更是五花八门。例如，90后粉丝喜爱的偶像团体

SNH48，其粉丝不仅可以购买演唱会门票，以及写真、应援物等周边产品，还可以购买握手券和投票券。粉丝每购买一张新专辑，可获得一张握手券，在线下活动时可与心爱的偶像握手10秒。如果粉丝购买268元的专辑就可获得3张投票券，购买1 680元的专辑则获得48张投票券，以此刺激粉丝购买更贵的专辑。

——卖内容，自媒体粉丝经济异军突起

除了俊男靓女的偶像派明星，网上还出现了另类自媒体吸粉达人，比如"罗胖"——罗振宇。他创立了自媒体视频脱口秀《罗辑思维》，自称"每天甩脑浆，讲哲理故事，3年多吸引600多万粉丝"。"罗胖"虽不是偶像明星，但其粉丝经济变现能力也不容小觑，《罗辑思维》第一次5小时招募会员收入160万元，第二次24小时招募会员收入800万元。

此外，鬼脚七、小道消息、六神磊磊读金庸、胡辛束等一大批自媒体，也借助新浪微博和微信公众号迅速兴起，依靠独特的内容聚拢了大量粉丝，靠广告等方式达到了粉丝经济变现。

——卖商品，商业实体依靠粉丝经济"抢滩"

啤酒是快速消费品，消费者通常会看哪个牌子促销就买哪个。而在天猫"6·18粉丝狂欢节"，没有降价促销的"青岛啤酒魔兽款"销量超过3万升，贡献了青岛啤酒网上店铺总销售额的45%。"《魔兽》电影热播，限量版啤酒点燃了粉丝热情，青岛啤酒搭上了电影的快车。"上海快速消费品行业顾问杨阳说。

——卖服务，粉丝经济为用户需求"精准画像"

微信公众号"餐饮老板内参"聚集了87万粉丝，其中七成以上是餐饮行业的老板。该公众号创始人、首席执行官秦朝说："通过公众号发布特定内容聚集特定群体，我就能为粉丝用户'精准画像'，研究他们的实际需求，推出有针对性的教育培训、融资贷款、商业推广等服务。"正是有了对服务对象的精准覆盖，"餐饮老板内参"已获得两轮千万级别的融资，估值过亿元。

📖 案例分析

依据西方经济学消费者行为理论，粉丝经济反映了如下消费趋势。

粉丝经济是"实物+虚拟"消费体验的升级。让粉丝乐意掏腰包的不仅是商品和服务，更重要的是满足心理需求。

根据天猫4亿多活跃用户的消费大数据分析，消费趋势正在改变。以低价竞争和流量红利获得增长的电商1.0时代早已过去，以品质消费为代表的电商2.0时代仍在继续，但"实物+虚拟"消费体验升级的粉丝经济，揭开了电商3.0时代的序幕，并从商品实物消费向娱乐、文化等虚拟消费延伸，呈现出以下一些新的发展动向。

一是消费互动化。

小米科技联合创始人黎万强曾表示"与粉丝互动"是小米成功的秘诀："小米让粉丝参与产品研发、市场运营。这种深度介入，满足了粉丝全新的参与式消费心态。"

SNH48是最重视与粉丝互动的偶像团体。"SNH48经常举办线下活动，我与偶像可以交谈、握手、玩小游戏。和她们一起成长，我的生活态度也更积极。"在上海读书的大学生陆鑫说。

二是消费IP（知识财产）化。

青岛啤酒魔兽款、愤怒的小鸟系列之"哲学粽师"、冰雪奇缘公主裙……在2016年的天猫"6·18 粉丝狂欢节"上，一大批新型"IP 化"产品吸引无数粉丝。阿里巴巴副总裁靖捷认为，在粉丝经济中，消费者升级为粉丝，商品消费升级为 IP 内容消费，这就形成了"IP—粉丝—品牌—消费者"互动的新生态产业链条。据估算，仅 T 恤这一品类，目前整个 IP 衍生品的市场规模就有上百亿元。

三是消费人格化。

提起《罗辑思维》，粉丝会想到有趣、有料的"罗胖"；提起六神磊磊，粉丝会想到读金庸、读唐诗行侠仗义的"磊磊"；提起胡辛束，粉丝会想到贩卖少女心的"辣辣"……不仅内容在人格化，商品和服务也在人格化，乔布斯的苹果手机、埃隆·马斯克的特斯拉汽车、罗永浩的锤子手机、西少爷的肉夹馍……都深深打上了创始人的人格标签。

根据马斯洛的需求层次理论，消费因为满足人类不同层次的需求而呈现升级态势，当前消费方式正从传统实用型消费向粉丝型消费升级，让粉丝埋单的不仅是商品和服务本身，更重要的是满足粉丝的心理需求。有远见的商家应密切关注消费变化新动向，推出更多的消费产品和营销方式。

案例讨论

（1）你认为"粉丝经济"与传统的商业运营模式有什么不同？

（2）"粉丝经济"反映了什么样的消费变化趋势？

【案例3-5】"高考经济"火爆背后的盲目消费

案例适用知识点

消费者行为理论

案例来源

杨迪."高考经济"火爆背后：花钱买安心. 人民网财经频道.

案例内容

六月，又到了一年一度的高考季。同时，善于把握商机的商家们也开始了新一轮"高考狂欢"。在高考期间，各大商家针对考生和考生家长推出了一系列"全套服务"，范围覆盖考生的"衣、食、住、购、游"等方面。家长们本着一切为了孩子的原则，掏起钱包来毫不手软，一时掀起了高考消费热潮。

"高考房"紧俏，短租公寓成新宠

每年高考，为了能给孩子在高考过程中提供一个舒适的休息环境，许多家长不惜花重金在考点附近的宾馆预订房间。在考点相对集中的地区，各大宾馆纷纷推出"高考房"，价格一路水涨船高。

记者了解到，今年高考期间，北京中关村附近的星级宾馆"高考房"房价每晚几百元至上千元，家长需提前一周甚至半个月订房，如果临时订房的话，普通房间基本满员，一般只能订到高价房间。一位宾馆服务员表示，因为距离高考考点近，每年高考期间酒店房间很早就被预订一空，考生家长为了让孩子少一点奔波，有充足的休息和用餐时间，往往花再多的钱都情愿。

除了宾馆，在一些城市，短租公寓也开始成为家长争抢的对象，位置离学校近、家具齐全的短租公寓特别受青睐。一位家长称，宾馆环境嘈杂，怕影响孩子复习，短租公寓里设施齐全，价格也合理，还可以自己做饭，十分方便。

高考冲刺辅导重新布局

随着"互联网+"战略的实施，原本单一的传统教育培训市场正在被"互联网+"的模式所冲击，各种在线教育平台如雨后春笋一般，破土而出。

记者观察到，尽管各类补习班仍旧打着"高考冲刺辅导""一对一教学"等广告招揽学生，但有一部分考生选择在在线教育平台上进行考前培训。一位考生表示，现在针对高考的学习在线教育平台非常多，从考前培训、答疑到填报志愿，所有的内容均可以随手查询，并且考生可以随时与老师进行互动问答。

"高考保姆"升级为"心理减压师"

保姆还能当心理减压师？没错。现在，很多考生家长更青睐在考前雇用在校大学生兼职做"高考保姆"，目的是帮助考生"心理减压"。在校大学生不仅有考试经验，而且和考生年龄相近，有共同语言。既可以陪考生做题、讲解考试经验，又能为考生疏解心理压力。据了解，雇用大学生做保姆的薪水比普通家庭教师要高三分之一左右，在高考前一两周往往供不应求。

补脑安神保健品受青睐

每到高考临近的时候，家长们都纷纷给孩子购买各种各样的保健营养品，其中增强记忆、消除疲劳一类的营养品特别受欢迎。商家们也抓住时机开展各种促销。记者看到，一些大药房将营养品和保健品摆放在显眼位置，一位店员称，每年高考前，补脑益智、安神助眠和减轻疲劳的保健品都格外好卖。家长们希望能对孩子参加高考有帮助，认为大家都给孩子吃，自己的孩子吃了总比不吃好。

考后"减压旅游"成热点

高考对于每个考生来说，都是精神和体力消耗巨大的一场战役，因此高考后的"减压旅游"已经成为考生放松身体及精神的一种有效方式。往往高考还没开始时，旅行社就已经推出专门针对高考考生的旅游路线，许多考生家长为犒劳辛苦的考生，早早就瞒着孩子在旅游团报了名，有些比较火的线路早早就会被订满。根据往年的情况，以高考结束为临界点，旅游市场将迎来新一轮热潮。

"励志 T 恤"受追捧

今年众多精明的服装商家也纷纷加入高考经济大军，推出各种款式的高考励志 T 恤衫。记者在淘宝网输入"高考励志 T 恤"字样，搜索到了 17 页相关商品，这些 T 恤衫上一般印有"高考加油""逢考必过""考的全都会，蒙的全都对"等字样，也可以选择印制自己想要的文字，价格一般为二三十元。这些高考励志 T 恤衫被称为高考"战服"，寓意旗开得胜、金榜题名。

"后高考"营销火爆

凭准考证或高考成绩单，隐形眼镜买一赠一、笔记本电脑打 8 折、手机满千返百……目前，各大商家已经纷纷开打"后高考"营销广告。此外，各大驾校也趁机推出了假期学车班，为考生们创造便利的学车条件。还有的餐饮业开始打出"谢师宴""庆功宴"等考后套餐宣传牌，其价格低至几百元，高至几千元不等。

案例分析

西方经济学认为，消费者消费的目的是实现效用最大化，其假设前提是每个消费者都是理性的。但是在现实经济生活中，很多消费者并不理性，他们的消费行为存在"盲目性、攀比性、跟风性"等非理性特征。这种非理性消费是中国根深蒂固的"状元情结"的反映。

西方经济学认为，商品的价值取决于消费者的效用评价，这种效用评价受消费偏好的影响，有很强的主观性。商家推出的各种服务项目如高价"高考房"、短租公寓、高考冲刺辅导等，正是迎合了考生家长不理性的认知，即只要给考生创造良好的物质生活条件，他们就能在高考中超常发挥，取得更好的成绩。事实上，考生高考分数高低从根本上不取决于考试期间住的房间有多好，安神补脑保健品吃多少等这些外在因素，它是对考生多年学习积累的一个综合检验。

因此，该案例披露的家长在考生"衣、食、住、购、游"等方面的一掷千金有很强的盲目性，更多的是听从了商家片面宣传，进而跟风消费，攀比消费。调查发现，很多考生家长听到过"高考经济"这个词，很多针对考生推出的服务项目或产品不一定能达到家长所期待的提高考生成绩，但明知是不该花的钱仍然要花，以确保孩子在高考中"不落人后""万无一失"。事实上，高考经济火热的背后，反映了很多家长对于这些所谓的服务项目或产品是否适合自己的孩子缺乏鉴别和理性的分析，大多数家长花钱是为了买安心，买放心，是典型的盲目消费。需要提醒广大考生家长的是：对于商家推出的服务项目或产品应谨慎选择，不要轻信商家宣传，同时，不要盲目跟风消费，应结合考生的实际情况量力而行。

📖 案例讨论

（1）在日常消费行为中，你认为消费者如何才能减少盲目消费，实现效用最大化？

（2）结合案例分析高考经济背后的社会和文化原因？

（图片来源：百度图片）

第四章 企业和生产理论

 【案例4-1】数据成为创新社会最重要的生产要素

案例适用知识点

生产理论、信息经济学

案例来源

秦海波. 掘金大数据 迎接人工智能时代. 经济日报，2016-05-27.

案例内容

大数据是新事物、新业态，但已经广泛应用于制造、交通、金融、医疗、零售、家居等行业，通过"加工"实现了数据的"增值"。

在大数据领域，我国虽然迈开了步子、发出了声音，但很多研究还不深入、不透彻。数据将会是未来创新社会最重要的生产资料，应该多措并举，努力让数据和计算能力成为各行各业的创新基础。

大数据产业正成为创新、竞争和生产力的前沿。以美国、日本、欧盟为代表的发达经济体，纷纷加大对大数据的扶持力度。无论是欧盟的数字经济、工业4.0，还是美国的分享经济、产业互联网，背后真正的推手都是大数据和云计算能力。我国提出要实施"国家大数据战略"，并将其纳入了"十三五"规划纲要。在政策利好刺激和各方实践推动下，我国大数据产业有望迎来爆发式增长。

大数据听起来有点生涩，但实际上已经渗透到人们日常生活的方方面面，广泛应用于制造、交通、金融、医疗、零售、家居等行业。

比如说柔性生产，通过海量的用户数据和分析，可以实现个性化定制和生产，丰富产品供给的类型和质量，为传统制造业提供新的动能。比如说电商打假，通过智能图像识别、数据抓取与交叉分析、智能追踪、大数据建模系统等技术，可将假货从10亿量级的在线商品中捞取出来。比如说交通管理，未来晚高峰下班，可能连遇20个绿灯！这不是运气，而是红绿灯会"思考"。城市管理者可以利用海量交通数据进行算法建模，控制红绿灯时间减轻道路拥堵。比如说货运协调，利用大数据和移动互联网技术，货主发货和司机接货的信息能在若干秒内快速匹配成功，周边司机数量、属性、价格和服务等一目了然。

《2015年中国大数据交易白皮书》显示，2015年国内大数据产业市场规模已达1 105.6亿元，较2014年增长44.15%。其中，大数据基础设施建设、大数据软件和大数据应用占比分别是64.53%、25.47%和10%。预计到2020年，我国大数据产业市场规模将达到8 228.8亿元，年复合增速接近50%。2020年我国的数据总量，有望占全球数据总量的20%，成为全球第一数据资源大国。

大数据技术的战略意义，一方面在于掌握庞大的数据信息，另一方面在于对海量数据进行专业化处理，通过"加工"实现数据的"增值"。有消息称，大数据产业的"十三五"发展规划将于下半年发布，不仅将进一步加大对大数据关键产品研发和产业化的支持力度，还将大力推进工业大数据的应用，并加强制造企业与信息服务企业的合作共享，推进大数据在研发、设计、生产、制造、售后服务等方面全生命周期的应用。此外，还将支持地方开展大数据应用试点工作，鼓励和支持各地方、各行业、各部门先行先试，积极推进大数据的标准体系建设。

大数据是新事物、新业态，我国虽然迈开了步子、发出了声音，但很多问题的研究还不深入、不透彻。信息孤岛、大数据技术原创能力和产业实力不足、综合人才队伍缺乏、法律法规不健全等，制约着我国向数据强国的转变。为此，要围绕数据从哪里来、放在哪里、谁来使用、如何利用等问题，秉承"数据是资源、应用是核心、产业是目的、安全是保障"理念，加快完善法律法规，推动我国大数据产业健康发展。

案例分析

西方经济学认为，生产要素是企业在生产中投入的各种资源。生产要素一般被分为资源、劳动、资本、企业家才能 4 种类型。随着社会经济的发展和技术进步的不断推进，生产要素的内涵和外延发生了深刻的变化，技术、管理、信息等新业态也纳入了生产要素的范围。

大数据是什么？国内常用的是"3V"定义，即数量（volume）、速度（velocity）和种类（variety）。在信息社会和创新时代，大数据已成为重要的生产资料。

对于一个企业来说，不断地为产品扩展销售渠道和提升服务质量是至关重要的。首先，只有获取用户信息，才能够更精准地获取市场动态。企业在进行大数据分析的前提下，从庞杂的数据背后挖掘、分析用户的行为习惯和喜好，找出更符合用户"口味"的产品和服务，并结合用户需求有针对性地调整和优化产品的生产和服务。客户的各种行为比如评论品牌、评价产品、参与营销活动或表示他们的喜好等，会在客户中相互影响。社交大数据可以来自社交媒体网站，以及自有的客户能够表达意见及事实的渠道。人们可以使用预测性分析发现规律和预测产品或服务的问题，也可以利用这些数据来评估市场知名度、品牌美誉度、用户情绪变动和新的客户群。总之，大数据能够帮助企业更好地掌握市场动向，更好地研究企业未来的发展方向，并且能尽可能地扩展用户需求。所以说，大数据将对未来企业发展起到了至关重要的影响。

从宏观经济层面讲，大数据在工业研发设计、生产制造、经营管理、市场营销、售后服务等产品全生命周期、产业链全流程各环节的应用非常广泛。通过大数据分析感知用户需求，提升产品附加价值，打造智能工厂，推动制造模式变革和工业转型升级。国家下一步将利用大数据推动信息化和工业化深度融合，研究推动大数据在研发设计、生产制造、经营管理、市场营销、售后服务等产业链各环节的应用，研发面向不同行业、不同环节的大数据分析应用平台，选择典型企业、重点行业、重点地区开展工业企业大数据应用项目试点，积极推动制造业网络化和智能化。为此，要做好以下几个方面的工作。

首先，要加快制定稳步推进公共信息资源开放的政策，释放数据红利，尽快出台政府信息共享的有关办法，提高政务信息资源的共享水平和利用效率。其次，要强化大数据安全的保障能力，加强大数据环境下的网络安全技术的研究，制定大数据安全标准和大数据安全保障框架，形成大数据安全保障体系。最后，要研究推进大数据相关的基础性制度建设，如开展数据确权、资产管理、市场监管、跨境流动等数据治理的重大问题研究。

总而言之，大数据将会是未来创新社会最重要的生产资料，要加强大数据技术的投入和研发，努力让数据和计算能力成为各行各业的创新基础。大数据与各个行业的深度融合，将产生前所未有的社会和商业价值，并催生人工智能时代的到来。

 案例讨论

（1）什么是大数据？大数据如何改变企业传统的生产经营模式？

（2）大数据时代对企业生产经营带来哪些挑战和机遇？

【案例 4-2】我国农业规模经济发展及其问题

案例适用知识点

生产理论、规模经济理论

案例来源

周群力. 我国农业规模经济发展及其问题. 中国经济时报，2016-05-13.

案例内容

随着我国城镇化进程的加快，大量农村劳动力进入城市，农业生产出现了土地流转加快、农业资本不断深化和新型经营主体不断涌现等特点。我国的农业生产成就巨大，但也存在生产成本高、利润薄等问题，亟须提高生产效率，逐渐从小农生产方式向规模化、集约化的现代农业生产方式转变。以多种形式的适度规模经营为抓手，可以发挥农业生产的规模经济效益，提升农业的全要素生产率（TFP），有助于实现农业的可持续发展。

一、我国农业生产的要素投入发生了巨大变化

1. 土地流转加快

20 世纪 80 年代到 90 年代，全国土地流转比例很小，根据农业部农村固定观察点调查资料，1984—1992 年完全没有转让过耕地的农户比例达 93.8%。到 2003 年时，农业部农村固定观察点对全国 20 842 户的抽样调查显示，全国土地流转面积占总耕地面积的 9.1%。近年来，全国土地流转速度明显加快，截至 2014 年年底，全国家庭承包耕地流转总面积达到 4.03 亿亩①，是 2010 年的 2.16 倍。2014 年土地流转总面积占家庭承包经营耕地面积的 30.32%，比2010 年提高了 15.65 个百分点。

2. 农户土地经营规模增大

土地流转加快的同时，农户经营土地的规模也在增大。截至 2013 年年底，经营耕地 10亩以下的农户 2.26 亿户，占家庭承包户总数的 85.96%以上，经营耕地在 10 亩及以上的农户已经占到 14.04%。在经营规模扩大的类别中，10～<30 亩和 30～50 亩两个组别的比例最高，分别达到 10.28%和 2.55%，到 2014 年，尽管经营 50 亩以下的农户仍占绝大多数（98.71%），但经营 50 亩及以上的农户比例在持续上升。

3. 农业机械化程度不断深化

2014 年，我国农用机械总动力是 107 600 万千瓦，是 1978 年的 9.16 倍，是 2003 年的 1.79倍。农用大中型拖拉机动力由 2003 年的 3 230 万千瓦上升到 2012 年的 14 437 万千瓦，增长了 346.97%，而小型拖拉机动力在同期只增长了 33.7%，这也反映了近年来农业规模化、集约化经营的发展势头迅猛。农村用电量也从 2003 年的 3 433 亿千瓦时上升到 2014 年的 8 884亿千瓦时，增长了 158.78%。相应的从事农业劳动的人口不断减少，2003—2014 年，第一产业就业人员从 36 204 万人下降到 22 790 万人，减少了 37.05%。

---

① 非法定计量单位。1 亩=666.67 平方米。

4. 经营主体趋于多元

从土地流转来看，土地承包的接包主体趋于多元化。2014 年，在全部耕地流转中，流入农户的比例占 58.31%，耕地向其他主体的流转依次为：农民专业合作社占 21.84%，企业占 9.68%，其他主体占 10.17%。与 2010 年相比，2014 年流入农户的耕地比例下降了 11.04 个百分点；流入农民专业合作社的耕地比例上升了 10.01 个百分点；流入企业的耕地比例上升了 1.62 个百分点；流入其他主体的耕地比例降低了 0.58 个百分点。

从耕地经营的整体格局来看，耕地经营正在从农户单一主体向农户与农民专业合作社、企业等多主体共营转变。在耕地经营主体中，农户虽然仍占据主导地位，但近年来其耕地经营面积与比例都在下降，2010—2014 年，农户的耕地经营面积由 12.15 亿亩下降到 11.61 亿亩，下降了 4.44%，农户的耕地经营面积比例从 95.44% 下降到 87.36%，下降了 8.08 个百分点。同期农民专业合作社的耕地经营面积与比例均在快速上升，农民专业合作社的耕地经营面积从 2010 年的 0.22 亿亩增加到 2014 年的 0.88 亿亩，增加了 300%，农民专业合作社的耕地经营面积比例则从 1.73% 上升到 6.62%，增加了 4.89 个百分点。同一时期，企业和其他主体的耕地经营面积也翻了一番。

二、当前农业生产存在的问题

长久以来，我国农业是注重产量的粗放型生产方式，这种单纯依靠土地、化肥等生产要素投入的生产方式越来越难以持续，农民增收、粮食增产的难度越来越大。

1. 农业生产成本高、利润薄

1978—2014 年我国水稻、小麦和玉米这三种作物的劳动力投入稳步减少，机械投入大幅增加，化肥与其他投入也呈增长趋势。其中，三大主粮每亩用工数量从 1978 年的 33.31 个工日下降到 2014 年的 5.87 个工日，下降了 82.4%。每亩化肥费用从 1978 年的 7.08 元上升至 2014 年的 132.42 元，每亩农药费用从 1978 年的 0.84 元上升至 27.56 元，每亩机械作业费从 1978 年的 0.84 元上升至 2014 年的 134.08 元。

由于农资成本、人工成本上升等因素，我国三大主粮生产的利润率越来越低。据《全国农产品成本收益资料汇编 2015》显示，我国三大主粮的每亩主产品总成本由 2009 年的 600.41 元上升到 2014 年的 1 068.57 元，增长了 77.97%。人工成本由 2009 年的 188.39 元上升到 2014 年的 446.75 元，增长了 137.14%。土地成本由 2009 年的 114.62 元上升到 2014 年的 203.94 元，增长了 77.93%。每亩净利润则大幅下降，由 2009 年的 192.35 元下降到 2014 年的 124.78 元，降低了 35.13%。每亩成本利润率由 2009 年的 32% 大幅下降到 2014 年的 11.68%。

2. 生产要素配置不合理

一是耕地规模小、碎片化严重。据 2003 年农业部农村固定观察点农户数据调查显示，2003 年我国户均地块数为 5.722 块，其中规模不足 0.033 公顷的有 2.858 块，规模为 0.033～<0.067 公顷的有 1.194 块，0.067～<0.133 公顷的有 0.813 块，0.133～<0.2 公顷的有 0.342 块，规模在 0.333 公顷以上的仅有 0.233 块。李建林等（2006）的研究表明，由于耕地碎片化，我国浪费的耕地占农地有效面积的 3%～10%，使生产每吨谷物的劳动力成本增加 115 元，造成土地生产率降低 15.3%。

二是劳动力的老龄化，且受教育程度不高。由于外出务工的劳动力多是具有较高学历的青壮年男性，使得留在农村从事农业的劳动力年龄老化，素质下降，有些地方甚至出现了季节性的劳动力短缺。农业兼业化、副业化倾向显现，农民对农业生产的某些环节无力顾及，甚至退出传统生产领域，致使一些农产品的生产能力有所下降。

根据农业部农村经济研究中心"我国粮食安全发展战略研究"课题组 2011 年基于 22 个

省（区、市）134 个村庄 1 552 个水稻种植户的调查数据，样本户主平均年龄为 51.4 岁，其中，户主 50 岁以上的农户占 55.3%，户主受教育年限平均为 7 年，基本为初中文化程度（李文明等，2015）。

三是农业科技含量仍有待提升。我国存在农业科技成果的转化应用比较滞后、农机服务体系不健全、适合小规模土地经营方式的小型农业机械的研发不足等问题。农业生产较多地依赖粗放式的要素投入，科技含量不高，亟须提升农业生产的科技含量。

四是农业融资不足。现代农业生产需要全产业链的金融、保险、农技、农机、农资、销售、咨询、技术培训等社会化服务支持。农村基层金融服务机构很少，信贷规模小，难以对现代农业经营主体的生产经营活动形成有力支撑。

五是农业生产组织化程度偏低。当前，我国农户家庭经营多数仍属于分散经营，存在"小生产"与"大市场"的矛盾，面临着自然、市场和质量安全"三重风险"。专业大户和家庭农场尚处于发展早期，数量少、规模小。农民专业合作社发展也还处在起步阶段，截至 2014 年年底，全国农民专业合作社达 113.8 万个，但被农业部门认定为示范社的只有 10.7 万个，占比为 9.4%。龙头企业与农户间的利益联结机制还不健全，采用合作、股份合作等较为紧密联结方式的仅占 38.2%。

综上所述，传统的农业生产方式下，我国土地、资本、劳动力、科技等要素投入的质量和配置效率都处于较低的水平，造成农业生产成本高、利润薄，农民增收困难。因此，农业生产方式转型期要实现农业可持续发展、增加农民收入，必须提高农业的全要素生产率。

案例分析

西方经济学认为，与短期生产不同，在长期生产中，企业生产规模是可变的，规模报酬分析涉及企业生产规模变化所引起的产量变化之间的关系。

企业规模的变化是指在其他条件不变的情况下，企业内部生产要素按相同比例变化时所带来的产量的变化。在技术水平不变的情况下，生产规模扩大时，最初这种生产规模的扩大会使产量增加大于规模的扩大，即规模报酬递增或规模经济。但当规模的扩大超过一定限度时，则会使产量的增加小于生产规模的扩大，甚至使产量绝对减少，即规模报酬递减或规模不经济。

规模报酬递增有如下几个方面的原因。

一是专业化程度提高带来的生产率的提高。在大规模生产中，工人可进行更加有效的分工协作，每个人专门从事某项具体工作的效率要远远高于每个人从头到尾完成每一道工序。

二是生产要素具有不可分的性质。有些先进的工艺和技术，如计算机管理、流水作业等，只能在产量达到一定水平时才能采用，也就是说，这些大批量生产的工艺和技术通常是不可分割的。

三是管理更合理。生产规模扩大时，容易实现现代化管理，合理先进的管理可以更进一步充分发挥各要素的组合功能，带来更高的效率和更大的收益。

四是成本更节约。厂商活动的大规模化会给它带来筹措资金、购买原料和半成品、销售等方面的好处。例如，有时大型厂商所需要的资金靠其本身的积累就可以满足，同时凭借其规模优势可以得到银行贷款和发行股票、债券方面的便利。在购买原料和半成品时，由于数量大，除了运输上有利，还可利用规定质量、大折扣、订立收购合同等有利条件，使生产成本降低。

上述案例表明，我国农业效益比较低的原因是多方面的，但其中一个重要原因就是经营主体分散，耕地规模过小，碎片化严重，无法发挥规模效益。由于耕地碎片化，我国浪费的耕地占农地有效面积的 3%～10%，使生产每吨谷物的劳动力成本增加了 115 元，造成土地生产率降低 15.3%。由于规模过小，致使农业生产成本居高不下，利润较低。由于规模过小，造成组织程度低，农户无法享受大规模专业分工带来的高效率。由于规模过小，农业专业化服务如融资、技术、管理等服务也跟不上。因此，我国农业改革的方向就是加快土地确权，在确权的基础上加快土地流转，发挥农业专业合作社职能，更好地从事农业专业化服务，提高效率，降低成本，实现农业现代化。

📖 案例讨论

（1）你认为当前阻碍我国农业生产效率提高的因素有哪些？

（2）你认为如何才能提高我国农业规模化经营水平？

（图片来源：百度图片）

【案例4-3】"波司登"去年再关1572家门店，羽绒服"霸主"怎么了?

案例适用知识点

企业生产理论

案例来源

中国经营网

案例内容

2016年6月29日晚间，"波司登"发布了截至2016年3月31日的年度业绩公告。报告期内，"波司登"实现收入约为57.87亿元，同比下滑8%。不过，得益于大力度控制整体开支，积极清理库存，优化零售网络，公司的存货总量及制成品存货均呈双位数下降，分别为14.7%和17.9%。

据《每日经济新闻》报道，近两年来，服装行业面临产能过剩、品牌竞争力下降等问题，加之越来越多海外品牌加快在中国市场的业务拓展步伐，致使国内服装行业面临的形势十分严峻。基于多方面的原因，"波司登"一直在进行零售网点的调整及库存的清理。

6月30日，"波司登"执行董事兼首席财务官麦润权表示，在去库存方面，公司今年还将继续。

"波司登"的主要业务分为三大板块：羽绒服业务、贴牌加工管理业务及非羽绒服业务。根据最新的业绩报告，羽绒服业务仍旧为"波司登"的最大收入来源，占总收入的68.7%，余下的14.3%及17.0%分别来自非羽绒服业务及贴牌加工管理业务。在过去的这一财年，这三块业务均出现了下滑，不过情况相对去年有所好转。

以羽绒服业务为例，截至2015年3月31日的财年度，"波司登"这一部分的收入大幅下滑32.6%，不过，刚刚过去的这一财年其下滑幅度则缩小至2.5%。

"波司登"方面表示，公司秉承了此前的业务策略，年内进一步加大力度来优化零售网络和清理库存。"在年内，本集团通过临时卖场、大型连锁超市、工厂店等多种针对性的销售渠道积极清理库存，尽量避免与新货造成重叠，影响优质门店的销售。"不仅如此，"波司登"的门店仍在持续收缩中。

据了解，为配合集团的品牌转型策略，在财年年底时公司开始着手调整"雪中飞"的销售门店，逐步把部分优质的销售门店直接纳入"波司登"旗下继续营运，关闭部分销售门店。截至2016年3月31日，其羽绒服业务的零售门店总数净减少1328家。其中自营零售门店净减少833家，第三方经销商经营的零售网点净减少495家。

在非羽绒服业务方面，公司收入下降18.3%。除"杰西"收入增加外，"波司登"男装和"摩高"的收入均出现下滑。"波司登"男装、"杰西"及"摩高"门店分别净减少了175家、8家以及61家。和羽绒服业务一起，"波司登"去年门店净减少了1572家，相比前一财年的5000余家门店大幅减少。

另据《第一财经日报》报道，谈及未来品牌发展方向，"波司登"执行董事兼首席财务官麦润权表示，未来是"波司登"品牌重塑的新阶段，企业会为了提升产品差异化和符合市场消费趋势，继续深入研究消费市场的消费特点，通过对零售数据的深入分析，更精准地安排各款式产品的生产，包括在制订生产计划之前先在实体店对某些主推产品和款式进行试销，以测试和了解市场反应，从而制订相应的生产和销售方案。

麦润权透露，对于主营的羽绒服业务，为避免品牌重叠，"波司登"将推出更符合市场需要的品牌转型策略，给品牌做重新定位和部署，使得旗下的品牌组合更能符合市场趋势。

据悉，这家老牌的羽绒服公司未来对其旗下的几个品牌做出大幅调整。原有的"波司登"品牌将继续定位于中高端时尚设计，而"冰洁"的业务重心将逐步转移至线上销售。考虑到市场对于羽绒服设计的要求日益提高，集团决定让设计风格偏向传统的"康博"退出羽绒服市场，以便集团能集中资源在其他品牌上。

📖 案例分析

企业在生产或销售过程中，究竟应当维持怎样的一个规模呢？经济学中的生产理论告诉人们，盈利能力是决定企业生产规模的一个重要指标。生产就是企业投入生产要素生产出对消费者或其他生产者具有经济价值的物品和劳务的过程。企业在生产过程中投入的生产要素主要有资源、劳动、资本和企业家才能。资源是指生产所必需的一切可以开发利用的土地、矿藏、森林、河流等物质条件，资源的价格称为租金。

西方经济学在考察生产领域时，将生产要素分为固定要素和可变要素两种。固定要素，是指在一定时期内无法进行数量调整的那部分要素，如厂房、设备等；可变要素，是指在一定时期内生产者可以进行数量调整的那部分要素，如原材料、劳动等。同时将生产周期划分长期和短期，在长期生产中，所有要素（包括固定要素和可变要素）的数量都是可以调整的；在短期生产中，只有可变要素的数量是可以调整的。

企业在经营过程中，通过调整不同要素的投入量，来确定生产经营的规模，从而取得规模效益，实现盈利。

在实体经济普遍不景气的大背景下，作为传统产业的服装产业同样面临着生产能力过剩、库存过高、生产成本增加、品牌竞争力下降、营业收入下降等问题。因此如何进行供给侧结构性改革，即怎样去库存、去产能、树品牌、降成本成为服装企业在新一轮竞争中取胜的关键因素。为此，"波司登"采取了关闭门店等措施来降低成本。同时调整品牌组合战略，使旗下的品牌组合更能符合市场趋势。此外，为了适应电子商务带来的销售方式的变化，一部分业务从线下销售转向线上销售。相信"波司登"通过生产规模和品牌组合策略的调整能够在新一轮竞争中占据不败之地。

📖 案例讨论

（1）在该案例中，"波司登"在企业经营决策过程中调整了哪些资源？为什么要进行这样的调整？

（2）"波司登"门店的大幅减少，是否意味着其生产经营规模的减小？是否会影响其盈利能力？

【案例4-4】苏州"联建科技"手机零部件代工工厂宣布倒闭

案例适用知识点

生产的短期均衡和长期均衡

案例来源

商洛在线

案例内容

如果是往年，再辛苦两个月，在一家工厂工作的陶振国夫妻俩就可以拿到年终奖，带着孩子一起回四川老家过年了。然而没想到的是，在2014年的最后一个月，陶振国却突然失业了。

2014年12月5日，知名手机零部件代工工厂苏州"联建科技"宣布倒闭。不仅如此，《华夏时报》记者近日在苏州进一步调查了解到，在"联建科技"宣布倒闭之际，位于苏州胥口镇的诺基亚手机零部件供应商"闳晖科技"也宣布关门停产，并遣散了大部分员工。

企业兴衰的故事本不足为奇，但"联建科技"和"闳晖科技"都属于当地大型企业，员工数量最多时都在万人以上，为何会突然集体"倒下"？

"电子代工产业发展了几十年，大部分仍然停留在产业链的最底端，利润微薄，更可怕的是完全依赖单一客户，市场一出问题，立刻就难以为继。"知名3C产业研究专家梁振鹏对本报记者指出，随着国内东部地区劳动力成本优势下降和技术升级的加快，未来不排除还会有大批代工企业出现危机。

无独有偶，2015年1月初，记者来到位于苏州胥口镇的"闳晖科技"厂区，工厂保安拒绝外人进入采访，他告诉记者，厂里已经没什么人了，领导也不在，进去也看不到什么。

据保安介绍，"闳晖科技"最多时有10 000多名员工，在去年11月份已经完全停产，从11月28日公司开始遣散员工，厂内现在仅留下管理人员留守，但是并没有宣布破产，机器设备也没有进行处理。

一位"闳晖科技"的前员工告诉记者，"闳晖科技"与当地政府签有协议，必须要到两年之后才能搬离，否则要赔偿政府1.5亿元违约金，所以公司决定停产，等两年后合同到期再正式倒闭。宣布破产的时间点并不重要，重要的是，像这么大规模的工厂，为何会走到这般境地？

"闳晖科技"是台湾上市公司"闳晖实业"的下属企业，主要生产手机和汽车零件，包括各种手机按键、镁合金手机外壳、汽车音响及其他塑胶零件等。数据显示，去年前三季度公司税后净亏损达到12.65亿元新台币。

"联建科技"是台湾"胜华科技"旗下子公司，曾是苹果公司手机屏幕供应商，后来与北京小米科技有限责任公司也有过几年合作。对于破产原因，苏州工业园区管理人员称，"胜华科技"先期宣告破产，债权银行申请对"胜华科技"及其子公司所有账户采取冻结保全措施，导致"联建科技"资金链断裂。

据了解,"联建科技"辉煌时有 20 000 多名员工,2014 年业务每况愈下,至倒闭前还有 3 000 多名员工。在上访事件后,经过当地政府协调,公司方面提高了补偿标准,这一风波方得平息。

多年来,国内无数的国外品牌代工工厂支撑起中国"世界工厂"的盛誉,然而随着国内生产成本的提高,加上世界经济不景气,国内代加工产业面临巨大压力,以东莞为例,仅去年 10 月份统计数据显示,东莞大型工厂破产的就有台湾"兴鸿鞋厂"等 10 多家代工企业。业内人士估计,春节前东莞至少还有上百家大型工厂倒闭或停产。

上述"闳晖科技"前员工告诉记者,"闳晖科技"主要为诺基亚生产手机按键,"现在谁还用按键手机啊?都是触摸屏了,工厂技术太落后了"。

而"联建科技"也曾是苹果公司和北京小米科技有限责任公司的重要零部件供应商,该厂一位前员工告诉记者,因其技术落后,良品率太低,成本太高,已被这两家公司剔除出供应商之列。

"虽然'胜华科技'公司根据苹果手机销量增长的前景,扩大了其生产规模,但产品设备主要用于 iPhone 4 及以前的款式,苹果公司从去年推出了屏幕要求更薄的 iPhone 5 和 iPhone 6,'联建科技'的产品无法适应,最终退出苹果公司供应商之列。""联建科技"一位前中层管理人员王先生说。

梁振鹏称,国内代工工厂的倒闭已经越来越频繁,主要原因就是国内生产成本优势已经逐渐丧失,对下游客户的溢价能力越来越低,而许多企业对单一客户的依赖性太高,以至于客户订单一结束,企业立马倒闭。

工厂倒闭直接后果就是大批工人失业。苏州工业园区管委会一位官员称:"突然倒闭后,大批的工人一下子被推向社会,短期内难以全部解决就业问题,只能逐步分流疏导。"

"现在代工企业一定要未雨绸缪,不能因为现在还有些订单就高枕无忧。"梁振鹏建议,"要么迁厂到要素成本更低的区域,如中西部或者东南亚;要么趁还有钱加紧独立品牌建设,像我国台湾的华硕和宏碁。"

案例分析

在西方经济学理论中,任何一家企业或厂商,都要追求利润最大化或成本最小化。但在无法达到最大利润时,企业为了维持经营,就必须尽可能减少损失;因此,短期的亏损对于企业来说,是可以承受的,但长期亏损,则企业就有可能陷入停产甚至倒闭状态。这里就涉及生产的短期均衡和长期均衡问题。

短期均衡是指在固定成本即生产规模不变的时期内,厂商不能对生产规模做出调整,只能通过增加或减少其可变要素投入的使用量来改变产量,以求利润最大或损失最小。当每个厂商都达到自己的利润最大化状态时,就都实现了短期均衡,从而整个行业也达到均衡状态。

长期均衡则是指在所有生产要素都可以调整的情况下,企业实现了长期利润最大化,或者损失最小化。此时,企业会因为利润的吸引,考虑进入某一行业;或因利润的下降而退出某一行业。

苏州"联建科技""闳晖科技"等显然符合企业长期均衡特征,即因利润下降退出手机零部件生产行业。它们倒闭的原因有如下几点。一是代工企业技术落后,产品款式太老,良品率太低,成本太高,跟不上下游客户的技术更新换代而被淘汰。例如,"闳晖科技"就是因为技术落后，生产环境差被诺基亚抛弃。二是代工企业存在单一客户依赖，一旦客户倒闭或亏损而拖欠巨额货款，将代工企业资金链拖垮，以至于客户订单一结束，企业立马倒闭。三是代工企业用工成本、土地租金、环保成本等逐渐加大，给企业带来巨大经营压力。

总之，在经济新常态下，品牌代工这个曾经支撑苏州制造业发展的主要经营模式正在走入困境，出路有以下两条。一是实施"走出去"战略，到土地和人工等资源成本更低的不发达地区或不发达国家投资办厂，将生产基地搬到国外去。二是加强供给侧结构性改革，或努力进行技术和产品创新，打造自主品牌；加快产业转型，实现产业更新换代，淘汰落后产能。

案例讨论

（1）电子产品厂商所面临的市场是怎样的一种市场？其市场特征是什么？

（2）本案例中，包括"联建科技""闳晖科技"在内的一些企业最终倒闭的主要原因有哪些？

（图片来源：百度图片）

第五章 成本理论

【案例5-1】如何降低实体经济企业成本

案例适用知识点

成本理论

案例来源

国务院印发《降低实体经济企业成本工作方案》，中国政府网。

案例内容

近日，国务院印发《降低实体经济企业成本工作方案》，对今后一个时期开展降低实体经济企业成本工作做出全面部署。

一、有效降低企业税费成本

目标：全面推开营改增试点，年减税额 5 000 亿元以上。清理规范涉及政府性基金和行政事业性收费。

（1）全面推开营改增试点，确保所有行业税负只减不增。将营改增试点范围扩大到建筑业、房地产业、金融业、生活服务业，并将所有企业新增不动产所含增值税纳入抵扣范围。

（2）落实好研发费用加计扣除政策，修订完善节能环保专用设备税收优惠目录。研究将新材料、关键零部件纳入首批次应用保险保费补偿机制实施范围。

（3）扩大行政事业性收费免征范围，清理规范涉企收费。将国内植物检疫费、社会公用计量标准证书费等18项行政事业性收费的免征范围从小微企业扩大到所有企业和个人。

（4）取消减免一批政府性基金，扩大小微企业免征范围。取消大工业用户燃气燃油加工费等地方违规设立的政府性基金。

二、有效降低企业融资成本

目标：企业贷款、发债利息负担水平逐步降低，融资中间环节费用占企业融资成本比例合理降低。

（1）保持流动性合理充裕，营造适宜的货币金融环境。通过差别准备金率、再贷款、再贴现等政策引导银行业金融机构加大对小微企业、"三农"等薄弱环节和重点领域的信贷支持力度。

（2）降低融资中间环节费用，加大融资担保力度。完善信贷资金流向实体经济的融通机制，降低贷款中间环节费用，严禁"以贷转存""存贷挂钩"等变相提高利率行为。

（3）完善商业银行考核体系和监管指标，加大不良资产处置力度。综合考虑盈利能力、

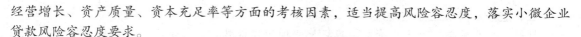

经营增长、资产质量、资本充足率等方面的考核因素，适当提高风险容忍度，落实小微企业贷款风险容忍度要求。

（4）稳妥推进民营银行设立，发展中小金融机构。推进已批准民营银行的筹建工作，引导其积极开展业务。

（5）大力发展股权融资，合理扩大债券市场规模。完善证券交易所市场股权融资功能，规范全国中小企业股份转让系统（"新三板"）发展，规范发展区域性股权市场和私募股权投资基金。

（6）引导企业利用境外低成本资金，提高企业跨境贸易本币结算比例。推进企业发行外债登记制度改革，扩大全口径跨境融资宏观审慎管理试点范围，进一步简化程序，合理扩大企业发行外债规模，放宽资金回流和结汇限制。

三、着力降低制度性交易成本

目标：营商环境进一步改善，为企业设立和生产经营创造便利条件，行政审批前置中介服务事项大幅压缩，政府和社会中介机构服务能力显著增强。

（1）打破地域分割和行业垄断，加强公平竞争市场环境建设。清理废除地方自行制定的影响统一市场形成的限制性规定，加快放开垄断行业竞争性环节。

（2）深化"放管服"改革，为企业创造更好的营商环境。推进行政审批制度和监管制度改革，优化行政审批流程，重点围绕生产经营领域取消和下放行政审批事项，合并具有相同或相似管理对象、管理事项的证照资质，实行联合审批。

（3）加快社会信用体系建设，加强知识产权保护。开展守信联合激励和失信联合惩戒，在行政管理、公共服务、市场交易和投融资等领域对守信企业实施优惠便利措施，对失信企业依法严格限制和约束。

（4）提升贸易便利化水平，合理降低服务收费标准。全面推广国际贸易"单一窗口"，推进口岸管理相关部门信息互换、监管互认、执法互助，对信用记录良好的企业降低出口商品查验率，降低企业货物的通关成本。

（5）加快剥离国有企业办社会职能和解决历史遗留问题，减轻企业负担。建立政府和国有企业合理分担成本的机制，坚持分类指导、分步实施，多渠道筹措资金，加快剥离国有企业办社会职能。

四、合理降低企业人工成本

目标：工资水平保持合理增长，企业"五险一金"缴费占工资总额的比例合理降低。

（1）降低企业社保缴费比例，采取综合措施补充资金缺口。从2016年5月1日起，对企业职工基本养老保险单位缴费比例超过20%的省份，将单位缴费比例降至20%，单位缴费比例为20%且2015年年底企业职工基本养老保险基金累计结余可支付月数超过9个月的省份，可以阶段性将单位缴费比例降低至19%；将失业保险缴费比例阶段性降至1%～1.5%，其中个人缴费比例不超过0.5%。

（2）完善住房公积金制度，规范和阶段性适当降低企业住房公积金缴存比例。对住房公积金缴存比例高于12%的一律予以规范调整，不得超过12%。

（3）完善最低工资调整机制，健全劳动力市场体系。统筹兼顾企业承受能力和保障劳动者最低劳动报酬权益，指导各地合理确定最低工资标准调整幅度和调整频率。推进户籍制度改革，实现居住证制度全覆盖。

五、进一步降低企业用地成本

目标：企业用电、用气定价机制市场化程度明显提升，工商业用电、用气价格合理降低。

（1）加快推进能源领域改革，放开竞争性环节价格。加快推进电力、石油、天然气等领域市场化改革。完善光伏、风电等新能源发电并网机制。2017 年基本放开竞争性领域的价格管制。

（2）加快推进电力体制改革，合理降低企业用电成本。加快实施输配电价改革试点。

（3）完善土地供应制度，降低企业用地成本。积极推进工业用地长期租赁、先租后让、租让结合供应，工业用地的使用者可在规定期限内按合同约定分期缴纳土地出让价款，降低工业企业用地成本。保障物流业用地供应，科学合理确定物流用地容积率。

六、较大幅度降低企业物流成本

目标：社会物流总费用占社会物流总额的比例由目前的 4.9% 降低 0.5 个百分点左右，工商业企业物流总费用占社会物流总额的比例由 8.3% 降低 1 个百分点左右。

（1）改善物流业发展环境，大力发展运输新业态。健全现代物流标准体系，强化物流标准实施，推动物流业与制造业等产业联动发展。

（2）合理确定公路运输收费标准，规范公路收费管理和监督执法。尽快修订《收费公路管理条例》，科学合理确定公路收费标准，逐步有序取消政府还贷二级公路收费。

（3）规范机场、铁路、港口收费项目，清理不合理服务收费。全面清理机场、铁路、港口经营性收费项目。

📖 案例分析

西方经济学认为，成本也称生产费用，是企业在生产过程中的各种支出。根据不同的划分标准，成本包括总成本、平均成本和边际成本、不变成本和可变成本、机会成本、显性成本和隐性成本、沉没成本、私人成本和社会成本、交易成本等不同类型。对于追求利润最大化的厂商而言，对应于每一产量水平的生产成本必须是最小的，即成本最小化是对企业成本管理的基本要求。

在经济下行压力比较大的条件下，开展降低实体经济企业成本工作，是党中央、国务院为有效缓解实体经济企业困难、助推企业转型升级做出的重要决策部署，对有效应对经济下行压力、增强经济可持续发展能力具有重要意义。因为，任何时候，实体经济都是一个国家实力的直接承担者，无论到了哪个发展阶段，实体经济都是基础的基础。经济转型升级发展是一个系统过程，在新兴产业带动下，实体行业会有更深远的提升；离开了实体经济支撑，创新也就成了无源之水，创意、研发向实际生产能力转化不是在空中楼阁中完成的，必然首先要依附实体行业。事实证明，很多核心技术的突破性进展都是在实体行业中取得的，大量的所谓"风口"，归根结底也是实体行业发展到一定阶段催生的一个个新机遇。

中国的经济发展走到一个特殊阶段，转方式、调结构，机遇和压力并存，这是一个多头并举的特殊时期。世界新兴经济体经历到这个阶段，实体经济行业往往会最先触碰到瓶颈。随着新兴产业兴起，社会资源争相趋附，客观上实体行业就会受到挤压，形成大量资本"体外循环"的现象。这个时候，实体经济企业就需要外力相助，减除重负，尤其是清除一切不合理的成本，包括降低税费成本、降低人工成本、降低融资成本、降低交易成本、降低用地成本、降低物流成本等。通过国家这些降低成本政策的实施，剔除了企业不合理成本和负担，实体经济企业因此得到了关键助力，企业能够轻装上阵。为企业降低成本实际上是鼓励实体行业得到充分的回报，让做实业的人真正成为市场的中坚力量。

案例讨论

（1）你认为目前实体经济企业成本支出中哪些成本比较高？为什么？

（2）降低实体经济企业成本的重要意义有哪些？

【案例5-2】春秋航空公司①的低成本竞争策略

案例适用知识点

成本理论

案例来源

https://zhidao.baidu.com/question/2078795892230115868.html.

案例内容

99元，199元，299元，如果运气好的话，你还可以拿到标价"零元"的免费机票。如果说这家机票比火车卧铺票还便宜的航空公司还能盈利，你一定觉得有些天方夜谭了，但春秋航空公司让神话变成了现实。

春秋航空公司是中国首家低成本运行的航空公司，经营国内航空客货运输业务和旅游客运包机运输业务。春秋航空公司旨在提供"安全、低价、准点、便捷、温馨"的航空服务，创新起步，安全平稳运行，平均客座率95.4%。

春秋航空公司打破了民航业的许多传统，在正式运营的第一年就开始盈利，当同期成立的民营航空公司纷纷不堪压力倒闭时，春秋航空公司依然发展良好。2006年春秋航空公司荣获民航总局运输司公布的中国民航"五率"加权积分总评比第一（公司原因飞行事故征候万时率、公司原因航班不正常率、旅客投诉万人率、航班正班执行率、公司基金缴纳率）。在2008年全球金融危机期间，全国各大国有航空公司纷纷亏损，南航、国航和东航净利分别亏损8.1亿元、19.4亿元和23.34亿元，春秋航空公司却能有2 000万元的微盈利。这之后的盈利更是连年翻番，2009年利润突破1.5亿元，2010年利润达到4.3亿元，发展势头非常好。2015年1月，国内第一家民营航空公司春秋航空股份有限公司在上交所成功上市。

春秋航空公司作为第一家定位于低成本运营的廉价航空公司，一直把盈利纪录保持30年以上的廉价航空公司创始者——美国西南航空公司奉为楷模。受国际金融危机的影响，2008年1—10月，春秋航空公司的利润较2007年同期下滑70%，而2008年11月公司已经出现了亏损。春秋航空公司在每条航线上的特价票投放也被迫从平时淡季的30%增加到了50%。包括董事长王正华在内，春秋航空公司的董事会已经把所有高层管理者的薪水降低了1/3，甚至没收了一些办公室的空调遥控器。但有些成本并不是想降就能降的。王正华认为，2008年是春秋航空公司遇到的最难过的一年，而从现在开始到2009年6月将是春秋航空公司创立以后最难熬的一段时光。即便是经历了近年来航空业最黑暗的一个年头，就连巴菲特都称投资这个行业是自己最大的失败，王正华依然没有为自己进入廉价航空的决定感到后悔。王正华说："容易赚钱的事是轮不到我们草根公司来做的，我们只能迎难而上。哪怕是块石头，我也要让它出油出水。"5年前，在他从熟悉的旅游业进入这个高投入、高风险、低利润的行业时，他的朋友认为他疯了。韩亚航空公司中国区负责人就告诉他，韩亚航空公司1978年首航，1987年才实现

---

① 春秋航空股份有限公司，简称春秋航空公司。

第一次盈利，所以做航空公司要做好亏损十年的准备。从建立之初对美国西南航空公司这种传统的低价航空经营模式进行模仿，到现在的春秋航空公司正倾向于借鉴亚洲航空和瑞安航空的商业模式，力图将各项额外的服务成本费用压至极限。春秋航空公司不做广告，没有售票柜台，飞机上没有免费餐食供应、没有报纸、没有毛毯和枕头、没有微波炉和冰块，只有一瓶350毫升的小瓶矿泉水是免费的。王正华希望借此把机票的价格做到极致，要让大家乘飞机像乘地面巴士那样，飞机也可以"飞入寻常百姓家"。春秋航空公司重点把目标客户锁定为对价格敏感的年轻都市白领和商务人士。一方面，他们拥有一定的消费能力和旺盛的乘机需求；另一方面，他们习惯于上网购买机票，这会大大降低春秋航空公司的营销成本。除了在春秋航空公司的航班上，你的确很难发现春秋航空公司的广告，甚至连售票柜台都找不到。为了省下给代理的佣金以及租用柜台的费用，它的机票都只在网上出售，这让春秋航空公司的销售成本仅为总成本的3%。

案例分析

春秋航空公司通过以下途径大大节约了成本。

一、节省固定成本

在西方经济学里，机器设备厂房等属于固定成本，它不随产量的增加而增加。

（1）春秋航空公司全部飞机都采取租赁的形式，而且租赁单一的机型，这就使春秋航空公司在采购上形成批量的采购，因此租赁公司给出的是最优惠的价格和售后服务，并且根据需求改造成单舱位布局及简单客舱装饰。而且，全部采取租赁的形式和飞机高利用率，使每架飞机成本大大降低。

（2）春秋航空公司采用单一机型、单一舱位，提高利用率。

春秋航空公司都采用空客 A320 飞机，方便提高飞机利用率，而且只设置经济舱，每架飞机座位数高达 180 个。通过增加座位数，可以降低每个座位的成本，而春秋航空公司的平均客座率高达 95.4%，每趟航班的销售收入也因此增加。

二、节省可变成本

在航空运输业，可变成本包括燃油费、服务费、设备保养费、维修费等。春秋航空公司采取了以下措施节约了可变成本。

（1）节省燃油成本。春秋航空公司采用的空客 A320 机型是相对比较节省燃料的飞机。为了鼓励飞行员降低燃油消耗，春秋航空公司设立了"节油奖"。春秋航空公司通过改变飞行方式和利用两地油价差来节省航油费，有效地节约了成本。

（2）节省服务费用。传统的航空公司统一采用的是进口的摆渡车，而春秋航空公司使用的是国产摆渡车，二者的价格相差 4 倍。飞机不靠廊桥，为旅客省下飞机停靠廊桥的费用。使用塑料登机牌，可以重复使用，飞机上不对号入座，先到先坐。这些都可以减少飞机起降的费用，而且也可以加快飞机的转场效率。飞机上的卫生是由空乘人员自己打扫的，不雇用专门的保洁人员，节省了飞机上的保洁费用。此外，春秋航空公司不提供餐饮服务，因此在餐饮这一项上的成本比例为零，这是低成本航空公司普遍采取的策略。另外，由于没有加热舱，也为增加座位提供了条件。

（3）节省设备维修费用。春秋航空公司没有自己的航材备件和零部件库，而是采取和新加坡航空合作的方式，在需要维修的时候直接从新加坡上海零部件仓库提取。这就使飞机航材备件和零部件库存减少，从而减少了公司在航材备件和零部件上的资金占用。

（4）节省了管理费用。春秋航空公司董事长王正华的办公室面积也只有 12 平方米，接待访客的沙发已经用了 18 年。另外，春秋航空公司还有个不成文的规定，到通火车的地方出差，一律坐火车，除了春秋航空公司自己的航线外。

三、节省交易成本

交易成本是指厂商在从事生产经营的各种交易活动中为完成交易所支付的代价或资源的消耗。罗纳德·哈里·科斯认为，营销渠道的目的是和其他企业或个人进行交易时，将成本最小化，营销渠道通过分担谈判功能、促进交易与信息共享，实现了厂商与外部组织实体间的相互依赖，有利于厂商从外部获取资源，与渠道成员建立起"团队合作"，极大地降低了厂商与终端消费者之间彼此搜寻信息、跨跃时空距离及讨价还价达成交易的成本。

春秋航空公司利用原有的全国各地旅行社销售网络自行研发了销售软件，并在此基础上开发了配套的离港系统，成为国内唯一不参加中国民航联网销售系统的航空公司，这就节约了航空公司与机票代售商之间的信息收集和处理成本、谈判成本、签约和履约成本等交易成本。并且春秋航空公司采用电子客票，旅客可以到春秋国旅现有营业网点购票和上网购票，然后直接到机场取票登机。脱离民航局的售票系统，自行建立自己的售票系统，减少了传统渠道谈判成本，也节约了代理费用及支付给民航局的管理费用。

同时，如果一个航空公司机构臃肿、人员队伍庞杂，必然导致人浮于事、机构重叠、办事效率低、管理成本增加、人工成本上涨等后果。春秋航空公司组织结构采用扁平化设计，一般从董事长王正华到最基层员工不超过 5 个层级，通过降低"人机比"从而节约交易成本。

通过以上分析，春秋航空公司在成本项目的每一个细节上都采取了策略，有些简直到了苛刻的地步，如对管理层的要求。春秋航空公司控制成本的策略都是在满足顾客基本需求的前提条件下进行的。并且这一切低成本措施的最终结果就是让利给消费者，从上述可知，春秋航空公司的低成本，不存在用价格战来进行恶性竞争一说，反而对整个行业的优化起着积极的作用。

📖 案例讨论

（1）试用西方经济学成本理论分析春秋航空公司的经营策略。

（2）春秋航空公司的成功经验能否推广到其他行业，为什么？

【案例5-3】高校学费是否上涨过快

案例适用知识点

成本理论

案例来源

姚晓丹. 高校学费"涨"声不断：是否不得不涨 是否上涨过快. 光明日报, 2016-06-29.

案例内容

高校学费为何"涨"声不断？

上大学的成本又提高了。近日，广东省公布《关于调整公办普通高校学费的通知》，决定自2016年秋季学期起，上调公办普通高校学费，增幅为20.2%。

对于刚刚经历高考的考生和家长来说，考完试就涨价多少显得有些"不近情理"，但近年来教育培养成本的攀升也是不争的事实。不仅是广东，江西在今年5月份也公布了公办普通高校学费标准调整方案，海南和内蒙古也就公办普通高校学费标准调整召开了听证会。

高校学费为何涨，该不该涨？记者就此展开了调查。

高校学费是否不得不涨？

这并不是高校学费第一次大幅涨价。2012年，国家关于稳定高校收费标准的政策到期，部分省份随之启动了高校收费标准调整。2013年秋季开始，湖南规定"211"高校所有专业都按照最高学费标准收取，非"211"一本高校部分专业的学费每学年涨了700～2 000元。天津则举行了普通高校本科学费标准听证会，平均每位本科生每学年学费上涨1 264元。

如果把今年广东公办普通高校的两成涨幅折现，那么，除了文科类专业涨幅为750元以外，其余专业涨幅都在1 000元左右。

学费为什么"涨"声不断？中国人民大学教育学院教授程方平认为，积重难返是其中一个原因。"不少高校在硬件建设方面提升很快，动辄拥有几千亩校园，但债务问题也显现出来。前几年有统计显示，我国高校负债超过2 000亿元，现在我们估计可能更高。硬件上一次性投入过大，导致一些高校尤其是地方高校财务问题积重难返。"

早前，中国教育科学研究院研究员储朝晖在接受记者采访时表示，高校学费涨价是"箭在弦上"，"目前高校经费主要来自国家财政。而经费来源非常不均，一些省级高校生均经费甚至只能拿到2 000元，对培养学生来说，这远远不够。"

高校日常运行是否主要依靠学费，资金主要来自哪里？国家教育发展研究中心研究员王烽表示："高校经济来源一般有学费、校办企业、国家财政拨款和社会捐赠四个方面。对于部属院校或重点大学来说，后三方面来源非常充足，而对于普通大学来说，大多依赖学费和财政拨款。"

学费上涨是否过快?

今年，广东省公办普通高校学费涨幅超过20%。广东省发改委相关负责人表示，学费调整统筹考虑了"高等教育的支撑力和居民的承受力，并以广东省'十三五'时期居民人均可支配收入预期增长水平为参照"。

尽管学费上涨经过论证，但不少学生和家长还是认为，涨得有些快了。国家统计局最新公布的数据显示，2015年全国居民人均可支配收入为21 966元，而目前各省上涨后的高校学费，很少有每学年低于5 000元的，不少高校医学类、艺术类专业每学年超过万元。

储朝晖告诉记者："学费涨价和物价水平上涨相关。应该说过去很长一段时间我国高校收费水平非常低，因此对于普通家庭来说，这样的涨幅还是让他们压力增大。目前我国高校毛入学率超过40%，这意味着近一半家庭都将面临这样的压力。"

程方平认为，物价和教育经费上涨的速度总体上来说大于工资涨幅。"应该做好政策的细化，减少居民压力。"

学费都用在什么地方，在办学成本中占多大比例? 这也是学生及家长关心的问题。

程方平分析，学费大多用于成本补偿。"教师工资和科研类经费是其中的大头。"国家教育发展研究中心研究员马陆亭则从高校运行成本上进行分析："高校成本构成非常复杂，已建好的教学楼、实验室（有贷款）算不算成本? 其维持费、运行费算不算成本?"他透露，在一些重点大学，学费在办学成本中只占3%，而在非重点大学尤其是地方大学，学费占办学成本的比例非常高，一些大学几乎全靠学费生存。

学费上涨，有哪些办法能缓解学生和家长的压力?

储朝晖认为，首先，应从高校管理体制改革上做文章，要改变目前高校过度依赖财政拨款的现状。其次，目前高校围绕机构、人员配置的经费支出存在用多少支多少的现象，很少核算，这一方面造成浪费，另一方面推高成本。

"公办高校应增加奖助学金的比例，尤其是助学金的比例，让受益范围扩大到更多学生。"储朝晖说，"尽管在操作上有困难，但还是希望国家财政能往地方高校倾斜，让它们降低成本，使更多学生受惠。"

马陆亭认为，收费制度最好不要"一刀切"，"如果能按照地域比如中东西部地区、城乡分为六个标准，或者再加上家庭经济情况分成十二个等级，更能确保公平"。

程方平从高校办学思路改革上考虑这个问题："比如在学历认证上，是不是可以借鉴国外经验，让地方普通高校和重点高校之间有对接，这样学生在选择高校时就有更多机会，也能让地方普通高校得到更多经费来源。"

"高校评估的导向也应改革，希望能少一些硬件考量的标准，多一些教学改革的关注，相信对高校办学成本的控制将起到示范作用。"程方平最后说。

📖 案例分析

西方经济学认为，高等教育是政府或社会提供的准公共产品，有较强的正外部性。因此高等教育由政府和个人分摊成本是世界公认的做法。在我国，公办高校办学成本大部分由政府负担，小部分通过学费的方式由家庭负担。

高等教育成本中既包括教室、实验室、仪器设备等固定成本，也包括教职员工工资、各种教学资料消耗、管理费等可变成本。目前，高校学费上涨是一个普遍现象，其内在原因在于高校办学成本不断上升。

一是教职员工工资普遍提高。众所周知，高校之间人才争夺愈演愈烈，为了引进或留住高层次教学和研究人才，各高校不惜重金，在人才引进方面增加投入，以高收入吸引外部人才。工资具有攀比效应，在引进人才提高待遇后，内部教职员工的工资也势必被拉高，高校办学成本增加是显而易见的。除此之外，由于历史原因，高校内部科室众多，机构臃肿，机关后勤等非教学人员众多，此类人员基本占高校员工的1/3，非教学人员占比过高也拉高了办学成本。

二是教室、实验室、仪器设备等固定成本增加。随着高校招生规模的扩大，各种办学条件必须跟上，例如，一个实验室的建设，动辄需要几十万元甚至几百万元，建成后要维持正常运转，必须由专人负责管理和维护，这些都要计入办学成本。

三是前些年高校扩张很厉害，各高校在新校区建设方面投资巨大，动不动贷款几亿元甚至几十亿元，形成巨大的债务负担。如案例中提及，"前几年有统计显示，我国高校负债超过2 000亿元"，目前这些债务陆续进入了还本付息高峰期，办学成本居高不下还要维持相当长的时间。

在巨额的刚性支出面前，高校只有实现经费来源多样化，广开财源才能很好运转，如服务收费、社会资助、校友捐助、财政拨款、高校自主创收等。但是，目前我国大部分高校尤其是地方高校经费来源单一，大部分靠财政拨款或银行贷款，在这种情况下，不得不靠提高学费来维持学校正常运转。

📖 案例讨论

（1）你认为高校应如何节省办学成本？

（2）你认为如何摆脱高校办学经费过分依赖财政拨款的现状？

（图片来源：百度图片）

【案例5-4】出国留学不得不考虑机会成本

案例适用知识点

成本理论

案例来源

2014 年出国留学趋势报告. http://www.eol.cn/html/lx/2014baogao/content.html.

案例内容

据教育部统计数据显示，2013 年中国出国留学总人数为 41.39 万人，比 2012 年增长了 3.58%，这是以两位数持续高速增长 5 年后，增速明显回调。虽然增长明显减速，但本科及以下层次就读人数增长仍然迅猛，低龄化趋势明显。

目前，中国已经成为世界第一大留学生输出国。截至 2013 年，中国出国留学总人数达到了 305.86 万人。进入 21 世纪以后，中国留学生的人数除了在 2004 年有小幅度下滑外，一直呈现上升的趋势，每年的出国留学人数不断增长。

留学低龄化的趋势愈加明显，硕士阶段留学在中国出国留学总人数中所占的比例明显下降。然而，本科阶段留学的人数迅速增加。以中国赴美国留学人数为例，2013 年中国赴美读研的人数为 103 427 人，而读本科的人数为 93 768 人，两者之间的差距逐渐缩小。另外，高中阶段留学的人数也开始急速膨胀。

虽然中国出国留学人数不断攀升，但中国学生入读名校的概率有所下降。首先，名校的申请人数不断增加，但是其录取率却呈现出下降的趋势。与此同时，名校的录取要求不断提高，申请难度增加，然而中国学生的竞争力不足。从英语能力和学术能力两方面来看，都与世界名校的录取要求有一定的差距。

随着低龄学生对于国际化教育的需求量越来越大，高中国际班开始在国内迅速发展起来。高中国际班的数量和招生人数逐年增长。高中国际班在发展中，也呈现出了一些特点，如学费普遍较为昂贵、课程种类繁多、授予的文凭种类也各不相同。从地域上来讲，高中国际班在一线城市发展迅速，且有向二、三线城市蔓延的趋势。

随着近些年出国留学人数的不断增长，留学回国人员也日趋增多，其增长速度超过了出国留学人数的增长。据教育部最新统计数据显示，2013 年留学回国人数达到 35.35 万人，增长率达到了 29.5%。然而，选择回国的留学生就业压力也越来越大。出国留学时，不少留学生热衷于选择商业管理、工程学等留学热门专业，从而造成了留学生专业扎堆的现象，这也直接影响了留学生的就业。留学生扎堆的专业在国内的竞争十分激烈，就业压力较大。大多数留学生对于留学后的就业期待较高，对于起薪的要求也过高，超过了留学生的实际起薪水平。在国内，留学生的光环逐渐消失，需要学生和家长理性对待。

案例分析

西方经济学一个很重要的概念是机会成本。当把一种经济资源用于生产某种产品时所放弃的使用相同经济资源在其他用途中所获得的最大收益就是生产该产品的机会成本。这里的经济资源既包括机器设备、厂房、土地等有形资源，也包括时间、人的精力、信息等无形资源。换一句话说，机会成本是一种选择的代价。如果你选择本科毕业后出国留学，其代价就是国内的工作机会、工作经验和工作收入。近些年来的中国，出国留学的机会成本相当大。

一、留学生在当地就业的风险加大

国际金融危机后，美国经济复苏乏力，欧洲深陷债务危机，国际经济普遍不景气，就业问题十分突出，各国纷纷出台旨在限制外国居民在当地就业的经济政策，中国留学生毕业后想在当地找一份理想的工作十分不易。

二、放弃了更多的国内就业机会

近年来，中国在全球经济复苏中扮演着引擎的角色，国内就业机会明显增加。随着中国改革开放步伐加快，西方跨国公司蜂拥般进入中国，建立自己的研发基地、生产基地和营销网络。他们需要各类专门人才。在这个背景下，大学毕业后在国内找到理想工作的机会增加，毕业不久的学生升迁机会就比较多；而过了这几年，等西方跨国公司完成网点布局和人才招聘之后，就不会那样大规模地招人了。

三、出国留学付出了巨额时间和金钱成本

出国留学从准备到最终出去至少需要一年时间，之前有许多事要做。假如去美国，首先，要考托福，要读研究生的话还要 GRE（美国研究生入学考试）成绩；其次，要进行大量调研，选择学校，倾听别人的意见，向选定的学校一遍遍地寄材料，还要经受一次次被拒绝的痛苦，在没面签之前，就已经有一些辛酸的经历了；最后，美国使馆面签，则是一个谁都无法预料的结局。

如果申请不到奖学金的话，自费的代价是相当高的。以去美国或英国留学为例，即使去田纳西州范德堡大学——这个在中国国内几乎没人知道而在美国却很有名气的学校学习一年，花费是 40 万人民币。如果申请去那些人尽皆知的名校，则一年的花费会更高，例如，如果去仅次于牛津、剑桥的伦敦政治经济学院，一年的花费是 60 万元人民币。60 万元人民币是个什么概念呢？以现在的工资水平计算，那是一个本科毕业生工作 10 年都赚不回来的净值，还不是净现值！这还不算在外学习期间丢失的国内工作和经验的机会成本。如果一项人力投资在 10 年内都无法收回的话，那至少说明这是不成功的。

四、留学回国人员就业压力加大

案例显示，近些年留学回国人员越来越多，在职场上，留学生与国内毕业的学生在同一个平台上激烈竞争，很多岗位留学生的竞争优势并不明显，其工资收入与国内毕业的学生相比相差无几，这就意味着留学费用短期内无法收回。

五、人生成长风险

对于那些低龄留学生来说，他们心智还没有发育健全，社会经验欠缺，自我控制能力和生活能力也不足，在遭遇到意外伤害、情感纠纷、文化冲突、身体疾病等困难时无法独立解决，容易出现各种不测。这也是孩子父母不得不考虑的留学代价。

当然，出国留学对于孩子积累生活经验、扩大国际视野、锻炼语言和沟通能力、感受和了解不同国家文化等增进自身素质方面有很大好处，有些东西是不能用金钱来衡量的，这也是家长倾其所有热衷送孩子出国留学的主要原因。但是这里有一个先决条件，就是家庭经济殷实，有足够的能力支付一系列费用。而对那些并不太富裕的父母将毕生的积蓄拿出来给孩子出国，或者是逃避在国内找工作而选择出国的学生来说，留学是不明智的选择。

📖 案例讨论

　　（1）你是否有出国留学的打算，为什么？

　　（2）你认为出国留学成本大于收益吗？为什么？

（图片来源：百度图片）

【案例5–5】中国企业过高交易成本分析

案例适用知识点

成本理论

案例来源

夏正荣. 中国企业过高交易成本分析及解决之道. 国际商务研究，2006（3）：28–31.

案例内容

很长时间以来，中国一向将劳动力成本低当作在世界市场竞争的有力武器。我国企业主要是依靠在资源竞争上的绝对优势和比较优势，即以国内大量廉价的劳动力、土地等初级资源优势，生产具有价格竞争力的产品参与国际竞争。另外，中国社会和中国经济都处于转型期，转型期造成的各种固有矛盾，包括制度不完善、政府管理经济的方式带有较多的计划经济残余、地方保护主义盛行、行业协会的准官方性质、现代企业制度尚未完全建立、腐败和社会存在普遍的诚信缺失现象等，这一切又造成中国企业交易成本比较高，这是中国企业对外竞争面临的最大劣势。

为了考察中国企业交易成本的具体情况，本文以部分代表性行业的几个主要影响利润率和费用的数据作为考察对象，主要包括产品销售收入、管理费用、销售费用、财务费用、利润总额。同时为了增加各行业之间的可比性，又计算出了各个行业的相对费用比率，即管理费用、销售费用、财务费用、利润总额分别与销售收入的比率，就是管理费用率、销售费用率、财务费用率、利润率。主要研究3种费用比率与利润率的关系及对利润率的影响。而代表性的行业包括相关的上游行业、中游行业及其下游的消费品行业，主要包括煤炭开采和洗选业，石油和天然气开采业，纺织业，通信设备、计算机及其他电子设备制造业，仪器仪表及文化、办公用机械制造业，通用设备制造业、造纸及纸制品业、食品制造业、医药制造业。

研究表明，管理费用约占销售收入的6%，销售费用约占销售收入的4.4%，财务费用约占销售收入的1.3%，利润总额约占销售收入的10%。从总量而言，管理费用在3项费用中最大，销售费用其次，财务费用最小。经过仔细分析发现，其实在这3项费用中对利润率影响最大的是销售费用。销售费用是指企业在销售商品过程中发生的费用，是企业交易成本的主要部分。经过计算得到以下的相关系数：销售费用率与利润率的相关系数为–0.794 4，管理费用率与利润率的相关系数为–0.082 4，财务费用率与利润率的相关系数为–0.595 3。

以上的数据说明，尽管销售费用占销售收入的比率不大，但是销售费用率和利润率呈现最明显的负相关关系。这表明，企业的交易成本对企业利润有最明显、最直接的影响。

为了证明中国企业交易成本过高，以中美两国的医药分销业为例对两者的交易成本进行比较分析。中国目前约有17 000家医药商业单位，数量有余而实力不足。而在美国只有3家大型医药批发公司负责全国的药品批发。美国医药批发企业的利润率较低，为 1.55%，但由于其规模较大，总体仍可保持盈利。而中国医药商业企业缺乏规模效应，行业集中度大幅度低于美国，费用比率偏高，其毛利率平均为 12.69%，费用比率平均为 12%，利润率则只有 0.7%左右，不到美国的一半。中国企业成本费用比率指标的费用主要部分就是交易成本，包括销售成本、公关成本、接待费用等名目繁多的各项费用。中美医药分销业的比较分析仅是一种实证，如果对中国企业交易成本过高的原因进行分析，就会发现，中国企业交易成本过高是一个普遍和必然的现象。

造成中国企业交易成本过高的原因很多，从微观层面说，企业诚信缺失是造成其交易成本过高的主要原因。

中国企业诚信缺失的现象非常普遍，典型例子俯拾即是，从早期的银广厦事件到 2004 年的中航油新加坡公司事件，一系列上市公司造假事件触目惊心。中国社会科学院民营经济研究中心主任刘迎秋教授在其主持的《中国民营企业竞争力报告》第 1 部中披露，近年来民营企业的诚信问题已经从制假售假"升级"到随意编造经营业绩、编造良好的企业数据、上市圈钱、操纵基金、欺骗投资者等手段。在"诚信成本"不高的情况下，民营企业的成长带有很强的机会色彩，靠一项优惠的政策或者打政策的"擦边球"和玩政策方面的"猫捉老鼠"游戏就能产生一个民营企业，而且确实存在个别民营企业家的"原始积累"就是通过一些不诚信的手段完成的。

📖 案例分析

西方经济学认为，交易成本是指厂商在从事生产经营的各种交易活动中为完成交易所支付的代价或资源的消耗。交易成本包括发生在企业外部的市场交易成本和发生在企业内部的交易成本。威廉姆斯把交易成本细分为事前的交易成本和事后的交易成本两类，前者包括起草、谈判、落实某种协议的成本，后者包括交易双方偏离契约规定发生的成本，当事人发现事先确定的价格有误而需要进行调整所付出的成本，当事人通过法律或政府解决商业纠纷所付出的成本，当事人为确保交易关系的长期、稳定、连续所付出的成本等。

降低企业交易成本必须注意以下几点。

一、企业营销渠道扁平化

渠道扁平化，也被称为通路下沉，是 20 世纪 90 年代中后期兴起的一种渠道操作模式。这种模式简化了销售过程，保障产品从生产商（厂家）到消费者之间的供应系统高效无损耗运作，优化了资源配置，提高了营运效率，保障了信息沟通，缩减了销售成本，使企业有较大的利润空间。渠道的每次变革，都是为了节约交易成本，向顾客让渡更多的剩余价值。长期以来，制造商一直沿用多层次架构的垂直调控销售模式，一个产品要到达消费者手中往往要经过厂商—总经销商—二级批发商—三级批发商—零售商—消费者等多个层次，中间流通环节的增加无疑在降低渠道的效率，延误产品到达消费者手中的时间，物流费用在增加，资金周转周期在加长，利润随之摊薄。从消费者的角度来看，则很难得到价格带来的福利。多层次结构使得制造商需要花费大量的交易成本用于协调渠道间的关系，平衡渠道权利，减少渠道冲突，这必然会引起交易费用的增加。

二、充分发展互联网经济降低交易费用

新经济时代很大程度上是指由信息技术革命特别是互联网的高速发展带来的社会经济变化，对营销渠道变革来说，信息技术的飞速发展是不应被忽视的外部力量。随着信息技术的发展，现代网络技术和功能强大的营销管理软件能够对众多经销商反馈的大量信息进行快速处理，并能在同一时点将所有信息传递给经销商。这就极大地减少了交易费用，推动了销售渠道扁平化趋势的发展。互联网的出现使得消费者可以通过网络与厂家直接联系，获得感兴趣的信息，而企业也可以更快、更准确、更全面地获取消费者的相关信息，因此，企业在对客户需求研究方面的优势显现出来。企业可以将分销商的部分研究职能承担过来，电子商务的出现使得企业在促销、接洽和谈判方面的职能不断增强，同时也加快了对消费者的反应速度。这样，传统渠道成员的信息功能就被极大地削弱甚至完全摒弃，这同样会导致渠道成员的数目和层级减少。

三、通过大力发展物流以降低交易成本

中间商的一个重要职能就是物流职能，中间商将产品从企业到消费者进行实体转移。物流成本在多数产品的成本结构中占有很高的比例，在物流业还没有发展成熟之前，生产商独自承担物流职能的成本很大，不利于企业的发展，而且很少公司能够有实力构建起自己的物流配送系统。随着具备高度专业化的第三方物流的发展，直接向最终消费者传递产品的费用大大低于通过传统的渠道层层传递的方式，同时，由于零售终端巨型化的趋势，使得厂商不必向数量巨大的小规模终端供货，使其运输成本大幅度下降，节约了企业的交易成本。

四、通过支付工具的创新降低交易成本

科技的进步使商品交易超越时间的限制，但无论商品交易如何发展、交易方式如何复杂，交易过程中始终伴随着债权债务和实际资金的支付与清算，渠道扁平化也面临着企业如何与众多的分布在世界各地的消费者进行结算，而网上银行和网上支付业务的发展则给企业的结算业务带来了极大的方便，邮局、银行的汇兑虽然也能解决结算的问题，但是，远没有网上支付快捷方便，远程支付工具的创新大大降低了企业市场交易的费用，也为渠道扁平化创造了条件。分期付款方式的创新，削弱了分销商融资的职能。生产商、银行、消费者的合作，可以使得生产大件产品的生产商能够及时获得所售产品的资金，降低了生产商的外部交易成本。

五、建立并完善全国范围内的企业征信体系

信用是现代市场经济的生命。市场机制发挥作用的基本原则是建立在契约和信用基础上的等价交换。随着交易关系的复杂化，日益扩展的市场关系便逐步构建起彼此相连、互为制约的信用关系，信用成为维系各种交易主体错综复杂关系的"纽带"和"链条"。从这种意义上来说，市场经济就是信用经济。企业征信体系建立后，企业信用的好坏可以直接上网查询，这样可以减少企业的信息收集成本。企业征信体系的建立可以使恪守信用的企业获利，不讲信用的企业受罚。诚信企业得到国家的政策优惠或税收减免，而缺乏信用的企业则在银行贷

款、市场准入、股票上市等环节障碍重重。这种奖优罚劣的结果将引导更多的企业恪守信用，由此大大节省企业交易成本，如合同违约成本、法律咨询或诉讼成本、公关成本等事前和事后交易成本。

 案例讨论

（1）为什么说企业诚信缺失会增大交易成本？

（2）你认为如何才能有效地降低企业交易成本？

第六章 厂商理论

 【案例 6-1】农村春联市场——完全竞争市场的缩影

案例适用知识点

完全竞争市场

案例来源

杨晓东. 农村春联市场：完全竞争的缩影. 经济学消息报，2004-06-25.

案例内容

去年临近春节，我有机会对某地春联市场进行了调查，该农贸市场主要供应周围 7 个村 5 000 余农户的日用品需求。贴春联是中国民间的一大传统，春节临近，春联市场红红火火，而在农村，此种风味更浓。

在该春联市场中，需求者有 5 000 多农户，供给者为 70 多家零售商，市场中存在许多买者和卖者；供应商的进货渠道大致相同，且产品的差异性很小，产品具有高度同质性（春联所用纸张、制作工艺相同，区别仅在于春联所书写内容的不同）；供给商进入退出没有限制；农民购买春联时的习惯是逐个询价，最终决定购买，信息充分；供应商的零售价格水平相近，提价基本上销售量为零，降价会引起利润损失。原来，我国有着丰富文化内涵的春联，其销售市场结构竟是一个高度近似的完全竞争市场。

供应商在销售产品的过程中，都不愿意单方面降价。春联是农村过年的必需品，购买春联的支出在购买年货的支出中只占很小的比例，因此其需求弹性较小。某些供应商为增加销售量，扩大利润而采取的低于同行价格的竞争方法，反而会使消费者认为其所经营的产品存在瑕疵（如上年存货、产品质量存在问题等），反而不愿买。

该春联市场条件简陋，春联习惯性地席地摆放，大部分供应商都将春联放入透明的塑料袋中以防尘保持产品质量。而少部分供应商则更愿意损失少部分产品暴露于阳光下、寒风中，以此展示产品，因此就产生了产品之间的鲜明对照。暴露在阳光下的春联更鲜艳，更能吸引消费者的目光、刺激购买欲望，在同等价格下，这少部分供应商销量必定高于其他同行。由此可见，在价格竞争达到极限时，价格外的营销竞争对企业利润的贡献不容忽视。

在商品种类上，如"金鸡满架"一类的小条幅春联，批发价为 0.03 元/副，零售价为 0.3 元/副；小号春联批发价为 0.36 元/副，零售价为 0.50 元/副。因小条幅春联在所有春联中最为便宜且为春联中的必需品，统一价格保持五六年不变，因此消费者不对此讨价还价。小条幅春联共 7 类，消费者平均购买量为其中 4 类，总利润可达 1.08 元，并且人工成本较低。而小号春联相对价格较高，在春联支出中占比例较大，讨价还价较易发生，因此价格降低和浪费的时间成本会造成较大利润损失，对小号春联需求量较大的顾客也不过购买七八副，总利润至多 1.12 元。因此就不难明白浙江的小小纽扣风靡全国使一大批人致富的原因；这也提醒人们，在落后地区发展劳动密集、技术水平低、生产成本低的小商品生产不失为一种快速而行之有效的致富方法。

春联市场是一个特殊的市场，时间性很强，仅在年前存在 10 天左右，供应商只有一次批发购进货物的机会。供应商对于该年购入货物的数量主要基于上年销售量和对新进入者的预期分析。如果供应商总体预期正确，该春联市场总体商品供应量与需求量大致相同，则价格相对稳定。一旦出现供应商总体预期偏差，价格机制就会发挥巨大的作用，将会出现暴利或者亏损。

综上可见，小小的农村春联市场竟是完全竞争市场的缩影与体现，横跨经济与管理两大学科。这也就不难明白经济学家为何总爱将问题简化研究，就像克鲁格曼在《萧条经济学的回归》一书中，总喜欢以简单的保姆公司为例得出解决经济问题的办法，这也许真的有效。

📖 案例分析

完全竞争是指有无数的买者和卖者组成的、无任何外在力量控制或人为因素干扰的市场结构。在这种市场上，既没有政府的直接干预和控制，也没有厂商的相互勾结或集体行动。完全竞争的市场具有以下特征。

一、产品同质

在完全竞争的市场上，各厂商提供的产品完全相同，没有任何差别。各厂商提供的产品，从原材料、加工工艺到包装、服务，都完全一样，可以相互替代。如果消费者购买不同厂商的产品，不会给消费者产生效用上的差别。

二、厂商无数

在完全竞争的市场上，有无数个买者和卖者。每个买者的购买量和每个卖者的销售量只占市场交易量的很少一部分。个体的行为不可能影响市场的供求关系和价格。产品的价格是由市场供求关系决定的。买者和卖者只能接受既定的市场价格，是价格的接受者。

三、要素自由进出

生产要素不受任何限制，可以自由地流动，即厂商可以自由地进入或者退出完全竞争市场，不会遇到任何行业壁垒或人为因素的干扰，因此，竞争非常激烈。

四、信息充分

在完全竞争市场上，所有的顾客和厂商都掌握了充分的市场信息。消费者完全知道所有厂商提供的产品的现在和未来的市场价格，厂商掌握了各种生产技术和有关要素、产品的价格信息，要素的所有者知道要素的各种用途及其相应的收益。任何买者都不可能以低于市场的价格购买自己所需要的产品，任何卖者也不可能以高于市场的价格销售自己的产品。

显然，完全符合上述条件的完全竞争市场是一种理想的市场状态，是一种极端的市场情况，在现实经济中是不存在的。只有金融市场和农副产品市场接近于完全竞争市场，虽然在现实经济中并不存在完全竞争市场，但是完全竞争的理论分析框架及其结论可以作为人们观察和分析现实经济问题的一个参照系，可以使人们所研究的问题得以简化。

就案例中所提到的农村春联市场而言，从春联产品的同质性、厂商进入与退出市场没有障碍、买卖双方的数量很多及信息的充分说明农村春联市场接近于一个完全竞争的市场。这种竞争的充分性主要来源于产品的同质性即产品之间的完全替代，而厂商的数量众多则保证单个厂商不能控制产品的价格，在模型中要求参与者数量是无数个，他们的经济行为对价格没有影响。在现实中，尽管厂商和消费者的数量很大，但总是有限的，也就不能满足个体行为对价格没有影响的条件。从信息的充分与对称性来看，忽略了获取信息是有成本的，人们对于信息的搜寻与获取也是建立在成本与收益的比较之上而做出决策，在现实中人们往往根据经验来做出产品相关性质的判断，所以在一些外观形状、颜色等较容易判断的低级产品上容易产生接近于完全竞争性质的市场，而在一些个体化的、对产品和服务需要更多信息的高级产品，以及需要相关制度安排来保证交易顺利进行的产品就不太容易形成接近于完全竞争性质的市场。在自由进出市场上，政府扮演一个非常重要的角色，人们可以从政府是不是促进厂商之间的充分竞争（无论是国有企业还是私有企业）来判断政府的价值目标是不是从经济效率出发，如果人为设置进入门槛，规定某个领域不能让某类性质厂商进入，那么可以肯定，政府一定有经济效率之外的考量，如保障民生、促进公平等，即并没有完全从经济效率的角度来制定经济政策。

📖 **案例讨论**

（1）为什么说农村春联市场是一个完全竞争市场的缩影？

（2）现实经济生活中还有哪些市场类似于完全竞争市场？试举例。

（图片来源：百度图片）

【案例6-2】洗澡也要交这么多钱

案例适用知识点

完全垄断市场

案例来源

董典波，黄晓林. 一口气读懂经济学：经济学的100个关键词. 北京：新世界出版社，2009.

案例内容

网上流传着一则有关垄断的笑话。

某领导住进了镇上的一家招待所，经过一天颠簸，他想去澡堂洗个热水澡。

领导来到澡堂门口，被一个服务生拦住："先生，您要洗澡的话请先交纳15元的初装费。我们将会为您安装一只喷头。"

领导交完钱，刚想进去，又被服务生拦住："先生，对不起，为了便于管理，我们的每只喷头都有编号，请您先交纳10元的选号费，选好的号码只供您一人使用。"

领导有些生气，但还是交钱选了8号。服务生又说："您选的是个吉利的号码，按规定还得交8元的特别附加费。"领导压了压火，说："那我改成4号。这不是吉利的号码，总用不着交什么特别附加费了吧？"

服务生说："4号是普通号码，当然不用交特别附加费，但您得交5元的改号费。"

领导无奈地摇摇头，交了钱后理直气壮地问："这下我可以进去洗澡了吧？"

服务生笑着说："当然可以，您请！"领导瞪了他一眼，踱步往里走。服务生突然又补充道："对不起，我还得告诉您，由于4号喷头仅供您一人使用，所以不管是否来洗澡，您每月都要交纳7元5角的月租费。此外，您每次洗澡要按每30分钟6元的价格收费。另外，每月交费的时间是20日之前，如果您逾期未交，还要交纳一定的滞纳金……"

"够了，够了，我不洗了！"领导气坏了，扭头就走。

"您真的不洗了吗？"服务生微笑道，"如果您不再使用4号喷头了，那您还得交9元8角的销号费。只有这样，您以后才能不用向我们交纳任何费用。"

领导实在很生气，和服务生吵了起来。不一会儿，经理赶到，在了解到情况后笑着对领导说："先生，对不起，也许您还不知道，洗澡业在我们这里是垄断经营，还好您没有泡池子，不然还要收您的'漫游'费呢。"

案例分析

垄断的意思是"唯一的卖主"，它指的是经济中一种特殊的情况，即一家厂商控制了某种产品的市场。比如说，一个地方只有一家电信公司，一个城市中只有一家自来水公司，而且它又能够阻止其他竞争对手进入它的势力范围，这就叫作完全垄断。

纯粹的完全垄断市场必须同时满足以下三个条件：市场上只有一家企业；该企业的产品不存在相近的替代品；进入该市场存在障碍。曾几何时，中国电信成立之初基本符合这三个条件，那时普通家庭安装电话曾经存在案例中讽刺的那种情况。

既然整个行业独此一家，显然这个垄断企业便可以成为价格的决定者，而不再为价格所左右。可以肯定的是，完全垄断市场上的商品价格将大大高于完全竞争市场上的商品价格，垄断企业因此可以获得超过正常利润的垄断利润，由于其他企业无法加入该行业进行竞争，所以这种垄断利润将长期存在。

　　但是，垄断企业是不可能任意地抬高价格的，因为，任何商品都会有一些替代品。如果电费使人负担不起的话，恐怕人们还会用蜡烛来照明。所以，较高的价格必然抑制一部分人的消费，从而使需求量降低，不一定能给企业带来最大的利润。有时候，垄断企业要受政府价格管制，出现政策性亏损。

　　垄断企业成为价格的决定者，并不意味着垄断企业产品的价格单一。有时候，垄断企业要面对需求状况变动不同的数个消费群体，必须分情况制定出有区别的价格来。对需求价格弹性较大的可采用低价策略，对需求价格弹性较小的可采用高价策略，以便获得较理想的收益，如阶梯电价、阶梯水价等。

　　要打破垄断绝非轻而易举。通常，完全垄断市场有三座护卫"碉堡"。第一，垄断企业具有规模经济优势，也就是在生产技术水平不变的情况下，垄断企业之所以能打败其他企业，靠的是生产规模大、产量高，从而总平均成本较低的优势。第二，垄断企业控制某种资源。美国可口可乐公司就是长期控制了制造该饮料的配料而独霸世界的，南非的德比尔斯公司也是因为控制了世界约85%的钻石供应而形成垄断的。第三，垄断企业具有法律保护。例如，许多国家政府对铁路、邮政、供电、供水等公用事业都实行完全垄断，对某些产品的商标权、专利权等也会在一定时期内给予法律保护，从而使之形成完全垄断。

　　通常认为，完全垄断对经济是不利的，因为它会使资源无法自由流通，造成资源浪费，而且消费者也由于商品定价过高而得不到实惠。"孤家寡人"的存在也不利于创造性的发挥，有可能阻碍技术进步。可是话又说回来，这些垄断企业具有雄厚的资金和人力，正是开发高科技新产品必不可少的条件。另外，由政府垄断的某些公用事业，虽免不了因官僚主义而效率低下，但不以追求垄断利润为目的，对全社会保障公平还是有好处的。

📖 案例讨论

　　（1）为什么说垄断损害经济效率和社会福利？

　　（2）联系实际对完全垄断市场的利弊进行分析。

（图片来源：百度图片）

【案例 6-3】我国光伏产业在跌宕起伏中发展

案例适用知识点

垄断竞争市场

案例来源

战略性新兴产业应避免一哄而上，南京科技广场网。

案例内容

战略性新兴产业是以重大技术突破和重大发展需求为基础，以知识技术密集、物质资源消耗少、成长潜力大、综合效益好为特点的产业。国际金融危机倒逼和低碳发展态势，引导和加快战略性新兴产业的发展是优化结构调整、实现转型升级的必然选择。2010 年《国务院关于加快培育和发展战略性新兴产业的决定》中明确了国家级的七大战略性新兴产业，即节能环保、新一代信息技术、生物、高端装备制造、新能源、新材料、新能源汽车。目前，发展战略性新兴产业已成为各地抢占新一轮经济和科技发展制高点的重大举措。

但是，由于缺乏宏观调控，一些战略性新兴产业在发展中也出现了结构趋同、重复布局、一哄而上、有能无产、达能不达产的现象。因此在发展战略性新兴产业的机遇面前，如何扬长避短，采用创新驱动的发展方式，真正与我国的转型升级、产业结构调整结合起来，已成为破解难题的关键。

作为新能源产业的光伏产业在我国遭到近乎毁灭性的打击，很值得反思。我国光伏产业从 2005 年驶入发展的快车道，到 2011 年达到巅峰，光伏产能占全球总产能的 80%，跃居世界第一，且集中销往欧洲市场，而我国应用市场只占全球市场的 0.8%。回顾其发展过程，一方面光伏产业高利润、高投入、高产出，形成巨大的财富效应，吸引各地政府纷纷把光伏产业确定为本地的重点发展产业，不惜大手笔投入；另一方面，低门槛进入，低端化发展，市场无序竞争，形成巨大的产能过剩。特别是我国光伏产业"两头在外"特征使其处于绝对不利地位。我国硅材料 95% 都是由国外进口，光伏产品 90% 都是出口国外。硅材料、关键生产设备及产品销售对外依存度极高，整个产业的成本及销售价格很大程度上受制于国外，导致我国光伏企业抗风险能力极低。进入 2012 年，遭遇欧美"双反"（反倾销、反补贴），我国光伏产业发展的矛盾集中爆发，产品价格"跌跌不休"，比如多晶硅价格从 2011 年最高的每千克 90 美元下降到 2012 年年底的每千克不到 16 美元，光伏企业持续亏损，整个光伏产业一片"哀鸿"。

光伏产业名义上是高技术产业，但我国却做成了传统的、缺乏技术含量的劳动密集型产业。原材料和关键生产设备都是国外的，市场也是国外的，干的活就是组装加工。说起来很美，是战略性新兴产业，但发展思路却是老一套。前几年国外供应不足，关卡少，价格卖得很高，现在门槛抬高，税收提上去了，马上就亏损。而且一些地方政府，准入门槛很低，一看是战略性新兴产业，就一哄而上。据有关资料统计，中国光伏企业 2008 年仅有近 100 家，但到了 2011 年已达 500 多家，三年增长约 5 倍。正是由于没有长期的发展思路，各地竞相投资，盲目扩大产能，全球性光伏产能严重过剩，以至于我国光伏企业发展的标杆——无锡尚德太阳能电力有限公司在 2013 年上半年也只能加入破产重整行列。

但这样"惊心动魄"的磨炼并没有让其倒下，而是让这个如太阳一样充满能量的产业在历经险阻以后，依旧浴火重生。

根据中国光伏行业协会公布的数据，2016 年上半年，我国光伏行业新增装机量超过 20 吉瓦，已超过 2015 年 15.1 吉瓦的全年新增装机量，同比增长近 3 倍。我国的光伏应用目前仍以大型地面电站为主，占比达到 90%，小型分布式电站仅占总数的 10%。

从简单的来料加工到形成包括硅材料和硅片、光伏电池和组件、逆变器和控制设备的完整光伏制造产业体系，从光伏制造大国到光伏装机世界第一，我国光伏产业走出了一条极具特点的发展之路。截至 2013 年年底，全国累计并网运行光伏发电装机容量 1 942 万千瓦。从 2005 年到 2013 年，我国光伏发电装机容量在 8 年时间内提高了 280 倍！

在产品市场供不应求、产品价格有所上升的同时，光伏企业深耕技术创新，产品产能利用率也得到大幅提升。数据显示，2016 年上半年，已上报的 42 家组件企业平均产能利用率为 88.6%，比去年同期提高 9 个百分点。其中，硅片行业整体产能利用率达到 90%，排名前十的企业产能利用率超过 95%；电池片行业 50 家企业的平均产能利用率为 83.5%，高效电池技改、扩产速度不断加快。

更令人欣喜的是，在"一带一路"战略引导及国际贸易保护形势的影响下，我国光伏企业海外布局加速推进，"走出去"步伐不断加快。2013 年 1—5 月，硅片、电池及组件产品的出口额总计达 64 亿美元。其中，仅销往日本的出口总额就将近 10.7 亿美元，印度、巴基斯坦、智利、土耳其等新兴市场也在飞速崛起。

案例分析

垄断竞争市场是一种商品有许多买卖者且之间存在一定差别的市场。垄断竞争市场是这样一种市场组织，一个市场中有许多厂商生产和销售有差别的同种产品。在垄断竞争市场理论中，经济学家把市场上大量生产非常接近的同类产品的厂商总和称为生产集团。

从垄断竞争市场的特征来看，光伏市场是一个典型的垄断竞争市场。

第一，光伏生产集团中有大量的企业生产有差别的同种产品——太阳能电池及太阳能发电设备。这些产品彼此之间都是非常相近的替代品，一般来说，替代性越强，竞争越激烈。各种光伏产品的功能都是相同的，即为生产和生活提供清洁能源。因此集团内部各企业之间存在较强的竞争关系。

第二，光伏产品之间存在差别。这种差别不仅指同一种产品在质量、构造、外观、销售服务等方面的差别，还包括在商标、广告等方面的差别和以消费者的想象为基础的虚构差别。这种差别导致每个厂商对自己的产品都有一定的垄断力量，一般来说，差别程度越大，厂商的垄断程度越高。因此光伏集团各企业又有一定的垄断性。

第三，光伏集团中企业数量非常多。上述案例中，我国光伏企业 2008 年仅有近 100 家，但到了 2011 年已达 500 多家，三年增长约 5 倍。由于企业数量非常多，每一家企业规模很小，对市场的影响也有限。这就形成了前几年光伏企业的无序竞争，形成巨大的产能过剩，很多企业陷入破产倒闭的困境。

垄断竞争市场最主要的竞争策略是通过创新制造产品差别，通过差别获取垄断地位，如价格垄断或市场垄断。因此，对于垄断竞争市场企业而言，能否创新成为企业生死攸关的大事。根据熊彼特的创新理论，创新是指企业家对生产要素实行新的组合，它包括五种情况：① 引入一种新产品，② 采用一种新的生产方法，③ 开辟一个新的市场，④ 获得一种原料的新来源，⑤ 采用一种新的企业组织形式。这 5 种创新都可以产生超额利润。

光伏产业发展的跌宕起伏给人们的启示是：必须推进以市场为导向的科技创新。创新需要市场充分竞争，需要千千万万市场主体在试错中找到方向，这就要求市场在资源配置中起决定性作用，主要靠市场发现和培育新的增长点。光伏行业这几年通过企业重组、技术创新、打破西方国家"双反"、开辟"一路一带"市场等手段引导资金、人才、技术等创新要素按市场导向优化配置，引导创新资源向企业集聚，终于走出困境，浴火重生。因此，政府应加大对光伏企业创新的扶持力度，促使光伏企业加快摆脱对能源资源消耗较多的加工制造环节的过度依赖，更多地依靠研发、设计、市场开发、品牌建设和无形资产投资，满足差异化和个性化需求，推进传统制造向以研发为基础的新型制造转型。

案例讨论

（1）你认为我国光伏产业跌宕起伏的发展经历对其他垄断竞争行业有什么样的借鉴意义？

（2）列举一个垄断竞争行业，分析这个行业为什么属于垄断竞争行业？

（图片来源：百度图片）

【案例6-4】反垄断法对医药企业垄断行为实施处罚

案例适用知识点

寡头垄断理论

案例来源

万静. 华中药业等三家药企被罚260万. 法制日报, 2016-08-10.

案例内容

艾司唑仑具有镇静、催眠和抗焦虑的作用，是国家严格管控的二类精神药品，艾司唑仑片属于国家基本药物目录中的神经系统用药，同时列入国家低价药目录。我国对二类精神药品原料药的准入和生产实行严格管制，全国获得艾司唑仑原料药生产批文的企业只有四家，实际在产的只有华中药业、山东信谊和常州四药，这三家企业同时也是艾司唑仑片的生产厂家。

国家发展和改革委员会近日对华中药业、山东信谊、常州四药三家企业达成并实施艾司唑仑原料药、片剂垄断协议案依法做出处罚，合计罚款260余万元。

国家发展和改革委员会经调查发现，2014年低价药政策出台后，三家企业通过会议、会面、电话、短信、邮件等方式，在艾司唑仑原料药市场达成并实施了联合抵制交易的垄断协议，在艾司唑仑片剂市场达成并实施了固定或变更商品价格的垄断协议。2014年9月和10月，当事人在河南郑州举行会议，协商艾司唑仑原料药、片剂的有关事宜。当事人最后达成以下共识：每家企业生产的艾司唑仑原料药仅供本公司生产片剂使用，不再外销；同时对艾司唑仑片集体涨价形成默契。2014年12月以来，三家企业通过下发调价函的形式逐步调高艾司唑仑片价格，华中药业和山东信谊多次通过会面、电话、短信等形式就调价信息进行沟通联络。

华中药业、山东信谊、常州四药作为生产销售艾司唑仑原料药、片剂的独立市场主体，属于在艾司唑仑原料药市场、片剂市场具有竞争关系的经营者。当事人达成并实施的艾司唑仑原料药联合抵制交易的垄断协议，使其他片剂生产企业由于缺少关键投入品而被迫退出市场，严重排除、限制了片剂市场的竞争，也扫清了在片剂市场实施联合涨价的障碍；当事人达成并实施的提高艾司唑仑片价格的垄断协议，直接导致2015年以来艾司唑仑片价格的大幅上涨，增加了广大患者的经济负担，损害了消费者利益。在两种垄断协议的共同作用下，艾司唑仑片市场供应总量减少，患者用药可及性受到影响。

根据垄断行为的性质、程度、持续时间，以及当事人在垄断协议中的不同作用、对调查的配合程度等因素，国家发展和改革委员会依法责令当事人立即停止实施垄断协议，并处罚款共计2 603 823元。其中，对在垄断协议的达成、实施过程中起主导作用的华中药业，处2015年度艾司唑仑片销售额7%的罚款，计1 571 829元；对垄断协议的参与者、在调查过程中配合行政机关查处违法行为且有立功表现的山东信谊，处2015年度艾司唑仑片销售额2.5%的罚款，计547 563元；对垄断协议的跟随者、违法程度较轻且能积极主动整改的常州四药，处2015年度艾司唑仑片销售额3%的罚款，计484 431元。

国家发展和改革委员会已于近日印发《关于在全国开展药品价格专项检查的通知》（发改价监〔2016〕1101号），重点检查价格出现异常波动的原料药、药品品种，集中力量解决群众和企业反映强烈的问题，切实维护医药市场公平竞争秩序，保护广大患者的合法权益。

国家发展和改革委员会调取的原料药销售数据显示，2013年和2014年，当事人共向下游16家片剂生产企业供应原料药。2014年10月以后，当事人陆续停止对外正常供货，生产的原料药仅供自用，大部分片剂生产企业由于缺少原料药而被迫停产。

国家发展和改革委员会调取的片剂销售数据显示，2014年12月至今，三家企业销售的艾司唑仑片价格均出现大幅上涨，且涨价时机高度一致，证明联合涨价的价格垄断协议得到了实质性实施。以三家企业都生产的1mg×20片规格的艾司唑仑片为例，2015年至今，华中药业出厂价上涨超过3倍，山东信谊上涨近2倍，常州四药上涨1.6倍，三家企业的艾司唑仑片出厂价格涨至约1角/片。

在接受《法制日报》记者采访时，北京市大成律师事务所律师魏士廪认为，三家涉事企业存在价格协同行为，主要表现在固定或变更价格的一致性，并且存在意思联络。意思联络的表现是通过会议、会面、电话、短信、邮件等方式实现。例如，在郑州举行的会议上要求对艾司唑仑片剂集体涨价形成默契。执法机构通过获取的涨价证据绘出了图表，可以非常清楚地看出，三家企业在涨价的关键点上高度一致，进一步证明郑州会议的意思联络得到了实际实施。

而从本案涉及的垄断协议细分行为类型来看，该案是典型的联合抵制交易垄断案例。这是执法机构查办的已公开的反垄断案件的第二起联合抵制交易垄断案，是国家发展和改革委员会查处的首例抵制交易案。国家工商总局曾在去年（2015年12月）公布广东省工商局查处的广州市番禺动漫游艺行业协会联合21家企业实施联合抵制交易的行为，是反垄断执法中的首例联合抵制交易案。

从医药行业查处的案件来看，某一类稀缺的药品原料或药品更容易出现共谋行为，该共谋既有横向的，也有纵向的，从联合抵制到价格协同，从货源供应的控制到最终实施涨价获利，最近两年查处的医药行业的垄断行为基本都具有该特点。反垄断执法部门对医疗医药，尤其是医药的反垄断调查从去年撕开口子后，今年将逐步扩大反垄断战果，未来的3年内将是医药行业竞争执法的高峰期，该行业涉及老百姓的生命和基本医疗保障，是竞争执法多年关注和研究的重点，现在到了逐步收获执法成果的时候了。

案例分析

寡头垄断就是指少数几家厂商控制了整个市场的生产和销售的垄断市场，其主要特征为厂商为数不多、寡头之间存在相互依存、价格由少数寡头通过勾结或协商确定等。

我国对二类精神药品原料药的准入和生产实行严格管制，全国获得艾司唑仑原料药生产批文的企业只有四家，实际在产的只有华中药业、山东信谊和常州四药，这三家企业同时也是艾司唑仑片的生产厂家。因此，本案中的艾司唑仑市场属于典型的寡头垄断市场。

西方经济学认为，垄断排除、阻碍了市场竞争，是对市场机制的破坏，会带来低效率，其原因如下。

第一，与竞争性厂商相比，垄断厂商的产量低而价格高。上述案例中当华中药业、山东信谊、常州四药三家企业达成并实施的提高艾司唑仑片价格的垄断协议，直接导致 2015 年以来艾司唑仑片价格的大幅上涨，"2015 年至今，华中药业出厂的价格上涨超过 3 倍，山东信谊上涨近 2 倍，常州四药上涨 1.6 倍"。严重加重了患者的经济负担，损害了消费者的合法权益。

第二，在竞争市场上，厂商只能通过改进技术和管理降低成本、提高产品质量来获取尽可能多的利润，而垄断厂商却可以依仗其垄断地位稳拿高额利润，从而使企业改进技术和管理的动力大大降低，不利于整个社会的技术进步。

第三，在一些国家，垄断权力的取得，往往靠政府有关部门赋予特权。上述案例中三家制药企业也是靠我国对二类精神药品原料药的准入和生产实行严格管制等规定获取垄断地位的。现实中，一些获取垄断地位的厂商为了维持自己的垄断地位，常常会用贿赂或变相贿赂方式把高额垄断利润的一部分塞进有关行政部门尤其是领导人的腰包，这种寻租行为是一种典型的社会腐败行为，不仅破坏了一个国家的政治生态，而且破坏了市场竞争，干扰了市场秩序，还使许多经济资源浪费在非生产性活动上。

为了保护竞争，增进效率，减少垄断的危害和损失，市场经济国家普遍实行反垄断政策。早在 19 世纪末和 20 世纪初，美国就颁布并实施了反垄断法，如 1890 年的《谢尔曼法案》、1914 年的《克莱顿法案》和《联邦贸易委员会法案》等。为了与国际市场接轨，预防和制止垄断行为，维护市场竞争秩序，我国于 2007 年颁布了《中华人民共和国反垄断法》（简称《反垄断法》），并于 2008 年 8 月 1 日起施行。《反垄断法》禁止具有竞争关系的经营者达成下列垄断协议：（一）固定或者变更商品价格；（二）限制商品的生产数量或者销售数量；（三）分割销售市场或者原材料采购市场；（四）限制购买新技术、新设备或者限制开发新技术、新产品；（五）联合抵制交易。从上述案例中披露的事实和涉及的垄断协议细分行为类型来看，该案例是典型的联合抵制交易垄断案例。国家发展和改革委员会依据《反垄断法》对三家制药企业联合抵制交易的价格共谋行为实施处罚，是我国医药行业反垄断的一个典型案例。

📖 **案例讨论**

（1）医药行业的垄断行为与其他行业相比有什么特点？其危害性是什么？

（2）你认为如何维护医药行业的公平竞争秩序？

（图片来源：百度图片）

【案例 6-5】关于"滴滴"与"优步"合并算不算垄断的讨论

案例适用知识点

垄断形成的原因及垄断行为的确定

案例来源

战钊."滴滴""优步"合并算不算垄断.光明科技网,http://tech.gmw.cn/2016-08/04/.

案例内容

2016 年 7 月底 8 月初,"网约车"出行市场传出了"滴滴"收购"优步"在中国的品牌、业务、数据等全部资产的报道。"滴滴"收购"优步"到底算不算垄断行为,很多媒体展开了热烈的讨论。

一部分媒体认为,"滴滴"收购"优步"涉嫌垄断。新华社连续发表文章,标题分别是"'滴滴'收购'优步':谨防'鲶鱼'变成'沙丁鱼'""'滴滴'并购'优步'可以少些垄断思维""'滴滴'收购'优步':大数据垄断尤当警惕"。文章的核心大意是"滴滴""优步"合并之后可能会利用自己的市场主导地位随之带来更高的议价能力,导致消费者的利益被侵害,行业创新受到阻滞,以及数据垄断导致的国家信息安全受到威胁。

《财经》杂志引用北京大学法学院教授邓峰的话表达了一个观点:"亏损的垄断者也是垄断者。"一石激起千层浪,针对的正是"滴滴"关于垄断的表态:目前"滴滴"和"优步"均未实现盈利,且"优步"在上一个会计年度营业额没有达到申报标准。

根据《中华人民共和国反垄断法》配套文件《国务院关于经营者集中申报标准的规定》的第三条:参与集中的所有经营者上一会计年度在中国境内的营业额合计超过 20 亿元人民币,并且其中至少两个经营者上一会计年度在中国境内的营业额均超过 4 亿元人民币,那么经营者需要事先向国务院商务主管部门申报。

文件里没有规定只有实现盈利的公司才有义务进行申报。如果只把"滴滴""优步"抽取的平台费作为营业额,根据公开的数据,"滴滴"2015 年的净收入远超 4 亿元人民币,"优步"的营业额尚未得知。因此,"滴滴""优步"还是可能会面临反垄断机构的审查。

根据《国务院关于经营者集中申报标准的规定》的第四条:经营者集中未达到本规定第三条规定的申报标准,但按照规定程序收集的事实和证据表明该经营者集中具有或者可能具有排除、限制竞争效果的,国务院商务主管部门应当依法进行调查。

一些媒体认为,"滴滴""优步"涉嫌垄断的一个主要判断依据是市场份额。根据多家第三方公司发布的数据,在"网约车"市场上,"滴滴"和"优步"的市场份额合计超过 90%,占据绝对的主导地位。

另一些媒体认为,"滴滴"收购"优步"不能简单确定为垄断。上海金融与法律研究院执行院长傅蔚冈接受《界面新闻》采访时表示:"占据市场的绝大部分份额不意味着一定是垄断,只有拥有市场支配地位,并且滥用这种地位进行不正当竞争才算垄断。现在还没有看到'滴滴'和'优步'合并之后有任何具体的相关行动，怎么能算是垄断呢？"

关于市场支配地位，《中华人民共和国反垄断法》第十八条规定，认定经营者具有市场支配地位，应当依据下列因素，其中包括：该经营者在相关市场的市场份额，以及相关市场的竞争状况。

虽然《中华人民共和国反垄断法》同样规定：相关市场是指经营者在一定时期内就特定商品或者服务进行竞争的商品范围和地域范围，但是业内人士对于"相关市场"的定义和边界有着不同的看法。

一种看法认为，虽然打车软件是移动互联网发展下的一项创新，但是它并没有开辟一个全新的市场。根据国家交通部出台的最新条例，"网约车"是出租汽车行业的一部分。作为出行方式之一，"网约车"和传统出租车存在可替代性和竞争性。

根据罗兰贝格发布的《中国专车市场分析报告》，2015 年中国人每天的出行次数（包括公交和步行）达到 28 亿次，其中出租车市场的渗透率达到 3%，"网约车"市场的渗透率不足1%。如果认为传统出租车和"网约车"在同一个市场进行竞争，那么"滴滴""优步"不能被简单地认为是垄断。

2016 年 8 月 3 日，北京大学国家发展研究院与北京大学法律经济学研究中心举办关于《网络预约出租车经营服务管理暂行办法》的政策研讨会，著名经济学家、北京大学国家发展研究院经济学教授周其仁认为不能轻而易举地反垄断，也不能用市场结构中经营主体的个数来简单判断。

"要用市场的结构来判断到底是一个（经营主体）还是两个（经营主体），关键要看市场法律。只要法律上没有硬性规定不准进入，一家公司不管占有多大的市场份额，最终总会有新的进入者……过去认为垄断就会提价，但是真实的世界里你发现没有这么容易。"周其仁说。

另一种看法认为，出行市场是一个替代品比较多的市场，如果"滴滴""优步"合并后大幅提价，消费者不仅可以选择传统出租车、公交、地铁，也可以选择它们的竞争对手，用脚投票。

即使"滴滴""优步"合并之后成为一家独大的平台，但技术的变迁及潜在的竞争足以使得出行市场成为一个"可竞争市场"，从而充分削弱大平台获取超额利润的能力。其他品牌的"网约车"如"易到用车"和"神州专车"，仍然在提供差异化的服务，并且参与出行市场的竞争。上海财经大学商学院教学研究部主任钟鸿钧撰文表示。

北京大学国家发展研究院教授薛兆丰指出，要判断是否涉嫌垄断，关键要看以下要素：第一，网络效应，就出租车领域来说，要做到充分竞争是需要一个平台还是若干个平台；第二，行业入口有没有限制，比如其他公司开发一个打车软件有多难，行政上面是不是有阻力，找投资人是不是非法等，目前来看行业入口是完全畅通的；第三，用户层面切换不同的服务成本高不高，打不到出租车转为地铁、公交的成本是非常低的，所以与出行相关的市场是非常大的，只要界定清楚，垄断就不存在。

对于垄断平台的另外一个担心：是否提高了行业的门槛，限制了竞争，阻碍了创新。无论是从用户数量、基础设施的搭建、大数据搜集的角度来看，"滴滴""优步"相对于其他平台的优势十分明显。但是如果把"滴滴""优步"放在智能出行或者整个互联网行业来说，"滴滴""优步"的地位很难说一直会保持下去。

📖 案例分析

西方经济学认为，完全垄断，是指整个行业的市场完全处于一家厂商所控制的状态，产品没有替代，即一家厂商控制了某种产品的市场。

完全垄断的特征如下。

一、整个行业只有一个生产者，厂商与行业合二为一

上述案例显示，尽管"滴滴"收购了"优步"，但是在"网约车"市场上仍有其他品牌如"易到用车"和"神州专车"，因此，"滴滴"与"优步"合并不构成"网约车"市场的完全垄断。

二、厂商决定价格

上述案例显示，2015 年中国人每天的出行次数（包括公交和步行）达到 28 亿次，其中出租车市场的渗透率达到 3%，"网约车"市场的渗透率不足 1%。这样的市场渗透率决定了"网约车"没有定价能力。

三、没有相近替代品

产品没有相近替代品是形成垄断的前提。但是，根据国家交通部出台的最新条例，"网约车"是出租汽车行业的一部分。作为出行方式之一，"网约车"和传统出租车存在可替代性和竞争性。

四、其他企业基本不能进入

也就是说，要形成垄断，必须有很高的进入壁垒。目前来看"网约车"行业入口是完全畅通的，很难形成完全垄断。

但是，现在还没有形成垄断不等于将来不会垄断。如果"滴滴""优步"合并发展成一家独大格局，很有可能利用自己的市场主导地位随之带来更高的议价能力，阻碍新的竞争者进入，导致消费者的利益被侵害，行业创新受到阻滞，以及数据垄断导致的国家信息安全受到威胁。对此要时刻保持警惕。

📖 案例讨论

（1）你认为"滴滴"和"优步"合并是否构成垄断？

（2）如果"网约车"市场出现了垄断，将对整个出行行业造成什么样的影响？

（图片来源：百度图片）

【案例 6-6】我国民航业的价格歧视

案例适用知识点

价格歧视理论

案例来源

杨秀云，冯根福. 民航业的需求差别定价：特点和运用. 经济科学，2003（5）：43-52.

案例内容

打开民航售票网站，我们时常看到这些字眼，"从阜阳到上海，提前 7 天购票票价为 260 元，提前 5 天购票票价为 310 元""广州到北京，提前 15 天订票票价为 906 元，提前 5 天订票票价为 1 057 元"等。

自从 2002 年政府允许机票价格"明折明扣"后，多家航空公司推出多等级舱位管理制度，它们把同一航班划分为若干个不同等级，依据市场淡旺季推出不同折扣率和限制条件的特种票价。例如，在上海—北京航线上，现有 8 个舱位 16 种票价，H 舱位提前 15 天购票，可打 6 折，不得签转、不得更改、不得退票；提前 2 天购票，可打 8.5 折、可按一定比例退票；往返机票在目的地最短须停留 5 天、不得签转。在广州—昆明航线上，现有 8 个舱位 14 种票价，淡季 M 舱位提前 3 天购票，可打 8 折、随订随售、不得签转；平季 H 舱位提前 2 天购票，可打 8.5 折、订座一天内出票、不得签转。春秋航空更是推出 99 元、199 元、299 元的特价机票，其限制条件十分苛刻，如提前订票、不得退票、登机时间在午夜或凌晨，行李不得超重等。

案例分析

西方经济学认为，价格歧视是垄断厂商为了获取高额利润而实施的定价策略，是指同样的产品向不同的购买者索取不同的价格。

价格歧视的类型分为三级：一级价格歧视又称完全价格歧视，是厂商对每一单位的产品都按消费者所愿意支付的最高价格出售；二级价格歧视是垄断厂商了解消费者的需求曲线，把这种需求分为不同的段，根据不同购买量确定不同的价格；三级价格歧视是垄断厂商对不同的市场的不同消费者实行不同的价格。

实施价格歧视必须符合以下市场条件：一是生产者必须拥有一定的垄断势力；二是实施价格歧视的产品必须是彼此隔离的两个市场，能够防止不同购买者集团之间重新买卖或交换这种产品；三是不同购买者集团的需求弹性不同，能用一个客观标准把消费者分为缺乏弹性者和富有弹性者。

民航业之所以存在价格歧视，与民航业的特点是分不开的。

第一，航空运输市场具有天然隔绝性。

由于航空运输产品具有不可储存性（其生产过程和消费过程同时发生）、空间分布性，决定了航空运输市场是天然隔绝的，不存在低价市场产品向高价市场产品的转移问题，也不存在高价市场消费者向低价市场的回流。即消费者之间不存在套利的可能，这时生产企业就不需要制定一个统一的或完全线性的价格。

第二，航空运输市场具有可分割性。

由于航空运输服务的购买者具有不同的需求价格弹性和需求收入弹性，如商务乘客、旅游乘客、探亲乘客的需求弹性不同，淡季和旺季的需求弹性不同，周末和工作日的需求弹性不同，白天和晚上的需求弹性不同，等等。因此，各航空公司就可按照不同的需求价格弹性和收入弹性，把消费者划分为不同的消费群体或次级市场，采取需求差别定价，针对不同的市场需求特点，制定相同运输产品的不同价格系列，使可能的或潜在的需求较多地转化为现实的需求，以提高客座率和运载率，增加航空公司的收益。

民航公司一般根据以下标准来实施价格歧视战略。

第一，根据不同群体的不同消费弹性制定不同的价格。

民航公司将所有乘客大体分为两个集团：公务出差者和私人出行者。前者需求缺乏弹性，因为公务有时间性，且由公费支出，出差者只考虑时间的合适性，很少考虑价格变动，价格变动对这部分人乘坐飞机的需求量影响很小。后者需求富有弹性，出行时间要求不严格，但由私人支出，要更多考虑价格因素，他们会在民航、铁路、公路或者自己驾车之间做出选择，因此，民航价格变动对这部分人乘坐飞机的需求量影响很大。实行歧视价格增加了民航公司的收益。这就是说，公务出差者仍以原价购买机票，乘客不会减少（需求缺乏弹性），来自这部分乘客的收益不会减少。私人出行者以折扣价格购买机票，由于需求富有弹性，乘客增加的百分比大于降价的百分比，来自这部分乘客的收益增加。这样，总收益增加了。

第二，根据订票时间来决定不同的票价。

一般来说，私人出行者有一个计划，可以提前订票，而公务出差者临时决定出行的购票者多，这样，就可以根据订票时间的不同而实行价格歧视。如提前两周订票价格打7折，临时登机前购票是全价。如此定价既能保证提前订票者客源增加，又能保证临时登机者客源不减少。

第三，针对不同收入者进行歧视定价。

机票价格在高收入者的支出中占的比例比较低，需求就缺乏弹性。而对低收入者来说，机票价格占支出的比例就比较高，需求富有弹性。因此，根据不同的服务对象确定不同的票价。例如，高价的票无任何限制，随时可以乘机，高收入者不在乎多花钱。这样很方便。低价的票有种种限制（如周末不能乘机、提前两周订票、只能乘晚上的班机等），低收入者也愿意接受。这些办法有效地区分了不同的需求弹性的乘客，可以有效地实行歧视定价。例如，美洲航空公司将纽约—伦敦的经济舱分为5种价格：2 084美元、918美元、599美元、439美元、379美元。各种价格的限制条件不同，2 084美元票价无任何限制，而379美元票价有3个限制条件：提前21天购买、不适用于周末、不退票。这种办法把乘客分为不同收入的集团，高收入者购买方便的高价票，低收入者也可购买低价票到伦敦一游。

第四，根据乘客需求差别定价。

不同乘客对航空旅行赋予的价值不同，有些乘客看重的是出行的灵活性和保证性，他们赋予航空出行的价值较高，对价格不敏感，愿意支付的机票价格较高；有些乘客看重机票的价格，而不看重出行的灵活性和保证性，他们赋予航空出行的价值较低，他们对价格较为敏感，愿意支付的机票价格较低。为了把这些有不同支付意愿的乘客区别开来，为不同"口味"

的乘客提供特定的消费包，在缺乏乘客个人信息的情况下，航空公司就采用购买限制条件等激励约束相容的方法来对市场进行分割和定价，不同市场的机票价格和限制条件不同。这些限制条件、价格水平和航空服务的不同组合构成了不同的航空出行产品，具有明显的产品差别化。尽管在经济舱内提供给每位乘客的服务几乎是同质的，但与每张机票相伴随的出行的灵活性和保证性是不同的，每种票价产品代表一种旅行特性组合。购买低价格、有限制条件机票的乘客，他们出行的灵活性和保证性较差。如要求最短停留期限、不能退票、不能签转等。购买全价、无限制条件机票的乘客，他们出行的灵活性和保证性较高，如无最短停留期限限制、可退换机票等。这些都说明民航公司需求差别定价具有产品差别化的真正特性。

尽管有以上产品差别化，但产品之间不存在任何明显的成本差异。由于当航班的飞行时间表一旦公布，本次航班飞行的绝大部分成本已经确定，它不会因为乘客的不同而不同，加之对票价产品附加限制条件几乎是无成本的。因此，支付不同票价的乘客所接受的服务成本是相同的，机舱内的服务又几乎是同质的，这说明航空服务产品确实符合西方经济学的价格歧视标准。民航公司的确在进行价格歧视。

歧视价格原理告诉人们，价格竞争不仅仅是提价或降价，还可以灵活地运用多种价格形式。歧视定价就是一种重要的定价策略，其意义在于通过价格歧视保证航空公司利润最大化，也能保证乘客获得更大的消费者剩余，增进消费福利。

📖 案例讨论

（1）列举现实经济生活中的价格歧视例子，说明歧视定价是垄断企业一种重要的定价策略。

（2）为什么说歧视定价既能保证垄断企业获得最大收益，也能提高消费者的福利？

第七章　要素价格与收入分配理论

 【案例7-1】加快推进京津冀劳动力市场一体化

案例适用知识点

收入分配理论

案例来源

成新轩，李林，武晨静. 加快推进京津冀劳动力市场一体化要求. 光明日报；2016-06-19.

案例内容

京津冀区域发展的核心在于人的发展，而人的需求被满足程度的差异也体现了城乡的差异。要缩小京津冀区域的城乡差异，需要打造一种以人为核心的城乡发展一体化模式。习近平总书记曾强调，实现城乡发展一体化，目标是逐步实现城乡居民基本权益平等化、城乡公共服务均等化、城乡居民收入均衡化、城乡要素配置合理化，以及城乡产业发展融合化。可见，城乡一体化的关键是以人为核心的城乡居民福利水平一体化。据统计，北京和天津的城镇化率从2009年的85%和78.01%，提高到2014年的86.34%和82.27%，已达到中等发达国家水平。虽然河北省城镇化水平远不及京津地区，但从2009年到2014年，其城镇化率也从43.74%提高到49.32%，城镇化率增速较快。但单纯的城镇化率还不能完全准确体现以人为核心的城乡一体化程度，还需要从城乡居民能否公平获得公共服务等方面来衡量。这需要通过推动京津冀劳动力市场一体化，进一步完善劳动力转移就业政策，消除城乡和区域劳动力市场分割，推进城乡和区域劳动力要素平等交换等措施，实现以人为核心的城乡一体化。

京津冀劳动力市场一体化的不断发展为推动以人为核心的城乡一体化奠定了基础。京津冀劳动力市场一体化是一种区域劳动力的集聚和扩散，通过推动劳动力要素和政策结构的创新，突破京津冀发展瓶颈，以劳动力市场的活力带动区域经济和社会的协调发展，实现以人为核心的城乡一体化。我们采用相对价格法测算了京津冀劳动力市场一体化的程度，得出2001—2013年京津冀三地的劳动力市场分割指数，2001—2007年呈现扩散的趋势，2007—2013年则呈现收敛的趋势，表明京津冀劳动力市场一体化程度不断提高。

京津冀劳动力市场一体化程度的提高，一方面可以加速农村劳动力向城市的转移，抑制城市劳动力成本提高，在一定程度上降低城市的工资水平（尤其是低端行业），提高欠发达地区的工资水平；另一方面可以推动农村劳动力要素市场的发展，通过土地租赁制度和户籍制度的改革，凸显广大农村的就业需求，加大农村之间和城市与农村之间的劳动力流动，提高农村劳动力配置效率，进而缩短城乡收入差距，提高公共就业服务水平。

劳动力市场分割阻碍了以人为核心的城乡一体化建设。首先，京津冀区域间劳动力流动存在差异。以 2009—2013 年数据计算京津冀三地在岗职工平均工资方差进行分析得出：京津两地劳动力相对价格方差的平均值为 0.010 4，京冀两地为 0.015 3，津冀两地为 0.033 5。这表明京津、京冀之间的劳动力流动程度较高，津冀之间略低，劳动力市场存在分割情况。其次，京津冀劳动力市场存在行业分割现象。采用 2013 年数据分析得出：从产业分布看，第一产业工资标准差相对较低，有一体化的趋势；第二产业一体化的趋势并不明显；第三产业的各个行业标准差非常突出，表明一体化程度较差。从整个层面看，京津冀地区各个行业的劳动力市场存在严重的分割现象。最后，城乡户籍制度的限制。当前，相关部门经常会实施一些有利于本地城镇劳动力的措施，对外来农村劳动者人为设置诸如素质、投资等要求较高的门槛，阻碍农村劳动者进入城市正规的劳动力市场，难以打破城乡劳动力的市场分割。

从政策建议的层面来看，应加快京津冀劳动力市场一体化进程，推动以人为核心的城乡一体化建设。按照建立京津冀劳动力市场一体化和城乡统筹的原则，培育一个统一开放、竞争有序的一体化劳动力市场，推动农民工融入城市各项政策的建设与完善。首先，未来户籍制度改革和社会融合的方向将是如何降低城市户口的价值，逐渐取消享受城市公共服务与户籍之间的关联性，使户籍制度回归到其基本的人口管理职能上来。由于劳动力市场分割和人力资本的匮乏，农民工被限制在传统的低技能劳动力市场，未来应加大对农民工群体职业培训等人力资本投入，推动农民工市民化进程。其次，建立统一的劳动力市场政策。各地应站在全区域的视角，突破限制，制定有利于劳动力自由流动、激发劳动力市场活力的政策。例如，减少对劳动力流动的顾虑，保证劳动者享有一致的福利水平；在制定区域发展政策、产业调整政策时，应把扩大就业、形成统一的劳动力市场作为主要的考虑因素。京津冀三地应该解除对劳动力市场的各项限制，开放各自的劳动力市场，形成区域劳动力市场。最后，推进城乡和区域劳动力要素平等交换。实现城乡要素的平等交换可以在当前新农村建设和土地流转政策的实施过程中统筹推进。政府不再充当城市土地经营者的角色，给予农村集体土地和国有土地在城市建设用地市场上的同等权益。在城市化背景下，创新土地流转方式，为进入城市务工的农民设计合理的土地产权退出机制。

加快京津冀劳动力市场一体化进程，还需要完善城乡和区域一体化的公共就业支持政策。在当前京津发展水平明显高于河北的背景下，政府应尽快建立京津冀政府层级分明、事权一致、权责明确的公共财政体系，按照类别和比例的不同来合理分配京津冀政府的财政收支（负担）和责任。进一步加大对河北的一般性转移支付，协调京津冀财政投入资金，促进京津冀之间教育、就业等公共产品的转移支付均衡化，实现京津冀之间基本公共服务均等化。

📖 案例分析

按照西方经济学的要素分配理论，在完全竞争市场上，劳动力是自由流动的，劳动者的收入主要取决于工资，工资取决于劳动价格，劳动价格取决于劳动市场供求关系。在市场机制的作用下，劳动力在不同部门和不同地区自由流动，最后形成无差别的均衡工资。但是，在现实经济生活中，劳动市场往往是不完全竞争市场，劳动就业方面的地域歧视、城乡歧视、性别歧视、种族歧视、户籍歧视等会造成劳动市场上的垄断，阻碍了劳动力的自由流动，由此造成巨大的工资差别。这也是我国国民收入城乡差别、地区差别的重要原因。上述案例显示，以 2009—2013 年数据计算京津冀三地在岗职工平均工资方差进行分析得出：京津两地劳动力相对价格方差的平均值为 0.010 4，京冀两地为 0.015 3，津冀两地为 0.033 5。

解决劳动收入差别的一个重要举措是打破劳动就业方面的城乡分割和地区分割，促使劳动力自由流动，实现劳动力市场一体化。目前，推动京津冀一体化是国家"十三五"期间区域经济社会平衡发展的一个重大战略。通过京津冀劳动力市场一体化，进一步完善劳动力转移就业政策，消除城乡和区域劳动力市场分割，推进城乡和区域劳动力要素平等交换，促使劳动力在城乡之间自由流动，实现以人为核心的城乡一体化，这是缩小城乡居民收入差距的一个重要措施。

从政策建议的层面来看，应加快京津冀劳动力市场一体化进程，按照建立京津冀劳动力市场一体化和城乡统筹的原则，培育一个统一开放、竞争有序的一体化劳动力市场，推动农民工融入城市各项政策的建设与完善。各地应站在全区域的视角，突破限制，制定有利于劳动力自由流动、激发劳动力市场活力的政策。在制定区域发展政策、产业调整政策时，应把扩大就业、形成统一的劳动力市场作为主要的考虑因素。京津冀三地应该解除对劳动力市场的各项限制，开放各自的劳动力市场，形成区域劳动力市场。

案例讨论

（1）根据西方经济学的要素分配理论，你认为造成劳动收入差别的主要原因是什么？

（2）为什么推进劳动力市场一体化建设有利于缩小劳动收入差距？

【案例7-2】天津丑女"张静事件"及美国经济学家的调查报告

案例适用知识点

要素收入分配理论，个人收入分配差别的原因

案例来源

金雪军. 西方经济学案例. 杭州：浙江大学出版社，2004.

案例内容

张静，25岁，1993年初中未毕业辍学谋生。因相貌丑陋，10年求职上千次无一成功。全家四口人均有"残疾证"，除去每个月400元左右的医药费，全家只能靠五六百元维持生活，每天只吃一顿中午饭，尚有10 000元债务无法还清。万般无奈下，张静于2003年7月3日主动向报社求救，希望得到一份工作以养家糊口。

刊登相关报道后，许多媒体纷纷发表相关文章，呼吁社会给张静以更多的关注和生存保障，一些网友还打电话给记者要求对张静进行帮助。哈尔滨一家大型药店表示，打算长期免费向张静提供治病所需药品；南京一家毛衣厂打来电话邀请张静去那儿做纺织工。只因身体上行动不便，张静放弃了这次外出工作的机会；湖北一家美容院打来电话，提出愿意免费为张静整容。

张静的境遇在天津本地也产生了不小的震动。当地有几十家企业纷纷表示要给张静一个工作的机会。在社会各界的关注下，目前"丑女"张静已经找到了一份工作，在一家养老院做护理员。

2003年9月23日，"丑女"张静成功地接受了首次整形手术。眼睛大了、鼻子鼓了、单眼皮双了，首次整形成功。

张静事件在社会上引起了极大反响，中央电视台、凤凰卫视、南方都市报等数十家媒体纷纷报道、转载此事，张静事件引发的"悦目情结"和"相貌歧视"更成为人们讨论的热点问题。

美国劳动经济学家丹尼尔·哈莫米斯与杰文·比德尔在1994年第四期《美国经济评论》上有一份调查报告，根据这份调查报告，漂亮的人的收入比长相一般的人高5%左右，长相一般的人比丑陋的人收入高5%～10%。这个结论对于男性、女性都同样适用。

案例分析

为什么漂亮的人收入高？为什么相貌丑陋的人找工作困难？

经济学家认为，人的收入差别取决于人的个体差异，即能力、勤奋程度和机遇的不同，漂亮程度正是这种差别的表现。

个人能力包括先天禀赋和后天培养的能力。长相与人在体育、文艺等方面的能力一样是一种先天禀赋。漂亮属于天生能力的一个方面，漂亮的人可以从事其他人难以从事的职业，如当演员或模特，漂亮的人少，供给有限，自然市场价格高，收入高。

漂亮不仅仅是脸蛋和身材，还包括一个人的气质。在《美国经济评论》发表的调查报告中，漂亮程度是根据调查者对被调查者的评分来确定的，实际是包括外形与内在气质的一种综合。这种气质是人内在修养与文化的表现。因此，在漂亮程度上得高分的人实际上往往是文化程度高、受教育程度高的人。两个长相相近的人，也会由于受教育程度的不同表现出漂亮程度的不同。所以，漂亮是反映人们受教育程度的标志之一，而受教育程度是个人能力的来源。受教育程度高，文化水平高，工作能力强，收入水平高就是正常的。

漂亮也反映人的勤奋和努力程度。一个勤奋工作、勇于上进的人，自然打扮得体，举止文雅，有一种朝气。这些都会提高一个人的漂亮得分。漂亮在某种程度上反映了人的勤奋、自制、毅力等基本素质，与收入相关也就不奇怪了。

最后，漂亮的人机遇更多。有些工作（特别是演艺界或模特界），只有漂亮的人才能从事，漂亮是这些高收入工作的基本条件之一。就是在所有人都能从事的工作中，漂亮的人也更有利。漂亮的人从事推销更易于被顾客接受，漂亮的老师更受学生欢迎，漂亮的医生或护士会使病人觉得可爱可亲。所以，在劳动力市场上，漂亮的人机遇更多，雇主总爱优先雇用漂亮的人。有些经济学家把漂亮的人机遇多作为一种相貌歧视，但对这种相貌歧视，社会是无能为力的。当你和另一个能力相同的人一起踏入社会，但仅仅由于不漂亮使你找不到满意的工作，或收入低时，你能起诉谁呢？天津张静事件就提供了一个活生生的事例，从现实出发，张静选择了整容。

经济学家把漂亮的人和长相一般的人的收入差别，即漂亮的人比长相一般的人多得到的收入称为"漂亮贴水"。当人们从能力、努力与机遇的角度去解释"漂亮贴水"时，"丑女"张静难以找到工作，俊男靓女收入高也就不足为奇了。

📖 案例讨论

（1）劳动报酬由什么决定，引起个人收入分配差别的主要原因是什么？

（2）"漂亮贴水"是否是一种相貌歧视，它与种族歧视和性别歧视有什么不同？

（图片来源：百度图片）

【案例7-3】我国垄断行业高管薪酬不合理现状及对策

案例适用知识点

收入分配理论

案例来源

席恒辉. 垄断行业高管薪酬不合理现状及对策. 企业家天地，2012（1）.

案例内容

完全垄断行业就是在行业中或市场中只有一家厂商的情况。完全垄断行业可以分为自然垄断行业和行政垄断行业，其中电力行业、电信行业、铁路行业、民航行业、高速公路、水运港口设施、邮政行业、天然气管道运输、城市自来水、城市燃气供应、城市居民供热、城市排污这12个行业属于自然垄断行业，石油与成品油、广播电台、无线与有线电视台、烟草专卖、食盐专卖这5个行业则属于行政垄断行业。

相关资料显示，完全垄断行业高管薪酬2005—2008年快速增长，2005年完全垄断行业高管薪酬均值仅为649 524元，2008年达到1 584 026元，其中2006—2007年增幅最大，增长了60%。2008年以后增速减缓，2008—2009年完全垄断行业高管薪酬均值几乎没有增长，这是全球金融风暴带来的影响。金融危机使全球经济受损，但是部分完全垄断行业高管薪酬不降反增，这就使他们的高额薪酬收入成为焦点。

为了社会的和谐稳定，国家出台了"限薪令"等政策，同时加强对完全垄断行业高管薪酬的监管，使完全垄断行业高管"天价薪酬"的现象减少。2009年经济复苏，国有垄断企业高管薪酬出现增长的趋势。2009年完全垄断行业高管年薪均值为1 542 068元，2010年上升到1 828 728元。根据2010年年报显示，中海油高管平均年薪为192.5万元，中国移动高管平均年薪为148.08万元（港币），中国中煤高管平均年薪为48.55万元，中国国航高管平均年薪为51.8万元。

完全垄断行业高管领取的高薪究竟与其工作的努力程度是否相匹配？他们究竟为企业创造了多少绩效？完全垄断企业的利润究竟多少是由高管创造的，多少是来自企业垄断地位创造的垄断利润呢？完全垄断行业高收入尤其是高管高薪已成为社会分配不公的典型。

案例分析

完全垄断行业高管高薪现象的形成是多方面的。既有分配制度方面的直接原因，也有市场、资源垄断等体制方面的深层次原因，必须深入分析对症下药，才能有针对性地解决问题。

一方面，具有自然垄断、行政垄断的企业，尤其是国有企业及国有控股企业，其利润的不断攀升，虽然有企业高管们的贡献，但在很大程度上靠的是垄断地位，靠国家政策倾斜，甚至是对消费者的不合理盘剥。这些企业盈利是否属于高管的业绩值得商榷。随着企业的发展，企业高管获得的利润和收入越来越多，普通员工却不能分享改革和企业发展的成果，导致企业内部的薪酬差距过大，薪酬分配不均问题极为严重。

另一方面，完全垄断行业不合理的薪酬分配机制也是导致高管薪酬畸高的重要因素。在我国完全垄断行业中，对高管薪酬的激励表现为两种倾向：一是继续由国家掌握对垄断行业高管的工资总额和等级标准，这种薪酬制度不能恰当地评估高管的贡献，引发了消极怠工，甚至优秀企业家的流失；二是在年薪制和经理人员持股制执行过程中发现，在所有者缺位的情况下，高管倾向于给自己定更高的薪酬，容易出现自定高额薪酬、浪费性在职消费，甚至侵吞国有资产等损害股东利益的行为。

此外，完全垄断行业高管大多皆由政府任命，他们身兼企业家和高级别行政官员的双重身份，具有进退自如的"两栖"角色，他们承担的责任、风险及创造的价值都享受着"业务不够靠牌照抢，资金不够靠 A 股圈"的市场保护。一边享受国家埋单、注资、资金援助的保护，一边却在薪酬上"自肥"，进行"驴打滚"式的翻番。垄断行业高管工资涨幅过大并出现"只涨老总不涨员工"的现象，是非市场因素行政权力、体制性因素导致的收入分配关系的扭曲。

高管作为个人在工作中追求个人利益（经济利益、社会利益和政治利益最大化）只要没有触犯法律法规，就不存在过错。然而垄断行业高管高薪备受社会公众热议的原因在于这些高管追求经济利益和政治利益时采用了一种"桌面下"的方法。换句话说，高管的薪酬和在职消费虽用合同方式予以写明，但其政治资本奖励却没有类似的规范性文本予以确认。

针对完全垄断行业高管高薪的诸多问题，相关对策的提出将有助于垄断行业高管薪酬的合理化。解决垄断行业高管薪酬问题的相关对策如下。

首先，完全垄断行业高管薪酬制定要参照竞争性行业高管薪酬标准。国资委应在垄断行业高管薪酬制定的过程中发挥有效作用，改变垄断行业高管自定薪酬的现状。确定垄断行业高管薪酬时既要参照竞争性行业高管薪酬的标准，又要考虑与职工工资的差距，以缩小社会收入差距、维护社会公平。

其次，完善垄断行业高管薪酬激励制度，有效提高高管薪酬与企业效益的关联度。管理层激励机制的有效性、合理性在很大程度上取决于企业业绩评价是否恰当，所以要选择合理的企业绩效考核指标，全面、客观地评价垄断企业经营绩效。综合考虑多方面因素，将绝对指标与相对指标、财务指标和非财务指标相结合，使业绩考核能够反映企业绩效的变化进而体现管理者的才能与努力程度，可以参照国外 EVA（经济增加值模型）、平衡计分卡等先进方法进行业绩考核，以完善垄断行业高管薪酬激励制度，实现薪酬与企业业绩挂钩。

再次，完善垄断行业公司治理结构，强化监事会、外部独立董事功能。适度扩大董事会、监事会规模、降低第一大股东持股比例，一定程度上可以提高监管效率，限制垄断行业高管薪酬的膨胀。注意提高独立董事和薪酬委员会的独立性，合理调动独立董事和薪酬委员会的监管积极性。

最后，舆论监督对高管薪酬具有一定的抑制作用。合理有效地利用舆论监督对垄断行业高管薪酬合理化有着积极的推动作用。在我国，舆论监督与政府的关系为舆论监督既是政府的喉舌，又是对政府行为进行监督的监督者。在这种情况下，舆论监督对高管薪酬的报道会被政府认为是对其及其下属企业的批评，从而加强对高管薪酬的管理。

案例讨论

（1）为什么完全垄断行业高管薪酬过高损害了社会公平正义？

（2）你认为如何才能从制度上限制垄断行业高管过高薪酬？

（图片来源：百度图片）

【案例7-4】我国中等收入群体比例偏低的原因及其对策

案例适用知识点

收入分配理论

案例来源

王一鸣. 扩大中等收入群体是转方式调结构的必然要求. 光明日报，2016-07-11.

案例内容

习近平总书记在中央财经领导小组第十三次会议强调，"扩大中等收入群体，关系全面建成小康社会目标的实现，是转方式调结构的必然要求"。中等收入人群是社会和谐稳定的基石，是构筑可持续发展的"橄榄型"社会结构的基础。我们要充分认识扩大中等收入群体对实现全面建成小康社会目标的重大意义，将扩大中等收入群体作为转方式调结构的重要途径，通过深化改革为扩大中等收入群体提供制度保障。

（一）我国中等收入群体比例偏低的原因

中等收入群体通常是指一个经济体中收入达到中等水平、生活较为宽裕的群体。这个群体具有较为稳定的收入，较强的消费能力，受过良好的教育，多从事专业性较强的工作，是经济社会发展的主要依托力量。国际上对中等收入群体缺乏统一的衡量标准，使用比较多的是世界银行"家庭人均每天支出10～100美元"的标准。按此计算，我国中等收入群体占总人口比例约为五分之一，不仅大幅低于发达国家水平，也明显低于这些国家与我国处在相同发展阶段时的水平。我国中等收入群体比例偏低，有经济所处发展阶段的原因，更主要的是受到发展方式和体制机制的影响。

从发展阶段来看，我国刚迈入工业化中后期，生产活动以低附加值劳动密集型制造业为主，服务业刚刚超过第二产业，但知识和技术含量高的专业服务业比例偏低，导致劳动收入相对于资本报酬偏低。同时，高质量人力资本比例偏低，也影响到中等收入群体的扩大。虽然我国高等教育招生规模逐年扩大，现在每年已超过750万人，但由于人口基数大，总人口中接受过高等教育者的比例仍然很低，2014年我国具有大专及以上学历人口比例仅为11.5%，远低于OECD（经合组织）成员国的平均水平。

从发展方式来看，长期以来依靠要素驱动的粗放型增长，重投资轻消费、重物质资本轻人力资本，初次收入分配中劳动者份额和居民最终消费占GDP比例仍然偏低。近年来，随着农村劳动力转移跨过刘易斯拐点，劳动年龄人口下降，劳动力供求关系发生转折性变化，初次分配中的劳动者份额有所提高，但仍处于较低水平，影响了中等收入群体的扩大。

从体制政策来看，我国要素市场发育仍然滞后，要素流动和优化配置受到制约。劳动力在城乡、区域、行业间流动还存在各种显性和隐性障碍，特别是农业转移人口市民化进程缓慢，难以获得与户籍人口均等的公共服务及教育、就业和升迁机会，抑制了这部分人的收入增长。农村土地改革滞后使得土地缺乏流动性，导致农民的土地权益难以有效转化为实际收入。资本市场仍不完善，实际利率水平长期受到压制，导致大量中低收入居民的储蓄通过低利率间接补贴给了低效率企业和部分高收入人群，形成逆向转移支付。

今后一个时期是我国全面建成小康社会的决胜时期。扩大中等收入群体，关系到能否完成全面建成小康社会的任务，顺利实现第一个百年目标；关系到能否转方式调结构，切实提高经济发展质量和效益。我们应站在经济社会发展战略的高度，着力扩大中等收入群体，提高居民收入和消费能力，推动国内市场规模扩大和层次提升；着力提升人力资本水平和劳动生产率，促进结构调整和动力转换，形成经济持续发展新动力。

（二）深化改革为扩大中等收入群体提供制度保障

扩大中等收入群体，需要解放和发展生产力，最根本的是要深化改革，推动经济发展从要素驱动转向创新驱动，培育发展新动力，提高全要素生产率，为扩大中等收入群体提供制度保障。

加快教育制度改革，加大人力资本投资。继续加大基础教育投入，巩固提高义务教育，加快普及学前教育和高中阶段教育，提升基础教育质量，缩小城乡教育差距。加快现代职业教育建设，增强职业教育的实用性，培养大批技术技能人才，加大农民工职业技能培训和岗位技能培训，建立健全与受职业教育的劳动人才相适应的专业技术职称评定制度。推进高等教育招生考试制度改革，推行初高中学业水平考试和综合素质评价，扭转应试教育倾向，建立健全多元招生录取机制。在各类学校招生和国有企事业单位招聘中，对弱势群体给予更多定向名额，使他们获得更多发展机会。

加快户籍制度改革，促进社会流动。对农民工数量占比高的特大城市，建立"积分落户"制度，促进有稳定就业和住所的农民工有序落户。提高劳动力的流动性，促进农业人口转入非农部门，提高劳动生产率。增强劳动力市场灵活性，促进劳动力在地区、行业、企业之间自由流动。降低就业的隐形门槛，提升选人用人的透明度和公平性，鼓励社会成员通过努力奋斗实现人生目标。鼓励大众创业、万众创新，激发社会活力，为有志向有能力的社会青年提供更为广阔的发展空间和更加顺畅的流动渠道。

加快科技体制改革，建立新的激励机制，提高科研人员收入。深化科技成果使用、处置和收益管理改革，实行以增加知识价值为导向的分配政策，加大对创新人才的股权、期权分红力度。鼓励科技人才和科研成果直接进入市场，按科技要素实现价值回报。创新科研经费管理体制，激发科研人员的积极性和创造性，提高技术工人福利待遇和社会地位。

加快土地制度改革，提高农民财产性收益。支持引导进城落户农民依法自愿有偿转让土地承包权，扩大农业适度规模经营，培育新型职业农民。在符合规划和用途管制的前提下，鼓励农村集体经营性建设用地出让、租赁、入股。在具备条件的地方实行地票制，农民宅基地还耕后，集体建设用地指标变为资本，可携带入城投资创业。

📖 案例分析

西方经济学认为，社会财富是各种生产要素共同创造的，因此必须按生产要素进行分配，也就是按生产要素的价格进行分配。生产要素的价格是由要素的供给和需求共同决定的。由于每个人拥有的要素数量及要素质量不同，有的人拥有稀缺生产要素，如土地、房产、企业家才能等，有的人拥有的是丰裕要素（如简单劳动力），有的人同时拥有多种生产要素，有的人只拥有单一生产要素，因此，单纯按生产要素分配必然带来收入分配差距。分配差距过大不利于社会稳定。理想的收入分配结构是橄榄型的，即中等收入群体所占比例较大，高收入群体和低收入群体所占比例较小。

亚里士多德曾说过，当中等收入群体弱小无力并且组织很差时，国家就会分裂为穷人和富人，由于二者是天然的敌人，在政治上往往互相排斥，很难妥协，就会导致社会不稳定。一般认为，如果一个社会的结构是"橄榄型"，也就是说，富人与穷人、权贵与弱者都是少数，而作为既有秩序之基础的中等收入群体在社会中占据主流，那么这个社会就会变得稳定、理性、建设、务实，有利于建立符合大多数人利益的公平、公正的政治制度与经济制度。

党的十八大提出的以共同富裕为目标，扩大中等收入群体比例，提高低收入者收入水平具有重要现实意义。从近期来看，它有缓和矛盾、稳定社会的作用，从长远来看，则可以为中国社会的长治久安和现代化建设提供与之相配套的社会结构。在当代中国，从政治上看，中等收入群体是国家经济发展的最大受益者，他们拥护执政党和政府的路线、方针、政策；从经济上看，中等收入群体收入稳定，购买力活跃，可以说是社会的支柱消费群体，对于市场具有巨大的拉动作用；从文化上看，中等收入群体，大多具有良好的公民道德素养，他们对文化教育的投入稳定，是先进文化的消费者和创造者。因此，中等收入群体在我国所占比例越大，国家结构和社会秩序就越稳定，经济发展就越快，文化就越繁荣。扩大中等收入群体是维护稳定、促进发展的必由之路，也是一项紧迫的政治任务。有专家指出，目前我国城市居民中有 48.5% 的家庭财产为 15 万～30 万元，如果考虑到我国农村除极少数农民收入较高外，大多数收入偏低的现实，可以推测出目前我国的中等收入群体的人数大约为 2 亿，占全国人口的 18% 左右。所以，扩大中等收入群体，提高占人口大多数的低收入人群的收入水平，使更多的低收入者逐步进入中等收入者行列，是一项紧迫的现实任务。

📖 案例讨论

（1）我国中等收入群体比例偏低的主要原因是什么？

（2）如何扩大我国中等收入群体比例？

第八章　市场失灵与微观经济政策

【案例8-1】如何理解劳动力市场上的"逆向淘汰"和"人才高消费"现象

案例适用知识点

信息不对称、市场失灵

案例来源

张艺川. 信息不对称下劳动力市场失灵及其规制. 河南科技学院学报. 2015（7）：18-21.

案例内容

　　劳动力市场是生产要素市场的重要组成部分，劳动力市场是典型的信息不对称的市场。劳动力市场的信息不对称主要分为两类，第一类是知识的不对称，指一方当事人不知道对方诸如工作技巧与产品性能等信息，这些并非是双方当事人的行为所造成，而是因为客观因素的影响，像这类的信息不对称，称之为隐藏信息或隐藏知识；第二类是指双方在签订合同时所具有的信息都是对称的，但是在合同签订之后，一方的行为让另一方无法给予管理和约束，这是由于主观因素的影响造成的，主要由另一方的行为所决定，人们把关于这一类的信息不对称叫作"隐藏行动"。在劳动力市场上，信息不对称会产生逆向选择和道德风险，会导致市场的运转效率下降，在极端情况下甚至可能导致市场交易的停顿。

　　当劳动力市场中的招聘方和应聘者之间存在信息不对称时，应聘者为了能够谋求一个比较好的职位，往往会从服装到文凭处心积虑地去层层包装，让招聘方难以识别其真实的能力。假设在劳动力市场中只有两种类型的求职者，即高能力应聘者和低能力应聘者，应聘者知道自己关于能力方面的信息，是信息的优势方，而招聘方不知道应聘者的真实能力，只能根据应聘者的平均能力来决定是否录用和给予何种待遇。因此，招聘方给予应聘者的待遇要比在完全信息下支付给高能力应聘者的报酬低，结果高能力应聘者往往选择放弃该职位，劳动力市场上剩下的也只是低能力应聘者。相对理性的招聘方意识到这种情形之后，将会降低给予应聘者的待遇，结果导致更多的高能力应聘者退出招聘市场，如此重复下去，就形成了低能力应聘者把高能力应聘者驱逐出去的现象，这就导致了劳动力市场中的"逆向淘汰"问题。

　　在达到均衡时，低能力应聘者既得到了职位又获得了较高的报酬，而招聘方却处于既承担了相对高的招聘成本又无法获得高能力应聘者的悲催境地，最终导致风险和收益在分担与分配上的不对称现象。

　　同时，信息不对称也容易造成在劳动力市场上容易出现道德风险问题。从雇主的角度进行分析，雇主可以提供给雇员的待遇事实上也是他们的私有信息，每一个雇主在寻找自己所需要的人才时都会表示自己提供给雇员的待遇绝对是其满意的。在这些条件下，除了特定的工资和配偶的调动等信息是显而易见的之外，像所在单位的文化环境怎样，其是否有助于雇员的个人发展，还有单位的一些规章制度等基本信息，唯有雇员在单位工作过一段时间才会真正地了解。当雇员对单位真正了解之后，如果与自己的期望反差过大，就会产生"偷懒"或机会主义行为，甚至出现毁约或跳槽的情况。当雇主看到雇员的实际工作绩效之后，可能会情不自禁地对自己当初的过高期望感到遗憾，于是便会找种种借口降低签约之初许诺的优厚待遇，同时会采取可行的措施来提高招聘的门槛，进而造成"人才高消费"现象。

📖 案例分析

和普通产品一样，信息也是一种很有价值的资源，它能够提高经济主体的效用和利润。在现实经济生活中，不同的经济主体掌握信息的程度是不一样的，一般来说，卖者比买者对产品及其质量有更多的了解。例如，出售二手车的卖主比买主更加了解自己汽车的缺陷，出售劳动的工人比雇主更加了解自己劳动技能的高低，这种情况就是所谓的"信息不对称"。

一般来说，在劳动力市场上，招聘方对应聘者的情况既有所了解又不完全了解。招聘方知道，不同应聘者有不同的工作效率，有的高些，有的低些，但却不知道究竟哪一个人或者哪些人的效率高，哪一个人或者哪些人的效率低。招聘方可以通过面谈、审查简历、看推荐信等方法尽可能多地了解应聘者的全部信息。但是，如果应聘者为了得到理想的职位而包装自己，煞费苦心地制作了精美的简历或推荐材料，将个人优秀的一面展现出来，而将自己薄弱或不足的方面掩饰起来，招聘方就可能获得不完全甚至虚假信息。由于招聘方不知道应聘者的真实能力，只能根据应聘者的平均能力来决定是否录用和给予何种待遇。因此，招聘方给予应聘者的待遇要比在完全信息下支付给高能力应聘者的报酬低，结果高能力应聘者由于嫌报酬太低而选择放弃该职位，劳动力市场上剩下的也只是低能力应聘者。这就是所谓的"逆向淘汰"。

招聘方为了降低这种决策投资的风险，会选用一些辅助性的方法来识别人才，如知识的测验、历史查询、面试、心理测验、劳动技能测验和情景模拟等方法，这些方法不仅会增加聘用的成本，而且还需要投入更多的人力和物质资源，这显然是招聘方不希望看到的。如果对应聘者实施边试用边考察的方法，一旦应聘者不符合岗位要求，招聘方就会承担培训费用和时间丧失的双重打击，有时还会处于泄露商业机密的境地中，这种情况对招聘方来说也是不愿承担的。

因此，为了降低这种风险，一个简便而又经济的做法是招聘方提高招聘门槛，要求应聘者有较高的教育程度。因而也就出现了大专生做着中专生做的事情，本科生甚至研究生做着大专生做的事情，这就是所谓"人才高消费"现象。目前，劳动力市场面临的供求总量失衡状况与招聘方掌握着较大的选择自主权把这一现象推向了极致。

为了应对劳动力市场信息不对称导致的低效率，政府应该对劳动力市场进行必要的规制。一是建立有效的信息传递机制。一方面，政府应发挥在信息占有方面的制度上的优势，通过建立有效的信息传递机制，向劳动力市场中的信息缺乏者快速准确地传输所需要的信息，尽量减少信息搜索成本和信息误导的情况；另一方面，建立一套鉴别、评估和资质认证系统。通过该系统可以解决在劳动力市场上的大量信息不对称问题，如劳动力需求方的认证和信用等级认证及资格和水平等认证，这些认证在一定程度上都可以避免伪造假文凭和假证书等问题的发生。

　　二是发挥中介机构的信息管理功能。对劳动力市场的中介机构来说，它可以在一定条件下利用自身所拥有的信息优势充当招聘方与应聘者利益的代言人，使双方的相关信息能够得到充分的沟通，使二者能相互了解对方的需要，从而促进双方合约的达成，以此来消解由于信息不对称给劳动力市场带来的低效率问题。

案例讨论

　　（1）除了劳动力市场外，你认为存在信息不对称的市场还有哪些？其主要表现是什么？

　　（2）你认为如何消除信息不对称对企业和消费者的负面影响？

【案例8-2】全国碳交易市场正式启动

案例适用知识点

市场失灵与微观经济政策、外部性理论

案例来源

蔡越坤. 全国碳交易市场启动倒计时 规模高达4 000亿元. 北京商报，2016-04-08.

案例内容

我国碳交易从确定试点至今已经历了五年，但至今它的热度仍未退去，反而即将带动一股新的交易热潮。昨日在京举办的碳排放权交易培训交流北京市开放日活动上，北京商报记者获悉，未来我国碳交易市场的交易量将为30亿～40亿吨/年，现货交易额最高有望达到80亿元/年，实现碳期货交易后，全国碳交易市场规模最高或将高达4 000亿元，成为我国仅次于证券交易、国债之外第三大的大宗商品交易市场。

2017年，我国将启动全国碳交易市场，随着这一时间点的临近，我国对于全国碳交易市场的具体安排也悉数出炉。在我国正式启动全国碳交易市场的首年，所有参与全国碳交易的企业名单将确定，这些企业的历史排放数据都将得到第三方核查，而且在这一年中，我国将完成对碳排放权配额的发放，基本具备交易条件的地区可以率先开始交易。

实际上，自2011年我国确定7个碳交易试点、进入碳交易元年起，不少人才开始对这个陌生的词汇有了模糊的印象。随着北京、深圳等试点城市接连鸣锣启动交易，中央在各项政策、表态中愈发频繁地提及碳排放权交易，各界对于碳排放权交易也逐渐熟悉了起来，呼吁建立全国统一碳交易市场的呼声越来越响亮。7个碳交易试点碳排放权交易总量已占当地碳排放总量的40%以上，高耗能产业基本都被涵盖其中，各地实施交易后，碳排放降幅比同类非试点地区明显增加。

根据清华大学能源环境与经济研究所所长张希良介绍，配额的核定大致可以分为两种方法，即基准法与二氧化碳历史排放强度法。具体来说，基准法主要是根据重点排放单位二氧化碳实物产出量等由国家发改委确定行业基准，并且由国家给地方自主权设定小于或等于1的调整系数，最终，单位配额=行业基准×调整系数×实物产出量；二氧化碳历史排放强度法则是要核查重点排放单位历史排碳强度，最终，单位配额=历史强度×减排系数×调整系数×实物产出量。

其实，不论目前碳交易遇到多少阻碍，业界仍然对未来碳交易市场对减排甚至吸引资本的积极作用抱持较大信心。2020年后，我国纳入碳交易的行业、企业范围将进一步扩大，根据测算，未来我国碳交易市场的年交易量将达到30亿～40亿吨，明显超过欧盟的20亿吨，这意味着全国市场启动后，我国将形成世界最大的碳交易市场，并且体量还将继续增加，因此未来全国统一碳交易市场时，我国将占有相当大的优势。

碳交易与金融产品深度融合后，确实能形成非常可观的资本规模。中国期货保证金监控中心副总经理张育斌曾表示，未来碳交易市场一定会做期货。美国洲际交易所（ICE）中国区总经理黄杰夫则表示，碳作为大宗商品，在价格发现和帮助企业管理风险方面都需要期货市场发挥作用。对此，业内有专家表示，发展期货首先要现货交易平稳、履约及时，其次是要有人才梯队。不过，黄杰夫也认为，在讨论碳交易市场金融创新前必须明确，最终目的是减少碳排放量，而不是为了碳交易市场盈利，更不是为了交易而交易。

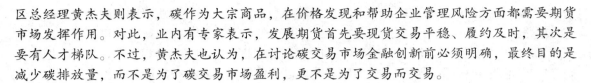 **案例分析**

西方经济学一个重要的理论是外部性问题。它是指某种经济活动给予这项活动无关的主体带来的影响，分为正外部性和负外部性。正外部性是指一项活动给予这项活动无关的主体带来的有利影响（利益），施加这种影响的人没有因此而得到报酬。负外部性是指一项活动给予这项活动无关的主体带来的不利影响（损失），施加这种影响的人没有因此而付出代价。

二氧化碳等有害气体的排放问题在经济学中被称为负外部性问题，意思是产生这些有害气体的主体虽然给周围的人带来了危害，但却没有支付任何补偿。由于产生有害气体的主体多为生产企业，这些企业的目标是追求利润最大化。负外部性使这些企业的生产成本小于社会成本，企业选择的产量必然大于社会最优产量，从而使产生的污染气体数量大于社会所能接受的最大数量，这就加速了温室效应的形成，对环境造成严重破坏。

全球环境恶化使减少二氧化碳等温室气体的排放变的十分必要。这一问题从经济学的角度来看就是如何有效地校正负外部性。因此，解决问题的关键是如何让企业为过去无偿排放的有害气体付出应有的代价，这样会提高这些企业生产成本，激励企业减少有害气体的排放。

校正负外部性传统上主要依靠政府的力量来实现。一种是由政府直接管制，即规定企业的排污量。这种方法的优点为力度大，实施速度快；缺点为不管各企业排污能力的差异，采用统一标准，这会增加排污的社会成本，不是最有效率的方法。另一种是政府征收"庇护税"，即企业可以自行选择排污量，但是每排出一单位的污染物，就要依法纳税。这种方法的优点为企业可以自主选择污染量，如果单位减排成本小于污染税税率，则选择减排，反之则选择排污，这时社会的排污总成本比直接管制时低；缺点为污染税税率由政府制定，难以准确反映排污权的稀缺程度。

面对政府解决外部性问题的局限性，美国经济学家科斯运用可交易产权的概念，提出了著名的科斯定理，为解决外部性问题带来了新的思路。

科斯认为，如果把排污权视为一种归属明确的权利，则可以通过在自由市场上对这一权利进行交易而使社会的排污成本降为最低。排污成本低于排污权市场价格的企业会把权利出售给排污成本高于排污权价格的企业，这样，在保持排污总量不变的情况下，排污成本高的企业会多排污，而排污成本低的企业会少排污。

可交易污染市场及当前的碳交易市场的形成和运行所依据的理论正是科斯定理，所以科斯定理就是形成碳交易市场的主要经济理论基础。发挥科斯定理的作用，必须建立在明晰产权、降低交易成本及合理分配初始权利的基础上。以科斯定理为主要理论依据建立起来的国际碳交易市场也必须在妥善解决上述三个问题后才能有效运行。

与此相适应，要保证碳交易市场有效地运行，也必须要解决好以下问题。

第一，必须确定每年全球可接受的二氧化碳总排放量。排放量的大小应当按照经济利益原则来进行测算。从理论上讲，这个均衡点可以运用边际分析法来确定：每增加一单位的产量，边际收益是该产量所带来的消费满足或投资收益，边际成本是所花费的稀缺资源，这里面必须包括所破坏的环境资源。当边际收益等于边际成本时，社会总福利达到最大，此时的产量就是最优产量，而由这些产量形成的二氧化碳等有害气体的排放量就是可接受的适当的排放量。在实践中，从《京都议定书》到"巴厘路线图"再到哥本哈根会议，主要议题都是确定二氧化碳排放总量，可见目前各国对此难以达成共识，有待今后进一步探索。

第二，必须确定碳排放量的初次分配方案。根据波斯纳定理，权利应赋予那些最珍视它们的人，在二氧化碳排放权的问题上，最珍视这种权利的应当是那些排污成本相对较高的国家或企业，所以理论上应把权利分配给这些国家。

在实践中，这其实是一个各国讨价还价的结果。虽然已经有一些经济学家对这个问题提出了研究模型，但最后如何评价和实施，还需要一个较长的过程来实践。

第三，必须探索出能够有效减少碳排放权交易成本的方法。科斯定理已经证明如果存在交易成本，就必须对产权进行有效的初次安排，才能减少交易成本，提高经济效益。

在实践中，应当从制度安排、规则衔接等角度入手，尽量减少不同系统之间进行二氧化碳排放权交易的难度；此外，对产权进行清晰的界定也可以降低交易成本。国际碳交易市场目前存在京都框架和非京都框架两种体系，它们之间的交易方式正在尝试进行衔接。

我国是世界第二大二氧化碳排放国，这意味着我国的减排空间也很大。由于我国企业的减排成本比发达国家的减排成本低，所以可以通过减排技术将排放量减少，将省下的排放权出售给其他国家的企业，交易结果是双赢的。

案例讨论

（1）外部性为什么会引起市场失灵？

（2）负外部性解决的办法通常有哪几种，你认为那种方法最有效，为什么？

（图片来源：百度图片）

【案例8-3】城市公共自行车如何避免"公地悲剧"

案例适用知识点

公共产品与市场失灵、微观经济政策

案例来源

王在涛. 城市公共自行车系统管理模式分析. 城市发展研究, 2013（9）: 93-97.

案例内容

公共自行车系统是一种短期租赁系统, 出行者可以在任一站点租取自行车, 使用完毕后归还到任一站点, 不用负担购买自行车的成本也不用担心车辆安全和停车问题。与其他交通方式相比, 公共自行车具有巨大的经济和社会效益。公共自行车有助于乘客最大限度地实现各种公共交通线路之间快捷转换, 成为连接城市社区与交通枢纽、公共场所的重要交通方式, 而且不存在大气和噪声污染, 可为出行者提供便捷的绿色出行方式。在中短距离出行时, 自行车具有占用道路资源少、机动灵活、可达性好和投资少的特点。截至2011年5月, 世界上共有165座城市开展了135个公共自行车项目。这一数字在不断增加, 公共自行车已成为城市交通重要的组成部分。

截至2012年9月, 中国已经有61个城市开展了公共自行车项目, 规模较大且比较具有代表性的城市是武汉、上海、杭州、北京等。各城市根据自身情况采用了不同的管理模式, 大体分为以下4种。

1. 不收费不限制使用模式

武汉公共自行车项目开始运营时采取了不收费不限制使用模式, 任何使用者均可免费办卡、免费使用, 且没有使用时间的限制。在该模式下, 市民有非常高的参与热情, 但该项目面临着严重的霸车、盗车和车辆损坏问题。使用者反映该项目管理服务跟不上、租还车不方便, 对项目的满意度较低。截至2012年12月, 武汉市共建立便民自行车停放点1 218个, 累计向社会发放7万辆自行车, 该项目现有公共自行车5万辆, 发放免费公共自行车使用卡超过100万张, 最多的时候一天的借车还车总量达到28万人次。公共自行车使用量大, 损坏严重, 平均每天修车1 500～2 000辆。霸占车辆个人使用现象严重, 截至2011年5月, 因霸车被锁的租车卡多达8 000余张。"武汉模式"遭遇免费困局, 运营企业濒临倒闭。2011年7月11日武汉公共自行车项目启用新租车系统转变管理模式。

2. 不收费但限制使用模式

上海闵行区公共自行车项目实施诚信积分的管理模式, 任何一位本地居民持个人身份证均可办理诚信积分卡。卡内初始积分为100分, 在一小时内还车奖励1分, 超过1小时不还车, 将被扣100分。借车卡内积分归零后, 即使把车还了, 也不能再借车, 需要到办理点登记, 重新激活。

上海闵行区公共自行车项目自2009年开始运营以来, 使用者人数逐日增加, 车辆损坏、丢失严重, 公共自行车已丢失近千辆。截至2013年5月22日, 闵行区内自行车租赁点共有574个, 公共自行车诚信积分卡总办卡量为23.14万张, 其中从未使用的占总办卡量的10.46%,

使用频率极低的（1～10 次）占 12.83%，使用频率较低的（11～50 次）占 23.12%。闵行区公共自行车项目投放车辆约 1.9 万辆，车卡比不足 1:11，诚信积分卡与自行车投放数量配比关系不协调。目前项目仍在正常运营，每天的公共自行车使用量为 5 万余次。但诚信积分卡的发放及自行车网点的扩张均已暂停。2013 年 8 月 1 日，上海市闵行区建设和交通委员会发布《完善闵行区公共自行车项目服务实施方案暂行办法》的公告，宣布转变管理模式。

3. 低价收费且限制使用模式

在杭州，市民公交 IC 卡、开通公交功能的市民卡、新的停车 IC 卡，卡内有 200 元钱以上就能租借公共自行车。外地游客凭有效证件办理 Z 卡，且 Z 卡里最少存 300 元钱后也可租借公共自行车。使用者在 1 小时内免费使用公共自行车，若乘公交车使用者的免费时间可延长为 1.5 小时，此后采取阶梯式收费方式。对当天营业结束后的 24 小时内未归还或丢失后未报失或未在约定时间归还公共自行车的使用者，除按规定计费结算外，另收取每天 10 元/辆的损失赔偿。此租车者及相应的卡也将被列入信用黑名单，取消租用公共自行车的资格。

截至 2013 年 6 月 18 日，杭州自行车租赁点共有 2 177 个，公共自行车数量为 6.75 万辆，平均租用率为 5 人次/天，日均租用量超过 23 万人次，最高日租用量已经突破 34.75 万人次。租借频率如此之高的公共自行车很少失窃，人为的微小损害比例也只在 5‰左右。2011 年杭州被 BBC（英国广播公司）评选为全球公共自行车服务最棒的城市。

4. 高价收费不限制使用模式

北京在 1990 年以后就出现了自行车租赁行业，2007 年借着奥运的热力得以快速发展。任何使用者都可租用自行车，但需缴纳 400 元押金和预付 100 元服务费，还车时租车的费用从服务费中扣除。租车 1 小时 5 元，4 个小时 10 元，如超过 4 个小时按全天计算，支付 20 元租车费。北京以贝科蓝图公司为代表的自行车租赁行业不限制使用主体、按使用量收取费用的管理模式为高价收费不限制使用模式。

作为北京知名的自行车租赁公司，方舟公司最多时曾开设了 200 个网点，但现在它的租赁点已全部停业，自行车被廉价卖掉。2008 年北京奥运之后贝科蓝图公司大幅削减其网点数量，从 100 多个减少至 12 个，公司共 8 000 多辆自行车只有 3 000 辆投入运营，另有 5 000 辆放在仓库里。目前，贝科蓝图公司一直靠它在其他行业的利润补贴自行车租赁而苦苦支撑。

案例分析

西方经济学有一个著名的"公地悲剧"命题。在 18 世纪以前，英国苏格兰地区有大量的草地，其产权没有界定，属公共资源，大家都可以自由地在那里放牧。草地属于"可再生资源"，如果限制放牧的数量，没有被牛羊吃掉的剩余草皮还会重新长出大面积的新草，但如果不限制放牧规模，过多的牛羊将草吃得一干二净，则今后不会再有新草生长出来，草场就会消失。由于草地的产权没有界定，政府也没有对放牧规模进行限制，每位牧民都会如此盘算：如果其他牧民不约束自己的放牧规模，让自己的牛羊过多地到草地上吃草，那么，我自己约束自己的放牧规模对保护草场的贡献是微乎其微的，不会使草场免于破坏；相反，我也加入过度放牧的行列，至少在草场消失之前还会获得一部分短期的收益。如果其他牧民约束放牧规模，只有我过度放牧不会破坏广袤的草地，还会获得高额的收益。因此，任何一位牧民的结论都会是：无论其他牧民是否过度放牧，我选择"约束自己的放牧规模"都是下策，从而被剔除。大家最终都会选择过度放牧，结果导致草地消失，生态遭到破坏，这就是著名的"公地悲剧"。

　　在武汉的公共自行车项目中，人们对于不需要付费的公共资源的过度使用使公共自行车项目出现了"公地悲剧"而失败。不收费不限制使用模式让任何使用者无偿地使用公共自行车，每位使用者从个人角度出发追求个人利益最大化，尽可能地增加自己的使用量，而不会考虑公共自行车系统的承受能力。一方面使用者的数量不断增多且其需求量不断增加，另一方面公共自行车系统能提供的服务能力相对有限，最终使用者的需求远远大于公共自行车系统的供给。过度使用迫使公共自行车系统超负荷运转，从而缩短了公共自行车的使用寿命，增加了故障率。大批来不及维修的故障车辆停放在站点，此时使用者为了保证自己的利益，选择一辆无故障车辆锁起来仅供自己使用成为最优选择，从而导致了霸车、盗车现象的发生。部分车辆被霸占，剩余的车辆则被加倍使用。过于频繁地使用导致车辆磨损加快，车辆损坏速度加快，坏车增多。坏车越多借车越难，更多的使用者加入霸车行列，从而形成了恶性循环。

　　如何破解公共自行车"公地悲剧"？杭州的"低价收费且限制使用模式"值得借鉴，杭州公共自行车项目对使用者征收了低价的使用费。低价收费增加了使用者在使用公共自行车时的成本，可以减少部分使用者的需求。收费可以驱使消费者更加"理性"地使用公共资源，消费者的行为自动地受到价格信号的引导，这正是市场机制的魅力所在。但由于收取的费用较低同样能保证使用者在使用公共自行车时获得正的净收益，使用量越大净收益越高，使用者有增加使用量的激励。杭州公共自行车项目成功的关键在于其制定的限制使用量的管理措施具有可操作性，既保证充分调动使用者参与公共自行车项目的积极性，又避免公共自行车项目"公地悲剧"的发生。且其一方面可以缓解使用者和使用量增加对公共自行车系统带来的供给压力，另一方面也可以为公共自行车项目筹措紧缺的资金。

　　但是，公共自行车服务是一种准公共物品，具有生产阶段的非竞争性和消费阶段的非排他性特征，政府需要更多地参与到公共自行车项目中来，联手企业发挥自身优势共同促进公共自行车的发展。政府和企业在提供公共自行车服务这一准公共物品时需要兼顾效率和公平。政府要从资金、管理和法律上为企业提供支持，同时为企业设立完善的激励和监管制度，并且从制度上保证公众能真正地参与到公共自行车项目中来。

案例讨论

　　（1）你认为市政公共设施如街心花园、绿地、喷泉等如何避免"公地悲剧"发生？

　　（2）在公共产品生产和运营过程中，如何处理好政府、企业和居民三者的相互关系？

（图片来源：百度图片）

【案例8-4】关于学前教育该不该 "民营化" 的讨论

案例适用知识点

公共产品与市场失灵、微观经济政策

案例来源

王建勋. 教育是一种公共物品吗. 财经网.

案例内容

2008 年, 云南昆明推出了教育改革的 "怪招", 强调 "突破性发展民办教育", 其中的一个改革目标是, 学前教育民营化, 且到 2010 年, 民办学前教育的比例要占到 90% 以上。

此项改革一推出, 即引起各界的广泛争论。争议的焦点之一涉及教育的性质问题, 也就是说, 教育是一种公共物品, 还是一种私人物品?

一种观点认为, 学前教育是公共物品, 是实施素质教育战略的重要组成部分, 政府对幼儿教育负有支持、指导和监督等不可推卸的责任。在加拿大等发达国家, 学前教育都是全免费的, 即使那些没有实施学前教育全免费的国家和地区, 公立的幼儿园收费也是很低廉的。不少西方发达国家, 如德国、美国, 已经把学前教育视为民族竞争力的重要组成部分, 纷纷制定详细的教育大纲、标准, 政府也编列了学前教育的发展规划。英国已经启动了学前教育纳入义务教育的工作, 日本也开始着手推动学前教育免费化的进程。

另一种观点认为, 学前教育是一种私人物品。根据经济学原理, 考察一种物品是公共物品还是私人物品至少依赖两个标准。一是看这种物品的消费是否具有竞争性, 二是看这种物品的消费是否具有排他性。同时具备竞争性和排他性的为私人物品, 像面包、书本、自行车等, 一个人消费这些物品不仅使他人无法再消费, 而且可以很容易地将他人排除在消费之外。相反, 同时具有非竞争性和非排他性的为公共物品, 典型的如国防、室外空气等, 一个人消费这些物品不影响他人同时消费它们, 而且将他人排除在消费之外极为困难。

根据这种对物品的区分准则, 很难说学前教育就是一种公共物品。一方面, 大多数阶段的教育消费是具有竞争性的, 随着消费者（学生）的增加也要增加教育的成本（师资和教育设施）；另一方面, 对教育的消费也是具有排他性的, 不支付费用（学费等）的消费者可以很容易地被排除在教育之外。也就是说, 就教育本身的性质而言, 它不是公共物品, 而是一种私人物品。从经验上讲, 私立教育的普遍存在也可以从反面证明, 教育不是一种公共物品。教育是私人的事情, 由私人根据自己的需求来自由选择适合自己的教育。政府应该鼓励私人投资学前教育, 推动学前教育 "民营化", 增加不同层次的学前教育供给, 既可以缓解政府办教育的资金不足, 又满足了不同收入家庭对学前教育的不同需求。

案例分析

学前教育是公共物品还是私人物品, 如果从这一物品是否具有排他性和竞争性来分析, 学前教育具有一定的竞争性和排他性, 说它是私人物品似乎也能说得过去。但是, 学前教育具有巨大的正外部性，如可以提升人口素质，推动经济增长，改善收入分配的不公平，提升社会道德水准和精神文明程度等。因此，学前教育既不是消费上具有完全竞争性和排他性的私人物品，也不是消费上具有完全非竞争性和完全非排他性的公共物品，它兼有私人物品和公共物品的成分，具有很强的社会福利性，因此属于准公共物品。

换一个角度说，对于义务教育的公共物品属性大家似乎没有什么疑义。但是义务教育也有一定竞争性和排他性，因此，不能仅仅把有没有竞争性和排他性作为区分公共物品和私人物品的唯一标准。事实上，各国并没有因为中小学教育具有一定的竞争性和排他性而将其作为私人物品来对待，而是出于社会全局利益出发把中小学教育视为纯粹公共物品。实际上，这也是人们把学前教育当作准公共物品对待的理论依据。

学前教育作为准公共物品主要应该由政府提供，提供的方式有三个：一是学前教育由政府举办并通过财政拨款提供费用；二是学前教育机构由私人或民间投资举办，政府资助；三是学前教育由政府举办，同时向受教育者收取一定的学费作为成本补偿。无论采取哪种方式，政府都应切实负起责任。云南昆明将学前教育推向"民营化"的路子是行不通的。

📖 案例讨论

（1）为什么学前教育属于准公共物品？准公共物品应该如何供给最有效？
（2）你认为大学本科教育是公共物品还是私人物品，为什么？

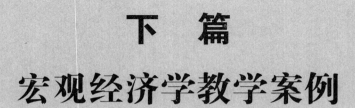

下 篇
宏观经济学教学案例

第九章　国民收入核算理论

【案例 9-1】GDP 的前世今生

案例适用知识点

宏观经济指标、国内生产总值

案例来源

刘植荣. GDP 你知道多少. 金羊网.

案例内容

1934 年，美国哈佛大学经济学家西蒙·史密斯·库兹涅茨在给美国国会的报告中正式提出 GDP 这个概念，1944 年召开的联合国货币金融大会（布雷顿森林会议）决定把 GDP 作为衡量一国经济总量的主要指标。

GDP 的英文全称是 "gross domestic product"，人们习惯用的汉语译名为 "国内生产总值"，指在一定时期内（一般为一年），在某一国家或地区合法产出的所有最终产品和服务的市场价值总和。

GDP 统计的是合法生产的产品或提供的服务，像制毒贩毒、贩卖人口、非法性交易、贪污受贿、盗窃等非法经济行为就不计入 GDP。作为第一产业的农业和作为第二产业的工业一般是生产有形的产品，如农作物、畜牧产品、渔业产品、煤炭、房子、道路、汽车等，而作为第三产业的服务业一般提供无形的服务，如商品的批发零售、交通运输、住宿餐饮、信息咨询、金融服务、文教卫生、文化娱乐等。通常来讲，一个国家或一个地区的经济越发达，服务业在 GDP 里所占比例就越大。

GDP 统计的是最终产品，就是防止在产品生产过程中进行重复统计。例如，建造的一所房子最终销售价格是 100 万元，GDP 就增加了 100 万元，建造房子的钢材、水泥、玻璃、木材等建筑材料的生产过程就不再统计，不然就与房子最终销售时的销售收入重复了。

国民经济核算除了 GDP 这个指标外，还有 GNP，即 "国民生产总值"，它是指一定时期内使用本国生产要素生产的最终产品和服务的市场价值总和。GDP 与 GNP 的区别在于，GDP 是在本国领土上生产的所有产品，像美国的苹果公司，虽然是美国企业，但它在中国领土上的产值就计入中国的 GDP。根据上海市税务部门公布的 2015 年数据，上海烟草集团有限责任公司 762.03 亿元的纳税额位列第一位，交通银行股份有限公司则凭借 137.1 亿元的纳税额位列第二位，苹果公司以 64.46 亿元的纳税额位列第三位，比宝钢股份有限公司 31.23 亿元的税额多出一倍。如果按 17% 的增值税计算，苹果公司在上海地区贡献的 GDP 大约有 379 亿元。但对美国来说，这 379 亿元不计入美国的 GDP，但扣除付给中国职员的工资和土地租金等利用中国生产要素创造的产值部分，就可计入美国的 GNP 了。

可见，GDP 只按地区划分不按国籍划分，如果中国统计 GDP，不管哪个国家在中国领土上开办公司，这些公司生产的产品都计入中国的 GDP。而 GNP 正好相反，它只按国籍划分不按地区划分，如果中国统计 GNP，不管经济活动发生在世界哪个国家或地区，只要使用了中国的生产要素生产的产品都计入中国的 GNP。如果 GDP 大于 GNP，说明外国人在中国比中国人在外国赚的钱多；如果 GDP 小于 GNP，说明中国人在外国比外国人在中国赚的钱多。

案例分析

GDP 是指某一国家或地区一定时期内（一般为一年）合法生产的产品和服务的市场价值总和。关于 GDP 的定义，可从以下几方面理解。

第一，GDP 统计的是最终产品，而不是中间产品。最终产品供人们直接使用和消费，是不再转卖的产品和劳务。中间产品作为生产投入品，是不能直接使用和消费的产品和劳务。

第二，GDP 是一个市场价值的概念。各种最终产品的市场价值是在市场上达成交换的价值，都是用货币来加以衡量的，通过市场交换体现出来。一种产品的市场价值就是用这种最终产品的单价乘以其产量得到的。

第三，GDP 是计算期内生产的最终产品价值，因而是流量而不是存量。流量是指一定时期内发生或产生的变量，存量是指某一时点上观测或测量到的变量。

第四，GDP 是按国土原则、而不是按国民原则计算。国民生产总值（GNP）是一个国民概念，是指某国国民所拥有的全部生产要素在一定时期内所生产的最终产品和服务的市场价值总和。

GNP 是按国民原则核算的，只要是本国（或地区）居民，无论是否在本国境内（或地区内）居住，其生产和经营活动新创造的增加值都应该计入 GNP。

国际上通行的计算方法是以 GDP 为基础计算 GNP，用公式可以表示为：

GNP=GDP+对外要素收入净额=GDP+（来自国外的要素收入-支付国外的要素收入）

其中：来自国外的要素收入是本国常住者从国外获得的资本和劳务收入。具体来说，它是本国资本对外投资或参与国外生产活动而获得的利息收入、红利、投资收益及本国居民在国外工作（一年以下）获得的劳务收入。支付国外的要素收入是本国对国外支付的资本和劳务收入，它是外国资本对本国投资或参与本国生产活动而从本国获得的利息收入、红利、投资收益及本国支付给外籍员工（一年以下）的劳务收入。

GDP 和 GNP 的差异表现如下。

第一，GDP 核算遵循"在地原则"，不管常驻单位的国籍属性；GNP 遵循"国民"范畴，不管居民是否居住在国内。

第二，GDP 是"生产"概念，从生产角度衡量一个国家或地区的经济总量，GNP 则是"收入"概念，从收入分配的角度衡量一个国家或地区的经济总量。

GDP 与 GNP 都是反映宏观经济的总量指标，并无优劣之分，只是应用不同。一般而言，在分析常住者的生产成果时使用 GDP，在分析常住者的总收入时使用 GNP；在分析各国的经济增长时使用 GDP，在分析各国贫富差异程度时使用 GNP。例如，国际货币基金组织通常根据黄金与外汇储备、进口额、出口额占 GDP 的比例等因素来决定一个国家在基金中的份额，进而决定该国在基金组织中的投票权、特别提款权及向基金借款的份额。而联合国则根据一个国家连续 6 年的 GNP 和人均 GNP 来决定该国的联合国会费，从而决定该国承担的国际义务和享受的优惠待遇等。

如上所述，GNP 反映的是一个国家或地区所有常住单位初次分配收入之和，由于 GNP 名称与其反映的内容不是很相符，所以联合国在 1993 版的《国民经济核算体系》中已经将其改为国民总收入（gross national income，GNI）。

案例讨论

（1）如何理解 GDP 的含义？

（2）GDP 和 GNP 有何区别？

（图片来源：百度图片）

【案例 9-2】GDP 越多越好吗？

案例适用知识点

宏观经济指标、国内生产总值

案例来源

刘植荣. GDP 你知道多少. 金羊网.

案例内容

1. GDP 分有益的和有害的两部分，不是越多越好

从 GDP 的统计上就可以看出，GDP 这块大蛋糕要由政府、企业、外国和居民四家分享。政府主要通过税收的方式拿走 GDP 份额。政府拿走的 GDP 有的可以用于居民的福利事业，如很多国家的全民免费医疗、全民免费基本养老、从小学到大学的免费教育、对穷人的各种社会福利救济等。但政府拿走的 GDP 有的并不一定能改善居民的生活，还会用在其他方面，如国防开支等。

企业拿走的 GDP 份额主要由存货、固定资本和未分配利润构成，这些对企业长期发展有利。由于政府的税收是一定的，企业拿走的 GDP 过多，劳动者的报酬自然就减少。这是一对矛盾，需要由政府的最低工资法和市场根据劳动力的供求关系来调节。

外国拿走的 GDP 份额主要是外国人来华投资拿走的，这些外资企业在中国境内生产的产品都印上"中国制造"的标签，计入中国的 GDP，但很多产品又出口到世界其他国家，中国就成了世界加工厂，这些产品并没有被国民消费。也就是说，给外国生产的这些产品虽然计入我国的 GDP 里，但并未增加我国的财富，只增加了 GDP 的数字而已。

GDP 里剔除政府、企业和外国拿走的份额，剩下的才属于居民。中国统计局的数据显示，2014 年居民人均可支配收入为 20 167 元，全国有 136 782 万人口，这就意味着居民拿走的 GDP 份额为 275 848 亿元，占 GDP 总量的 43%。需要指出的是，这 275 848 亿元的居民可支配总收入不只是劳动报酬，还包括财产性收入等。例如，你开办企业赚了 2 亿元，炒房赚了 6 000 万元，其他投资赚了 4 000 万元，这 3 亿元都要计入居民收入。所以说，中国劳动者报酬所占 GDP 的份额不会超过 43%。

另外，即使居民拿走的 GDP 份额很大，但也不一定会增加居民的整体幸福感，因为还存在分配是否公平的问题。此外，贫富差距悬殊会激化各种矛盾，政府就要增加维护社会治安的费用，增加居民的税负，侵占本应分配给居民的 GDP 份额。

当然，居民收入占 GDP 的份额越大，劳动价值越高，劳动者越有尊严，经济效率也就越高，因为发展经济的终极目的就是增加居民的幸福感。如果创造的 GDP 被政府、企业和外国拿走的份额过大，则留给居民的份额就过小，创造的 GDP 再多，居民的生活水平和幸福感也难以提高。

还有，根据 GDP 的定义，不管是有益的产品还是有害的产品，都被计入 GDP。其实，创造 GDP 很容易。你花 10 亿元建造一座大桥，由于偷工减料，大桥刚建好就垮塌了，拆除大桥的费用是 1 亿元，然后再花 15 亿元重新建造，这座大桥就创造了 26 亿元的 GDP。

根据住建部的研究报告，我国建筑垃圾的数量已占到城市垃圾总量 30%～40%，中国每年拆毁的老建筑占建筑总量的 40%，建筑寿命仅为 25～30 年。显而易见，我国的建筑业创造的 GDP 与国外的相比水分较大。假设建一套房子都是创造了 100 万元的 GDP，可我们的房子只能用 28 年，英国的房子可以用 132 年，英国 1 个 GDP 顶我们 5 个 GDP。要知道，建筑材料的生产属于高耗能、重污染产业，而处理建筑垃圾也会侵占更多土地并造成污染。

根据国际能源署的统计，2010 年世界平均每产出 1 美元的 GDP 排放的二氧化碳为 0.59 千克，如果生产效率低下，生产 1 美元的 GDP 排放的二氧化碳为世界平均值的三四倍，这就要消耗更多的资源、排放更多的污染，然后再投资去治理污染，又一次创造 GDP，可这些 GDP 不但没给居民带来幸福，反而给居民带来痛苦。

汽车制造公司生产出的汽车被计入 GDP，这当然是"好的 GDP"，但使用家庭轿车的人多了，就很容易发生道路拥堵。堵车也创造 GDP，因为汽车拥堵或龟速行驶，会消耗更多的燃油，GDP 当然就增加了。堵车产生的 GDP 就是"坏的 GDP"。

汽车排出的尾气严重污染环境，政府就要向居民征收更多的税来治理污染，这又创造出 GDP。汽车尾气损害了居民健康，生产的汽车越多，就有可能令居民呼吸道疾病的发病率增加，医疗保健支出就越高，这就又产生了很多的 GDP。

如果发生车祸，汽车受损、人员受伤，汽车修理费和医疗服务费用就都计入 GDP。假如伤员伤势严重医治无效死亡，那殡葬费也为 GDP 做出了贡献。

发生地震、台风、洪水等自然灾害，毁掉大量房屋等财富，但这些不会从 GDP 里扣除，而救灾所需要的物资和服务，以及重建所需要的资金又都计入 GDP。

所以说，GDP 就是个量的概念，它与产品质量无关，也与居民能否享用这些产品无关，越是高能耗，越是偷工减料，越是排放污染，越容易创造出 GDP。只看 GDP 并不能全面衡量一个国家的经济效率和可持续发展能力，GDP 增长了也并不代表居民的生活水平就一定能够提高，如果 GDP 里有害的成分多，创造的 GDP 越多居民反而越遭殃。

2. 盲目崇拜 GDP 是对 GDP 无知的表现

目前，包括中国在内的一些国家统计出来的 GDP，根本无法评估一个经济体究竟产出多少有益的 GDP，国民经济是否安全、健康和可持续发展。中国核算 GDP 按照《中国国民经济核算体系（2002）》，该体系采纳了联合国 1993 版的《国民经济核算体系》，而目前世界多数国家对 GDP 的核算已依据联合国 2008 版的《国民经济核算体系》。

由于各国 GDP 统计不是用同一个核算体系，各国 GDP 并没有可比性。A 国花 800 亿美元建造的房子寿命 30 年，B 国花 400 亿美元建造了同样的房子寿命 120 年，表面上看 A 国的 GDP 是 B 国的 2 倍，但能说 A 国的经济比 B 国发达吗？能说 A 国的居民生活质量高、更幸福吗？虽然 A 国 GDP 是 B 国的 2 倍，但 A 国的房子寿命仅是 B 国的 1/4，如果 A 国与 B 国正确比较 GDP，A 国的实际 GDP 仅有 100 亿美元！

正因为传统的 GDP 统计存在很多缺陷，国际学术界开始反思 GDP 的核算方法。法国前总统尼古拉·萨科齐在 2008 年委任了一个"经济表现的评价与社会进步委员会"专门研究 GDP 统计的缺陷及改进方法，该委员会的报告建议用多维度来衡量经济的发展，例如，留给后人的实物资产，为未来劳动者提供的教育，为生产力的发展提供的科研，甚至也包括为后人留下的政治制度，因为这对人类社会健康运转至关重要。

不丹对 GDP 的统计就富有创新思想。辛格国王访问印度时，有记者问他不丹的 GDP 是多少，辛格国王这样回答："我们为什么要迷恋国内生产总值？我们为什么不关注'国民幸福总值（GNH）'？"为了计算"国民幸福总值"，不丹还提出了 4 个主要支柱、9 个关键指标和 72 个不同项目标准。

不丹提出的"国民幸福总值"受到一些国家和国际组织的高度关注，并有一批经济学家专门从事"国民幸福总值"的研究。在 2012 年联合国可持续发展大会上，联合国会员国商定必须将经济增长、社会发展和环境保护这 3 个支柱结合起来，以平衡的方式实现可持续发展。为给决策提供更好的依据，在国内生产总值以外还应制定更广泛的指标来衡量进展情况。

2012 年 5 月，联合国环境与经济核算委员会正式颁布了《综合环境和经济核算体系》（SEEA）框架白皮书，把自然资源与环境等因素考虑到国民经济账户中，建议各国用 SEEA 取代传统的 SNA，通俗地讲，就是把有害的成分从 GDP 中剔除，得到"绿色 GDP"。目前，一些国家已经采用 SEEA 统计 GDP。

下面举个例子：假如统计出来 250 个 GDP，里面可能就有 80 个 GDP 污染了环境，30 个 GDP 用于治理污染，15 个 GDP 用于因环境污染患病的居民的医疗费，实际上有价值的 GDP 为 125 个，也就是说，按传统方法统计出来的 GDP 里有 50%的水分。如果按照联合国的 SEEA 进行绿色 GDP 统计，则只有 125 个 GDP。

2012 年 12 月 19 日，李克强总理在经济社会发展和改革调研工作座谈会上也强调："如果我们的 GDP 无法让人民群众的收入增长，那 GDP 增速再高，也是'自拉自唱'，并不利于发展，也不利于稳定。"

总之，盲目崇拜 GDP 是对 GDP 无知的表现。由于各国并不是在同一个核算体系内统计 GDP，严格地讲，各国 GDP 并不具有可比性。就是同一个国家的 GDP，年度 GDP 之间的可比性也很牵强，如果靠政府投资拉动 GDP，造成产能过剩，透支了经济潜能，这就吹出了经济泡沫，在接下来的年份里必然要压缩产能，导致很多企业破产倒闭，经济萎缩。

所以说，GDP 增长过快并不一定是好事，这和股市一样，"疯牛狂奔"不会长久，很快就会精疲力竭瘫软下来。所以，应尽快采用联合国 SEEA 统计绿色 GDP，这更能真实地反映经济发展状况和居民生活水平。

案例分析

采用 GDP 指标核算国民收入，也存在以下缺陷和不足之处：

（1）由于 GDP 用市场价格来评价物品与劳务，它就没有把几乎所有在市场之外进行的活动的价值包括进来。特别是，GDP 漏掉了在家庭中生产的物品与劳务的价值。

（2）GDP 没有包括环境质量。设想政府废除了所有环境管制，那么企业就可以不考虑他们所引起的污染而生产物品与劳务。在这种情况下，GDP 会增加，但福利很可能会下降。空气和水质量的恶化要大于更多生产所带来的福利利益。

（3）GDP 也没有涉及收入与分配。人均 GDP 告诉我们平均每个人的情况，但平均量的背后是个人收入的巨大差异。

（4）GDP 概念是源自于交换产生财富的原理。这个原理的基本条件是：一是交换必须自愿，二是交换必须不妨碍第三人，三是交换必须在两个清晰的产权主体之间真正发生。假定不符合这三个条件，那么所得出的 GDP 数值的准确性恐怕就得大打折扣，或者说 GDP 的数据就会有瑕疵。如强制交易的 GDP、妨碍他人的 GDP、出口创造的 GDP、投资产生的 GDP 、消费带来的 GDP 等都会影响 GDP 的总有效积累。

案例讨论

（1）GDP 有哪些缺陷？

（2）如何克服 GDP 的局限性？

（图片来源：百度图片）

【案例 9-3】为什么 GDP 总量用现价，增长速度却用不变价？

案例适用知识点

名义 GDP 与实际 GDP

案例来源

国家统计局

案例内容

为了反映指标的变动情况，在不同的经济研究目的下应该采用不同的价格标准，统计上常用的有现价和不变价。现价是指当年的实际价格，用以反映当年总量规模。按现价计算的指标，在不同年份之间的变动包含价格变动和数量变动的因素，必须消除价格变动的因素后才能真实反映经济发展动态。扣除价格变动因素后的价格称为不变价。不变价是以某年份现价作为基期扣除价格变动因素，多用于计算与某指定年份相比的增长速度，如以 2000 年为基期的不变价格。

以 GDP 为例，每年公布的 GDP 总量是现价总量，为了真实反映 GDP 增长情况，GDP 增速为不变价可比增速，扣除了价格因素。GDP 不变价计算是以 5 年为一个周期。例如，2001—2005 年的 GDP 不变价计算以 2000 年为基期，2006—2010 年的 GDP 不变价计算以 2005 年为基期。又如，2004 年和 2005 年，某地区生产总值分别为 2 918 亿元和 3 327 亿元，如果按照 2000 年不变价计算，则该地区 2004 年和 2005 年 GDP 分别为 1 511 亿元和 1 680 亿元；如果按照 2004 年和 2005 年当期价计算，该地区 2005 年生产总值增速为 14%，剔除价格因素后，可比增速为 11.2%。

表 9-1 为国家统计局公布的 2010—2014 年的 GDP 总值及各层次产业的增加值、增速，其中，GDP 总值及各层次产业的增加值采用当期价计算，即计算的是名义值，而指数（指数减去 100 为增速的百分数）采用的是不变价计算。

表 9-1 2010—2014 年 GDP 总值及各层次产业的增加值、增速

指标 \ 年份	2014 年	2013 年	2012 年	2011 年	2010 年
国内生产总值/亿元	643 974	595 244.4	540 367.4	489 300.6	413 030.3
第一产业增加值/亿元	58 343.5	55 329.1	50 902.3	46 163.1	39 362.6
第二产业增加值/亿元	277 571.8	261 956.1	244 643.3	227 038.8	191 629.8
第三产业增加值/亿元	308 058.6	277 959.3	244 821.9	216 098.6	182 038
国内生产总值指数（上年=100）	107.3	107.8	107.9	109.5	110.6
第一产业增加值指数（上年=100）	104.1	103.8	104.5	104.2	104.3
第二产业增加值指数（上年=100）	107.4	108	108.4	110.7	112.7
第三产业增加值指数（上年=100）	107.8	108.3	108	109.5	109.7

案例分析

名义 GDP 是指以现行市场价格计算的既定时期内最终产品和服务的市场价值总和。

实际 GDP 是指在相同的价格或货币值保持不变的条件下，不同时期所生产的全部产出的实际值。

实际 GDP=名义 GDP/GDP 折算指数（即价格总水平）

名义 GDP 是包含价格水平考虑的，如果现在的所有价格水平上升 1 倍，则名义 GDP 也要上升 1 倍。所以名义 GDP 有很大的不确定性，尤其在通货膨胀时期。这时人们引用实际 GDP 的含义。其实，经济学上的实际 GDP 也不是完全舍弃了价格水平，而是用基年的价格水平。举例来说，2005 年的名义 GDP 是用 2005 年的价格水平得出的，而实际 GDP 则是用 2000 年的价格水平得出的（如果选 2000 年作为基期）。有了实际 GDP，可以很方便地算出 GDP 平减指数。

实际 GDP 是指用从前某一年作为基期的价格计算出来的全部最终产品的市场价值。实际 GDP 的变动仅仅是由于实际产量的变动所引起的。这也就是说，实际 GDP 的变动仅仅反映了实际产量变动的情况。

实际 GDP（或 GNP）是国际上公认的反映一国一定时期（年）国民产品总量的最好的综合指标。

用绝对值表述时，一般用名义 GDP；反映增长速度时，一般用实际 GDP。

案例讨论

（1）名义 GDP 与实际 GDP 有何区别？

（2）GDP 增速是如何计算的？为什么？

【案例9-4】为什么要实施研发支出核算方法改革

案例适用知识点

国民收入核算

案例来源

张冀. GDP核算改革公布 体现"创新"经济价值. 光明日报, 2016-07-08.

案例内容

国家统计局日前发布《关于改革研发支出核算方法修订国内生产总值核算数据的公告》，改革研发支出核算方法，将能够为所有者带来经济利益的研发支出不再作为中间消耗，而是作为固定资本形成处理。

这次改革的意义有多大？为什么要实施研发支出核算方法改革？实施改革后，GDP（国内生产总值）和相关数据有何变化？记者采访了国家统计局有关负责人。

"我国实施这一改革，具有重要意义，它更好地反映创新对经济增长的贡献。"国家统计局新闻发言人盛来运在接受记者采访时说。

据国家统计局核算司司长程子林介绍，近年来，我国大力推动科技进步和创新发展，研发支出快速增长，研发活动对经济增长发挥了越来越重要的推动作用。但是，传统的核算方法对研发在促进经济增长中的作用反映不够充分。新的核算方法将能够为所有者带来经济利益的研发支出由原来作为中间消耗，修订作为固定资本形成，体现了研发成果所具有的固定资产的本质属性，即在未来一段时间的生产活动中不断得到使用，持续发挥作用。

2009年，联合国等五大国际组织联合颁布了新的国民经济核算国际标准——《2008年国民账户体系》，其中，研发支出资本化是新国际标准的重要修订内容之一。目前，绝大多数经合组织国家都已实施了此项改革，有的发展中国家也进行了改革。

2015年3月，中共中央、国务院印发《关于深化体制机制改革加快实施创新驱动发展战略的若干意见》，要求"改进和完善国内生产总值核算方法，体现创新的经济价值"。

"国家统计局积极实施研发支出核算方法改革，以更好地反映创新对经济增长的贡献，反映'大众创业、万众创新'的实施效果，体现科技进步在经济发展中的作用，从而激励研发投入，推动创新发展。"盛来运指出。

那么，改革后对GDP增速影响如何呢？改革后，由于历年的GDP总量均有所增加，所以对GDP增速的影响较小。从近十年的数据来看，改革后GDP增速年均提高0.06个百分点。其中，2015年GDP增速提高0.04个百分点。

据介绍，实施研发支出核算方法改革，对我国GDP总量、速度、结构等指标均有一定影响。

实施研发支出核算方法改革后，我国各年GDP总量相应增加。从近十年的数据来看，改革后各年GDP总量的增加幅度呈上升趋势，年平均增加幅度为1.06%。如2015年GDP总量增加8 798亿元，增加幅度为1.30%。

从增长速度来看，由于近年来研发支出增速比GDP增速相对快一些，实施研发支出核算

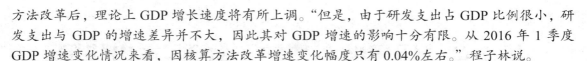

方法改革后，理论上 GDP 增长速度将有所上调。"但是，由于研发支出占 GDP 比例很小，研发支出与 GDP 的增速差异并不大，因此其对 GDP 增速的影响十分有限。从 2016 年 1 季度 GDP 增速变化情况来看，因核算方法改革增速变化幅度只有 0.04%左右。"程子林说。

GDP 核算改革后，我国产业结构有所变化。例如，2015 年，我国三次产业比例由原来的 9.0:40.5:50.5，修订为 8.9:40.9:50.2，第二产业增加值占 GDP 的比例略有提高，第一、第三产业占比略有下降。其中，工业增加值占 GDP 的比例提高 0.5 个百分点，由原来的 33.8%修订为 34.3%。

📖 案例分析

GDP 可以用生产法、支出法和收入法核算。

用生产法核算 GDP，是指按提供物质产品与劳务的各个部门的产值来核算国内生产总值。生产法又叫部门法，这种核算方法反映了国内生产总值的来源。运用这种方法进行核算时，各生产部门要把使用的中间产品的产值扣除，只计算所增加的价值。根据传统的 GDP 核算方法，研发支出作为中间产品价值是要加以扣除的。GDP 核算方法改革后，企业研发支出不再作为中间消耗，而是作为固定资本形成处理。简单来讲就是在核算 GDP 总量时，将能带来经济利益的研发支出从"生产消耗"调整为"固定资本形成"。固定资本形成与生产消耗的一增一减会让 GDP 总量明显增加。

实施研发支出核算方法改革有非常重要的意义，首先，它顺应国际大趋势。中国作为全球第二大经济体，也需要纳入这样一个全球体系，以便与国际比较，与国际接轨。其次，它与我国经济进入新常态，经济发展方式转变的这个特殊阶段相适应，这样一项改革对经济发展方式转变有重要促进意义。简单来说，GDP 是一个国家或者一个地区一段时间内新增加的产出的总和，它是一个增量，有一个非常重要的特点是只计算新增的产出，扣除中间消耗，不计算由于产出 GDP 造成的自然资源的消耗、环境的破坏及其他相关方面的总耗。这样的模式与不可持续发展相违背，所以需要转变这个模式，而转变的重要一点就是提高全要素生产率，即提高创新对经济增长的贡献，尤其是技术创新。这次改革，将能够带来经济利益的研发支出直接作为 GDP，而不是作为消耗，也表明国家鼓励更多的研发。这样的改革对于我国强调的"双创"、新经济的增长动力都是一件具有指标性、标志性，同时又具有导向性意义的事情。

当然，这样一个调整，从技术上来看，它对 GDP 数据的改变是温和的。可以看到，2015 年改革研发支出核算办法带来的 GDP 的增量接近 9 000 亿，这对于每年总量的提高还是比较显著的。但因为 GDP 总量每年都有提高，所以从增长的速度上来讲，GDP 的变化没有那么大，比如 2015 年改革研发支出核算办法后影响 GDP 的增速是 0.04 个百分点，实际上按照四舍五入，它并没有影响 2015 年 6.9%的年度增长速度。因此，改革研发支出核算办法后还是能够保持 GDP 增速大体上的连续性，同时这项改革对企业研发和创新具有明确的导向意义，所以这确实是一个具有非常重要意义的统计核算的改革。

总之，实施新的 GDP 核算国际标准，对于整个经济走势会产生一定的影响，相关产业，如研发比例较大的产业对经济增长的贡献就会加大。

📖 案例讨论

（1）实施 GDP 核算方法改革的经济意义是什么？

（2）实施 GDP 核算方法改革后 GDP 构成将发生怎样的变化？

第十章　国民收入决定：收入-支出模型

【案例10-1】中美边际消费倾向比较

案例适用知识点

消费函数理论

案例来源

百度文库

案例内容

据估算，美国的边际消费倾向约为0.68，中国的边际消费倾向约为0.48。中国的边际消费倾向低于美国。

一些人认为，这种差别在于中美两国的消费观念不同，美国人崇尚享受，今天敢花明天的钱。中国人崇尚节俭，一分钱要掰成两半花。但在今天的经济学家看来，这并不是最重要的。消费观念属于伦理道德的范畴，由经济基础决定。不同的消费观念来自不同的经济基础，还是要用经济与制度因素来解释中美边际消费倾向的差别。

案例分析

根据西方经济学理论，边际消费倾向（MPC）是指增加的消费在增加的收入中所占的比例。我国边际消费倾向明显低于美国边际消费倾向，可从以下方面进行分析。

首先看收入。美国是一个成熟的市场经济国家，尽管也经常发生经济周期性波动，但经济总体上是稳定的。经济的稳定决定了收入的稳定。当收入稳定时，人们就敢于消费，甚至敢于借贷消费。中国是一个转型中的国家，正在从计划经济转向市场经济，尽管经济增长速度快，但就每个人而言有失业及其他风险，收入并不稳定。这样，人们就不得不节制消费，以预防可能出现的失业及其他风险。

其次看制度。人们敢不敢花钱，还取决于社会保障制度的完善性。美国的社会保障体系比较完善，覆盖面广且水平高。失业有失业津贴，养老有养老金，低于贫困线有帮助，上大学又可以得到贷款。这样完善的社会保障体系使美国人无后顾之忧，敢于消费。中国社会保障体系不健全，从而人们要为未来生病、养老、孩子上学等必需的支出进行储蓄，消费自然少了。

最后看收入分配状况。在总收入为既定时，收入分配越平等，社会的边际消费倾向越高，收入分配越不平等，社会的边际消费倾向越低。这是因为，富人的边际消费倾向低而穷人的边际消费倾向高。例如，如果一个国家20%的富人占有80%的收入，边际消费倾向为0.2，其余 80% 的穷人占有 20% 的收入，边际消费倾向为 0.7，这个国家的边际消费倾向为：

$$0.8 \times 0.2 + 0.2 \times 0.7 = 0.16 + 0.14 = 0.30$$

如果一个社会 20% 的富人占有 40% 的收入，边际消费倾向为 0.2，其余 80% 的穷人占有 60% 的收入，边际消费倾向为 0.7。这个社会的边际消费倾向为：

$$0.4 \times 0.2 + 0.6 \times 0.7 = 0.08 + 0.42 = 0.50$$

后一个国家比前一个国家收入分配更加平等，所以边际消费倾向比较高。

根据世界银行 2010 年的报告，美国 5% 的人口掌握了 60% 的财富。而中国 1% 的家庭掌握了 41.4% 的财富，财富集中度远远超过了美国，成为全球收入分配两极分化最严重的国家之一。此外，根据国家统计局发布的数据显示，2015 年全国居民收入基尼系数为 0.462，自 2003 年以来，我国基尼系数一直处在全球平均水平 0.44 之上，2008 年达到最高点 0.491，之后基尼系数呈回落态势，2003 年为 0.479，2004 年为 0.473，2005 年为 0.485，2006 年为 0.487，2007 年为 0.484，2008 年为 0.491。2008 年之后逐步回落，2009 年为 0.490，2010 年为 0.481，2011 年为 0.477，2012 年为 0.474，2013 年为 0.473，2014 年为 0.469。如果考虑到数据的部分缺失、大量灰色收入未被计入，中国的实际基尼系数可能更高。

案例讨论

（1）边际消费倾向受哪些因素的影响？

（2）如何扩大居民的消费需求？

（图片来源：百度图片）

【案例 10-2】中国国民储蓄率为什么一直这么高?

案例适用知识点

储蓄函数

案例来源

腾讯财经

案例内容

中国人爱存钱几乎已经成为一个共识,结婚、买房、子女教育、医疗、养老等所需的大额费用让很多普通家庭不得不早早就进行预备性储蓄。根据《世界概况》数据显示,2015 年中国收入储蓄水平排在世界第三位,仅次于中东石油出口国卡塔尔和科威特。与此同时,又有很多人觉得现在生活支出越来越大,钱在进口袋之前就已经花光了,怎敢妄谈存储。那么中国高储蓄率的实际情况到底是怎样的呢?

第一,企业和政府贡献最高。很多人以为储蓄基本上都是由个人贡献的,实则不然。国民储蓄分为三部分:居民储蓄、企业储蓄、政府储蓄,其中居民储蓄代表个人(家庭)的储蓄水平。近十几年来,中国国民的高储蓄率中,有很大一部分并不是来自普通人的钱袋,而是来自企业和政府的储蓄。与其余发达国家相比,中国企业和政府的储蓄占比明显较高,截至 2015 年年底,中国企业存款余额占 GDP 的 64%,中国接近 50% 的国民储蓄率来自企业。所以说,国民储蓄率并不直接代表居民的储蓄水平,企业和政府对储蓄率的贡献最高。

第二,存钱的大多是"有钱人"。根据《2015 中国家庭金融调查报告》显示,从储蓄分布来看,家庭储蓄分布极为不均。55% 的家庭没有或几乎没有储蓄,而收入最高的 10% 的家庭储蓄率为 60.6%,储蓄金额占当年总储蓄金额的 74.9%。收入最高的 5% 的家庭储蓄率为 69.02%,储蓄金额占当年总储蓄金额的 61.6%。也就是说,中国家庭储蓄主要集中在高收入家庭。

中国人为什么爱存钱?

一是社会保障不充分,"积谷防饥"。对于很多中国人来说,不是不想花钱,而是不敢花钱。疯狂上涨的楼市已经让许多家庭望尘莫及,工资的涨幅永远赶不上房价的涨幅,很多人都要依靠父母资助才能勉强付得起首付,并且还要背负几十年的房贷,对于很多年轻人来说,"攒钱买房"几乎是他们刚开始工作就要背负的压力。还有为了医疗和退休后的预防性储蓄:一个不争的事实是退休后人们的收入会明显减少,退休金维持基本生活都很难,更别说遇上重大疾病或是意外情况。因此,为了以后的生活着想,无论是年轻人和老年人都不得不趁早去存钱。简而言之,因为社会保障、社会福利不完善,看病贵、买房贵、上学贵,老百姓消费有后顾之忧,不得不"积谷防饥"。

二是居民投资渠道少。从结构和数据来看,市场投资主体主要是政府和企业,民间的投资渠道则很有限。在资本市场欠发达时,多数人依赖银行体系。虽然这几年也出现了理财产品、私募基金、信托计划等更多的金融投资工具,但是与银行这类传统金融相比,这些金融工具透明度较低，交易结构设计复杂，没有有效监管，资金风险很大。央行近年发布的一系列储户问卷调查也显示，储蓄始终是排在股票投资、债券投资、房产投资之前的居民首选投资项目。

三是消费金融不够发达。中国当前的消费信贷在信贷结构中占比仅为20%左右，相对于发达国家60%以上的占比仍存在很大差距。"在当前情况下，我们目前可能要攒二三十年才能买得起一套房子，如果消费金融很发达，可能就不需要储蓄，而是用信贷的方式来完成这个消费，这样就可以降低我们的储蓄率。"中国社科院金融研究所银行研究室主任曾刚表示。

如何降低高国民储蓄率？

专家指出，国民高储蓄率背后暴露的是我国长期以来靠高投资、高出口拉动经济的传统经济增长方式，更多的储蓄意味着更多的经济增长，但同时也意味着消费的低迷和经济内生动力的缺失。同时，长期超高储蓄率某种程度上可以说是普通居民财富的一种流失，在物价上涨导致的负利率状况下，实际上大家的钱一直都处于贬值状态，高额储蓄客观上也给储户利益带来一定的损失。中国人民大学经济学院副院长王晋斌认为，居民以较低的利息把钱存入银行，但银行却可以以较高的利率发放贷款，客观上造成了"小百姓补贴大银行"的不合理现状。

一是提高国企分红比例，完善国家社会保障体系。在一次收入分配中，很多企业存在利润厚、劳动者收入薄的问题，且国有企业表现更甚。有些国企利润丰厚，但对全体员工分红过低。这抑制了居民消费，使内需不足。国家应扩大国企分红比例，加大对员工的收入再分配。我国对于医疗、教育、养老等公共产品的支出，多由居民个人负担，而政府的公共支出不够。这就应该加大政府在公共领域的财政支出，降低居民因对未来的不确定感而产生的预防性存款，来缓解消费的后顾之忧。

二是拓宽百姓投资渠道。近年来大众理财意识被逐渐唤醒，很多人都开始尝试银行以外的其他投资理财途径。《安联全球财富报告》也显示，中国家庭的分散投资进程正在继续，家庭金融资产投资已越来越注重绩效，把资产从低收益的储蓄账户转向高收益的银行和理财产品。随着现在资本市场的发达程度越来越深化，年轻一代的消费和投资习惯也在发生变化。政府和市场应该合力进一步拓宽百姓投资渠道，增加居民财富的保值增值途径，提升居民消费能力预期和水平。

中国的高国民储蓄率很大一部分来自于政府和企业，而居民的"预备型储蓄"更多的是在社会保障未完善下的一种被动选择，国民储蓄率过高会使经济结构愈加不平衡。为此政府要不断推进国企改革，发挥财政的再分配作用，同时要建设更多的金融投资渠道，使居民有更多样化的财富增值途径，提高社会消费能力。

案例分析

储蓄与决定储蓄的各种因素之间的依存关系，是西方经济学的基本分析工具之一。由于在研究国民收入决定时，假定储蓄只受收入的影响，故储蓄函数又可定义为储蓄与收入之间的依存关系。一般来说，在其他条件不变的情况下，储蓄随收入的变化而产生同方向变化，即收入增加，储蓄也增加；收入减少，储蓄也减少。但二者之间并不按同一比例变化。设 s 代表实际储蓄量，y 代表实际收入量，则储蓄函数的公式为：

$$s = f(y)$$

其计算公式为：

$$s = y-c = y-(A+By) = -A+(1-B)y\ (0<1-B<1)$$

式中：$1-B$ 代表边际储蓄倾向，其值一般为正数值，但小于 1，即 $0<1-B<1$；$-A$ 代表收入为零时的储蓄量。

西方经济学认为，在国民收入决定中，消费是一种注入引起国民收入扩张，储蓄是一种漏出引起国民收入收缩。因此，一个国家要增加国民收入，进而扩大就业，除了增加投资和出口之外，最重要的措施是增加消费，消费对国民收入的拉动作用非常明显，但是如果国民储蓄率居高不下，说明居民不敢消费，不愿消费，即储蓄对消费产生了制约作用。高国民储蓄率的原因比较复杂，这受到中国传统文化的影响，中国人崇尚节俭。更为重要的原因在于目前我国社会保障不健全、居民投资渠道少、消费金融不发达等，这也就导致居民（尤其是高收入居民）和企业被动储蓄。因此，为了扩大消费，减少被动储蓄，国家必须健全社会保障体系，调整收入分配结构，缩小收入分配差距，拓宽投资渠道，健全有利于消费和投资的进入体系。

 案例讨论

（1）试分析中国国民储蓄率高的原因。

（2）如何降低中国高国民储蓄率？

【案例10-3】2030年中国消费水平将接近美国

案例适用知识点

消费函数、边际消费倾向

案例来源

颜色，丁爽. 2030年中国消费水平将接近美国. 苏州日报，2016-06-01.

案例内容

近几十年，中国消费水平快速增长，目前已成为全球第二大消费市场。中国消费支出随经济快速增长而大幅增加，2005—2014年年均增长超过10%。按绝对值来计，2014年中国消费规模由2000年的8 000亿美元猛增至超过5万亿美元。2014年中国消费规模超过日本GDP总量。目前中国是仅次于美国的全球第二大消费市场，同时是增长最快的主要消费市场，全部消费商品和服务几乎都经历过显著的消费升级，尤其是交通、通信和娱乐休闲服务。目前中国是全球最大的汽车消费市场，汽车消费量大幅超过美国和其他主要经济体。

基于对2030年前中国经济可能的两种增长轨迹预测，我们评估了中国消费市场可能呈现的情形。我们的基本预测情形是2020年中国消费支出将达到美国消费水平的57%（假设2016—2020年年均6.5%的官方GDP增长目标能够达到），2030年将达到美国消费水平的85%（假设2020年后年均GDP增长为5.5%）。我们保守假设预计未来5年中国GDP年均增长6.0%、2021—2030年年均增长4.5%，我们估测2020年中国消费支出或将达到美国消费水平的53%、2030年或将达到美国消费水平的70%。

这一预测的依据源于以下几个方面。

第一，官方数据对家庭消费占GDP比例至少低估了约10%。官方数据显示，2014年中国消费占GDP比例由20世纪80年代初的70%降至约50%。其中家庭消费占GDP比例更低，约35%。中国年度消费数据中"最终消费支出"包括政府和家庭消费。2014年政府消费在整体消费中占比达26%，较20世纪80年代的14%显著上升，而家庭消费在整体消费中占比达74%，家庭消费占GDP比例达35%。2000—2010年，消费对净GDP增长平均贡献约45%，而1980—1990年这一贡献的峰值达80%以上。

中欧国际商学院教授朱天和复旦大学经济学院教授张军的一项广为引用的研究结果显示（2014年），官方数据低估了中国实际消费至少10%，其中住宅服务消费占据较大比例。逾80%的城镇居民和90%的农村居民拥有自住房。官方数据利用建筑成本测算上述住宅的估算租金，导致其住宅服务消费被低估约4%。此外，个人消费作为企业支出报销和避税的做法较为普遍，入户调查所得的个人收入和支出一般也会显著低报。受此影响，中国消费支出总额或超过6万亿美元，占GDP比例至少达60%（据国家统计局数据显示，2015年消费总额为5.24万亿美元，占GDP比例达50.1%）。

若这一猜测符合实际，则当前中国消费支出占GDP比例与韩国等其他东亚经济体在相似发展阶段的消费占GDP比例大致相当。

第二，快速城市化将刺激消费需求。中国劳动力市场高度失衡，大量劳动力集中在生产力低下的部门，这对消费造成了负面影响。2014 年农业部门就业人数占就业总人数的比例达 29.5%，但农业总产值占 GDP 比例仅为 9.2%。工业部门就业人数与农业部门类似但工业总产值占 GDP 比例高达 42.7%。服务业就业人数占就业总人数的比例达 40.6%，服务业总产值占 GDP 比例达 48.1%。因此，工业和服务业人均 GDP 要高出农业部门人均 GDP 4～5 倍。

中国人口中较大比例从事农业生产抑制了 GDP 和家庭收入的增长。城镇居民人均消费显著超过农村居民。2014 年城镇家庭消费占中国家庭消费总额的比例达 78%，较 2000 年的 67%有所上升。2014 年城镇居民人均消费为 25 449 元，接近农村居民人均消费 8 744 元的 3 倍。城镇居民消费更多不仅是因为收入更高，还由于其具备更高的边际消费倾向。

目前中国农民工数量超过 2.7 亿人。尽管许多人在城市已工作多年，但户籍制度使农民工在城市定居较为困难。城市户口是享受社保和其他社会福利的前提，但并未向进城农民工普遍发放。2014 年中国基于户口的城市化率仅为 35%，而基于居住地的城市化率达到 56%。计划中的户籍制度改革会将上述福利覆盖至农民工群体，这将加速农村劳动力城市化步伐并显著刺激需求增长。

第三，中产阶层扩大产生高端需求。中国即将享受劳动力高质量而非高数量所形成的新型人口红利。过去 20 年中国高等教育大幅扩招，大学毕业生数量由 2000 年的不足 100 万激增至 2014 年的接近 700 万。预计未来几十年这一数字将持续增长，到 2030 年，中国大学毕业生数量将超过 2.2 亿人，在劳动力中占比约达 27%。这一比例接近德国、法国和英国目前的水平。因此，中国将拥有全球最大规模的中产阶层，为未来消费增长提供巨大的潜力。

除了刺激消费支出和推动整体 GDP 增长外，中产阶层的扩大将加速以制造高端消费品和提供现代服务为主的新兴产业的发展。汽车、通信、金融、医疗及娱乐等服务的需求注定将增加。近几年中国出境旅游人次猛增，这表明国内高端娱乐服务供给不足，难以满足国人日益高涨的需求。

中产阶层的扩大为中央和地方政府提供了新的投资机遇。截至目前，政府投资一直不成不变地集中在交通和通信等基础设施领域。下一阶段，我们预计投资将更多集中于医院、体育场馆、剧院、公园和购物中心等高端服务及设施以满足中产阶层的消费需求。这将有助于中国经济长期增长。

第四，人口老龄化刺激相关服务的消费及需求。近几年中国人口迅速老龄化。据 2010 年人口普查结果显示，60 岁以上人口比例达 13.26%，65 岁以上人口比例达 8.87%。未来几年这一趋势还将上升。据联合国一项调查显示，到 2050 年中国老龄人口数量将超过 4.4 亿，占总人口的比例将超过 40%。

依据生命周期理论，老龄人口普遍具备较高的消费倾向和较低的储蓄率。尽管部分研究发现这一理论不太适用于中国国情，因为中国老龄人口普遍具有在子女方面投入较大这一文化倾向，多数近期研究发现老龄人口抚养比例每上升 1 个百分点将提升边际消费倾向 0.044 个百分点。人口老龄化还将增加医疗和养老等高端服务，以及老年娱乐和金融服务等其他方面的市场需求。这一新的需求来源应有助于支撑中国下一阶段的经济增长。然而，更加完善的社会福利体系是人口老龄化能够刺激消费并产生积极影响的前提。

第五，改革社会福利体系以刺激消费。良好的社会福利体系有助于降低居民预防性储蓄。中国计划经济体制下"从摇篮到坟墓"的社会福利体系的倒塌是 1990 年以后消费下滑背后的一个重要因素。计划经济下，城镇居民的教育、医疗、住房和养老实质上是免费的，因此彼时预防性储蓄水平较低。

随着中国向市场经济转型，旧的经济体制逐步瓦解。许多居民不得不花钱购买之前由政府免费提供的服务，增加了预防性储蓄且降低了消费。今年以来，中国领导层已开始为城镇和农村居民提供更为全面的社会福利，包括教育补贴、全民医保和养老补贴等。更加完善的社会福利体系将降低居民储蓄率并释放潜在的消费需求。

完善社会福利体系从而降低收入不平等和贫困问题是本届政府工作重点之一。领导层已承诺到 2020 年将消除大范围贫困，并推出多个项目，旨在减少不平等和贫困。许多研究已经发现收入不平等和贫困将抑制整个社会的消费需求。基尼系数（衡量财富分配不均的一项指标）每上升 1 个百分点将降低消费边际倾向 0.5～0.7 个百分点。一个更加全面的社会福利网络应能显著刺激消费需求的增长。

📖 案例分析

国民收入是衡量一国经济发展水平的重要指标。改革开放以来，中国的经济发展迅速，这与居民消费的增长是分不开的。消费的不断增长，刺激了国内消费需求，有利于扩大内需拉动经济增长。消费作为拉动经济增长的三驾马车之一，对经济的不断增长有着不可忽视的作用，与投资（受利率影响而波动）和出口（受汇率影响而波动）相比，消费是一个基本稳定的量。因此，各个国家都十分重视消费对经济增长的促进作用，想方设法促进消费。

凯恩斯理论认为，家庭消费是收入的函数，消费大小取决于收入和边际消费倾向。消费量的大小与收入和边际消费倾向都成正比。社会消费函数还受国民收入分配状况、政府税收政策、公司未分配利润在利润中所占比例等因素的影响。继凯恩斯之后，一些经济学家提出了相对收入假说、持久收入假说、生命周期假说等理论。相对收入假说认为个人消费不仅与其现在的收入相关，还与过去的收入相关，不仅与自己的收入相关，还受周边人群消费水平的影响，即消费具有"示范效应"和"棘轮效应"。持久收入假说认为个人消费水平主要取决于持久收入而不取决于暂时收入。生命周期假说认为消费水平与不同的年龄阶段相联系，青年和老年阶段消费超过收入有负储蓄，中年阶段消费低于收入有正储蓄。

上述案例中提出的 2030 年中国消费水平将接近美国的预测，正是基于这些理论而提出来的。从居民收入层面看，十八大公布了两项长期经济发展目标：一是 2021 年将全面实现"小康社会"，2020 年实现国内生产总值和城乡居民人均收入比 2010 年翻一番。二是 2049 年将达到"中等发达国家水平"。收入水平的持续提高为居民消费水平提高奠定了坚实的基础。此外，快速推进的城镇化战略、中产阶级人数迅速增加、人口老龄化导致的边际消费倾向提高，社会保障水平的逐步完善导致的储蓄率下降等都会导致我国居民消费水平持续提高。

📖 案例讨论

（1）根据国情分析，你认为影响我国居民消费水平提高的因素有哪些？

（2）你同意上述案例中提出的 2030 年中国消费水平将接近美国的预测吗？为什么？

（图片来源：百度图片）

【案例10-4】中国消费转型升级

案例适用知识点

简单国民收入决定理论

案例来源

中国经济信息网.

案例内容

中国经济信息网综合报道，消费有望继续成为宏观经济的领跑马车，而消费增长的动力也正发生变化。

近日，商务部国际贸易经济合作研究院在京发布《2015年消费市场发展报告》（以下简称《报告》），《报告》指出，今年消费驱动型发展模式将基本确立，消费增速、结构、热点、动力等将发生相应变化。

《报告》称，2015年经济新常态将带动消费进入新常态，经济增速回落必然导致消费增速回落。与此同时，全面深化改革将进一步降低制度成本缓解供给瓶颈、释放消费潜力，同时自贸区、"一带一路"等扩大开放的举措又会有利于进口消费，创新驱动和"互联网+"等进一步助推消费升级。

首先，消费继续担当领跑马车。2014年尽管宏观经济增速下滑，但消费占比首次突破50%，成为经济转型的亮点之一。

数据显示，今年一季度，我国社会消费品零售总额为7.1万亿元，同比增长10.6%。扣除价格因素实际增长10.8%，比上年同期分别放缓1.4和0.1个百分点。一季度固定资产投资和出口增速都有所回落，虽然消费增速也出现了一定程度的下滑，但是增长稳健，在三驾马车中拉动力也最为强劲，位居三驾马车之首。

"二季度消费增长仍将朝着平稳向好的方向发展，对经济增长将继续发挥第一拉动力的作用。"商务部新闻发言人沈丹阳4月16日在例行发布会上指出。

他进一步指出，这主要是因为三个有力驱动因素将持续发挥作用。一是新技术催生的商品消费新热点还在涌现。例如，4G通信网络的普及和信息消费的快速发展，推动了通信产品更新换代的消费需求。二是新理念带动大众化服务消费持续升温。一季度餐饮收入、电影票房等都有明显增长。此外，多方面的数据显示居民消费的意愿在走高。一季度银行卡跨境消费止跌回升。中国经济景气监测数据也显示，一季度消费者信心指数超过前两年的水平。

不过，即使是50%的消费率，与其他国家相比依然差距很大。据商务部国际贸易经济合作研究院消费经济研究部副主任赵萍介绍，美国消费率能够达到80%，有些年份甚至接近90%，英国、德国、法国等欧洲主要国家基本上是70%~80%的水平。

和转轨国家相比较，罗马尼亚、俄罗斯的消费率也基本上是60%~70%的水平。和文化相像的东亚国家相比较，日本、新加坡的消费率也都在70%左右。人口大国且同样是新兴经济体的国家，如印度，消费率也是60%~65%的水平。

"不论是与发达国家相比较,还是与发展中国家相比较,不论是新兴经济体还是转轨国家,不论是东方文化影响的国家还是人口大国,中国的消费率都是特别低的,而且低很多,虽然我们实现了'十二五'目标,但离未来转变经济发展方式,真正地转换动力,还任重而道远。"赵萍说。

其次,经济发展动力转换正在进行。赵萍在接受媒体采访时表示,"中国的特点是经过了计划经济的转轨,而计划经济的特点就是集中全国的财力来发展经济,就是支持积累,控制消费,重积累,轻消费,转轨国家在转轨之后也开始实行市场经济,也开始注重消费与投资协调的关系"。

值得关注的是,消费增长的动力也在发生变化。《报告》称,我国消费正在从商品消费转向服务消费驱动,从传统消费转向新型消费驱动。

由于经济下行压力必然传导到消费,预计2015年以社会消费品零售总额为代表的商品消费增速将会进一步下降。但是,服务消费的增速远高于商品消费。其中,居住、医疗保健、文教娱乐等服务消费的增速远远快于食品类和衣着类,其占总消费的比例大幅上涨,交通和通信增长更为明显,服务消费成为拉动消费增长的主要动力。

此外,生活必需品和耐用品消费占比下降。其中,代表食品消费的恩格尔系数继续下降,平均每年下降近0.5个百分点,中国城乡消费均进入相对富裕的发展阶段;衣着类消费支出比例下降,每3年下降1个百分点;汽车家电消费维持低增长。但是,新型消费增长强劲,预计全年网上零售额增长仍将保持50%左右,占社会消费品零售总额比例再提高1个百分点,代表消费结构升级的商品销售明显快于一般消费品。

2015年,我国农村居民可支配收入增速预计仍将高于城镇1~2个百分点,城镇消费增速仍将低于农村,但是城镇消费占总消费的比例将再提高0.5个百分点。

最后,智慧生活带来新消费。《报告》指出,智慧生活消费、绿色环保消费、全球时尚消费、文化体育消费将成为今年的主要消费热点。

(1)今年消费的最大亮点是智慧生活消费。智能化产品渗透到消费者生活的方方面面。我国消费者对智能化生活相关消费愿望强烈。有超过81%的中国消费者表示愿意购买让生活更为便捷的产品和服务。预计今年智能生活产品仍将呈现快速增长趋势,其中可穿戴设备和智能电视的增长最为明显,全年增速均可达到20%以上。

(2)绿色环保消费。对环境污染的关注继续激发绿色健康消费快速增长。环保防护类产品及绿色有机食品消费将保持较高的增速,新能源汽车销量将继续保持高速增长。

(3)全球时尚消费。从以前的奢侈品到现在的运动、数码、农产品,中国消费者正在更快地融入国际消费市场。由于跨境电商平台数量和可选品类的增长,香奈儿领衔的奢侈品降价潮,高端消费品市场将迎来购买小高潮。

根据新常态下消费的新特点,赵萍表示,要在制度环境和供给方面加大改革力度,除了在收入、社会保障方面仍需不断完善以外,还应该结合今年消费发展趋势,在消费发展较快的领域出台配套措施,以提升消费增长点对总消费的拉动作用。

📖 案例分析

根据凯恩斯理论,国民收入大小是由总需求决定的,总需求包括消费需求、投资需求、政府需求和出口需求。消费、投资和出口被称为拉动经济增长的三驾马车。由于种种原因,过去几十年，我国经济发展的动力主要是私人投资、政府投资和出口。三驾马车中投资和出口占比较高，而消费占比一直比较低。正如上述案例所示，美国消费率能够达到80%，有些年份甚至接近90%，英国、德国、法国等欧洲主要国家基本上是70%～80%的水平。罗马尼亚、俄罗斯的消费率也基本上是60%～70%的水平。日本、新加坡的消费率也都在70%左右。人口大国且同样是新兴经济体的国家，如印度，消费率也是60%～65%的水平。"不论是与发达国家相比较，还是与发展中国家相比较，不论是新兴经济体还是转轨国家，不论是东方文化影响的国家还是人口大国，中国的消费率都是特别低的，而且低很多。"

造成中国居民消费水平低的原因是多方面的，除了收入水平低，社会保障不健全、市场秩序不规范、传统观念崇尚节俭等因素外，一个重要因素在于供给结构不合理，有效供给不足。有些产品供给过剩，如钢铁、煤炭、建材等，形成生产能力严重过剩，库存居高不下。有些产品则供给不足，如高档商品、奢侈品、文化产品、养老服务、高品质旅游产品、健康产品等无法满足消费者需求。这也就是说，供给侧无法起到引领消费结构、挖掘消费潜力和促进消费升级的作用。

我国居民消费结构正在变化，其变化趋势是从低品质消费到高品质消费，从产品消费到服务消费，从排浪式、从众式消费到个性化、差异化消费，从实体百货商店消费到网上体验式消费等，另外，全新的消费形态如绿色环保消费、智慧生活消费、全球时尚消费、文化体育消费正方兴未艾。

总之，为了提升中国居民的消费水平，提高消费对经济增长的贡献率，政府部门应重视消费结构的变化，及时推出消费服务政策。企业部门应适应居民消费结构的变化，加强供给侧结构性改革，增加有效供给。

📖 案例讨论

（1）你认为中国消费对经济增长率远低于发达国家的原因有哪些？

（2）你认为制约居民消费水平提高的因素有哪些？为什么？

（图片来源：百度图片）

第十一章　货币利率与国民收入

【案例 11-1】进入负利率时代的原因及影响

案例适用知识点

利率理论

案例来源

参照百度文库西方经济学（宏观部分）案例分析改编。

案例内容

自人类社会摆脱了单纯的以物易物，出现商品经济和流通市场之后，作为交换媒介的货币便出现了。紧接着，调剂供给余缺的货币借贷生意也逐渐展开。最早的利率开始于公元前3000年的美索不达米亚。这样看来，利率存在至今已经有 5 000 余年的历史。下面介绍世界及中国各个时期的利率水平究竟是怎样的。

公元前 1772 年古巴比伦记录的利率是 20%；公元前 539 年波斯征服巴比伦时期的利率是 40%以上；公元前 500 年古希腊阿波罗神庙记录的利率是 10%；公元前 443 年，古罗马《十二铜表法》记录的利率是 8.33%；公元前 300 到公元前 200 年，古希腊战争时期的利率是 8%；罗马帝国时代的利率是 4%。进入公元后，罗马帝国戴克里先时期的利率是 15%；拜占庭帝国从康斯坦丁到查士丁尼一世时期的利率是 8%～12.5%；1150 年，意大利城邦的利率是 20%；1430 年威尼斯城邦的利率是 20%；1570 年荷兰八年战争时期的利率是 8.13%；17 世纪英国的利率是 9.92%；20 世纪 80 年代美国里根主政时期的利率是 15.84%；2009 年以后全世界主要发达国家实际利率是零或者负。

在中国，虽然作为农业国家，以自给自足的农村自然经济为主，但以商品流通为目的的货币借贷最早在周代就见诸文字了。《周礼·地官·泉府》中有记载："泉府掌以市之征布。敛市之不售，货之滞于民用者，以其贾买之……凡赊者，祭祀无过旬日，丧纪无过三月。凡民之贷者，与其有司辨而授之，以国服为之息。"其中"赊"是指祭祀、丧葬等借贷，只还本，不计息；而"贷"是指为各类小生产者提供生产性资金，支付利息的标准为"以国服为之息"，即按照官贷利息标准进行支付，周代初期法定年利率（约公元前 1115 年）是 15%。

汉代民间借贷利率较高，甚至达到 100%，称为"倍称之息"；唐代法律规定，典当月利率最高不得超过 5%，民间实际情况可能比规定的要高；南宋时的典当月利率最高至 10%，金代的月利率也高达 5%～7%；《大明律》规定："凡私房钱债，及典当财物，每月取利，并不得过三分[①]……"；遵循汉制的清律也规定了民间借贷法定年利率为 36%，从顺治到宣统未

[①] 三分即 3%。

有改变。进入现代以来，在 1949 年 8 月到 1950 年 4 月，一年期储蓄存款利率曾一度达到 252%；到 1952 年，降至 14.4% 之后，利率基本呈下降趋势。

现阶段为什么会进入负利率时代？

从利率发展历史来看，政策层面打压"高利贷"的压力似乎更大些，民间基本不会受到"负利率"的困扰。然而，近几年始于欧洲的"负利率"的出现，则不免让人战战兢兢，难道资本已无价值？

2014 年，欧洲央行宣布将隔夜存款利率从 0.0% 削减 10 个基点至 –0.1%，这令欧洲央行成为史上首家实施负利率的主要央行。而在此之前，2012 年 7 月，丹麦决定开展存款负利率试验。当时，欧洲主权债务危机恶化，AAA 评级的丹麦成为投资者的避风港，丹麦克朗对欧元持续升值，使丹麦出口贸易受压。

宏观经济学中，为了实现特定的经济目标而采用调节利率及存款准备金率等的调控手段被称为货币政策。这是现代央行为实现国家经济调控而被赋予的主要职能之一。

欧洲央行和丹麦的"负利率"政策，自然也是出于各自的调控目的。欧洲央行给出的解释是：如果央行希望采取措施对抗高通胀，通常会加息，使得借款更加昂贵，储蓄变得更加吸引；相反，如果央行希望对抗太低的通胀，就会降息。鉴于欧元区通胀预期将长期远低于 2% 的水平，欧洲央行管委会已经判定需要降息了。至于丹麦的目标则是鼓励银行更多地向私营领域放贷，促进投资。

中国人民银行决定，自 2015 年 10 月 24 日起，下调金融机构人民币贷款和存款基准利率，以进一步降低社会融资成本。与欧洲直接出台"负利率"的政策不同，中国的"负利率"是指名义利率减去 CPI（物价指数）之后实际利率为负。而事实上，如果以中央银行公布的基准利率作为衡量标准，此次负利率已经是自 20 世纪 90 年代以来的第五次了，前四次分别是 1992—1995 年、2003—2005 年、2007—2008 年、2010—2011 年。

案例分析

利率是如何决定的呢？由于经济学家们对这些问题的认识不同，从而形成了不同的利率决定理论。

第一，古典利率理论。

该理论流行于 19 世纪末至 20 世纪 30 年代的西方经济学中。其基本观点是：利率是由储蓄和投资所决定的，储蓄代表资金供给，投资代表资金需求，利率决定于储蓄和投资相均衡的那一点。它主要包括以下内容。

① 利率与储蓄和投资的关系。储蓄是利率的增函数，投资是利率的减函数。

② 利率的决定。市场的均衡利率是由投资和储蓄两条曲线相交的点决定的。

③ 均衡过程分析。假设投资曲线不变，储蓄曲线由于某一因素右移，使储蓄供给大于投资需求，会导致利率下降，从而减少储蓄，增加投资，利率会一直降到二者相交的新均衡点，达到新的均衡状态。

第二，凯恩斯的"流动性偏好"利率理论。

该理论认为：利率属于货币经济的范畴，而不属于实物经济的范畴，极力主张利率是由货币量的供求关系决定的。它主要包括以下内容。

① 货币需求。凯恩斯认为，人们对货币的需求，取决于人们持有货币的三个动机，即交

易动机、预防动机和投机动机。其中，交易动机和预防动机主要取决于收入水平，而投机动机主要取决于利率。

② 货币供给。某一时期，一个国家的货币总量，由货币当局控制，是外生变量，无利率弹性。

③ 均衡利率。货币供给与货币需求相交的一点所对应的利率即为均衡利率。

第三，可贷资金利率理论。

该理论是由罗伯逊提出来的，试图将实际因素和货币因素两个因素综合起来考虑其对利率的影响与决定。它主要包括以下内容。

① 既然利率产生于资金的贷放过程，那么就应该从可用于贷放的供求来考虑利率的高低。

② 可贷资金的需求由投资和货币的净窖藏两部分组成。

③ 可贷资金的供给包括储蓄、中央银行增发的货币及商业银行所创造的信用。

④ 市场的均衡利率取决于可贷资金的供给与需求的均衡。

⑤ 储蓄和投资决定自然利率，市场利率则由可贷资金的供求关系决定，借贷资金的供给因此与利率成正比，而借贷资金的需求则与利率成反比，两者的均衡决定利率水平。

在复杂的经济关系中，众多的因素都对利率的变化产生影响，但决定和影响其变化的因素主要是：平均利润率、资金供求状态、国家经济政策、物价水平和国际利率水平等。在我国，由于资本市场不完善，利率没有完全市场化，因此政府的货币政策是影响利率的关键因素。为了扶持实体经济发展，缓解经济下行压力，降低企业尤其是民营企业的融资成本，中央银行实施扩张性货币政策，一再地降低利率以缓解经济下行压力，由此决定了中国进入负利率时代。

负利率对经济的作用如下。

第一，对拉动内需起到一定作用。

因为负利率，银行理财产品及其他投资收益都会随之下降，且随着社会各项保障机制完善，会诱使越来越多的民众增加消费减少储蓄，将资金投入改善自身生存状况及生活品质上去，使更多资金流向大宗耐用消费品及日用工业品，从而助推中国制造业景气指数回升，带动经济发展，为稳定增长奠定基础。

第二，对实体经济整体融资环境起到有效改善。

由于负利率与银行贷款利率下降、人民币贬值等因素相互作用，对国内实体企业来说，融资成本会有大幅下降。同时，随着中央银行宽松货币政策实施，市场流动性将进一步增加，实体经济融资难局面也将缓解。尤其贷款低利率及人民币贬值，从理论上来说，有利于改善外贸生产企业环境，促进外贸出口产业利润回升，有效扭转中国外贸出口放缓格局。

第三，对房地产业回暖起到催化作用。

负利率时代的到来，意味着货币政策已经"非常态"了。居民存款意愿会降低，投资意愿会上升，为了避免财富缩水，会将多余资金购置房产、商铺甚至进入股市，房地产市场将率先受益，尤其经济基础较好的一、二线城市房价上涨速度较为明显，现在不少一线城市房价已接近国际房价，且还呈上升趋势。并且对资本市场也是利好，会促使 A 股开户人数增加，为 A 股市场注入新活力，对股市稳定繁荣起到推动作用。

第四，负利率时代还有利于地方政府摆脱债务困境。

负利率时代，我国各级地方政府发行债券吸引资金的能力将大大提升，且可通过低利率发债进行债务转换，大大降低融资成本，缓解地方政府债务压力，为最终盘活债务存量和消化债务包袱创造有利条件。

案例讨论

（1）历史上中外利率处于怎样的水平？利率水平高低是由什么决定的？

（2）欧洲为什么推行负利率政策？

（3）中国的负利率和欧洲的负利率有何区别？

【案例11-2】靠房地产拉动经济增长？

案例适用知识点

投资理论

案例来源

根据2015年12月11日《每日经济新闻》刊登的《专家：靠房产投资拉动经济增长预计还需两年》改编。

案例内容

房地产曾两次在中国经济遭遇困境时力挽狂澜。第一次是在1998年，面临东南亚金融危机的冲击，国家果断地推动房改。房地产行业随后迅速发展起来，成为中国经济走出困境的强劲力量。第二次是在2008年，次贷危机波及全球，外贸依存度很高的中国经济发展骤然减速，国家再出重拳，通过刺激房地产发展和一揽子反周期政策，将中国经济重新拉回到快速增长的轨道，房地产又一次扭转乾坤。

而今我国经济进入增长速度换挡期、结构调整阵痛期、前期刺激政策消化期"三期叠加"的转型阶段。"十三五"的头两年是我国经济调整结构、转型升级的关键期和阵痛期，到2020年要基本跨越"中等收入陷阱"，这期间我国经济面临很多的风险和挑战，下行压力较大。在转型关键期和阵痛期，房地产又一次受到各方高度关注和期待，它能再次"临危救主"吗？

这个问题很难做出简单的回答，需要从多方面来综合分析。

（1）从经济发展的阶段来看，房地产与整体经济的互动关系已发生了较大变化。当前我国经济已经从重工业化主导的发展阶段开始向后工业化主导的发展阶段过渡。2013年服务业增加值第一次超过第二产业，是中国整体经济开始进入后工业化发展阶段的重要标志。

根据国务院发展研究中心杨建龙博士的研究，在重工业化主导的发展阶段，以房子和车子为龙头的消费是经济发展的核心引擎，能有力带动中游的机械、汽车、化学、水泥、钢铁、有色金属及上游的电力、煤炭、石油、交通运输等众多产业的发展。

到了后工业化发展阶段，上述引擎作用开始减退，各类升级性的消费（主要是各种品质性消费及文化旅游、健康养老等精神性消费）开始起拉动经济的主导作用。当前中国经济的发展阶段与1998年和2008年已大不同，所以对房地产拉动经济增长的预期不能太高。

（2）从房地产投资来看，统计数据表明近年来我国房地产投资总体开始下滑，从2010年33.2%的增长率一路下滑到2015年1—10月2%的增长率，房地产对经济的拉动作用明显减弱。2015年1—10月全国固定资产投资增长10.2%，房地产作为重要组成部分仅增长2%，对经济增长不仅没有起到拉动作用，而且还拖了后腿。

房地产投资之所以不断下滑，与销售增长趋缓、土地出让过多、房地产库存不断增长有密切关系。2011—2015年我国房地产库存一直在不断增长，供应泡沫取代房价泡沫成为房地产行业的主要矛盾，去库存成为房地产行业的主要任务。虽然2015年销售回暖，但房地产待售面积却仍处于不断增长状态，投资额仍然持续高于销售额，房地产供过于求的状况并没有因为销售回升有所减轻，而是还在不断加剧。我国房地产行业仍处于库存增长阶段，去库存阶段还没有到来，这种情况已经严重影响了房地产行业的健康发展，处理不当会危及国家经济金融安全。

高库存是 5 年多来逐步积累的，去库存也不可能一蹴而就。房地产投资下滑是市场的自我调节，虽然拖累了 GDP 增长，但未尝不是对去库存的一种正面支持。在当前库存尚在增长的阶段下，不可轻言房地产投资增长，只有库存降到一定程度后，房地产投资增长对房地产行业和国民经济才是有利的。如果此时房地产投资较快增长或违背规律，只会加重供求矛盾，积累更多问题。总之，预计未来一至两年房地产投资增速仍处于低位，也不排除一段时间的负增长。

不过房地产投资增速处于低位的局面并不会一成不变。随着国家各种鼓励政策的逐渐落实，预计房地产销售将会逐步增长。随着房地产销售增长和库存的逐步消化，房地产投资增速自然会止跌回升。

预计靠房地产投资拉动经济增长还需要两年左右，关键看库存消化的程度和速度，即使投资反弹估计增长速度也难以超过 10%。

（3）从房地产销售来看，销售本身也能带动一系列行业发展，如装修、建材、家电、各种生活性服务业、房地产金融等，还直接能促进税收增长，这一点不可忽视。2010 年以来房地产销售总体也告别了高增长，2014 年还出现过负增长，不过 2015 年 1—10 月房地产销售面积增长 7.2%，销售额增长 14.9%，从近几年来看这个数据还是不错的。随着降低房地产库存的各种政策陆续出台实施，房地产销售预计将持续增长，从而为经济发展起正面支撑作用。

预计未来几年房地产销售仍有一定增长潜力。一是我国城镇化还有很大空间；二是近 3 年来大部分城市的房价平稳或稳中有降；三是保障房建设、棚户区改造被放到更重要位置，既解决了中低收入群体的住房问题，又拓展了房地产的发展空间；四是房地产调控仍有较大余地。

（4）从房地产类型来看，各种产业型、复合型地产的发展有助于推动经济增长。房地产开发商近年来纷纷转型，住宅以外的开发明显增加。例如，商业地产，虽然供应过剩，但大量开业、待开业的体验式购物中心有助于消费增长，以"万达城"为代表的文化旅游地产对消费升级发挥了积极作用，南昌、无锡等地的"万达城"的年游客总量预计都有望达到千万以上；养老养生地产、物流地产（如菜鸟物流）、园区地产的蓬勃发展也在为经济发展添砖加瓦。

总体来看，房地产对经济的推动作用虽然在后工业化发展阶段开始下降，但仍不失为支柱产业。近两年房地产对经济推动作用主要体现在房地产销售方面，之后房地产投资会有所发力，正面促进经济增长。迎合消费升级的各种产业地产也正在为经济增添新的活力。在中国经济转型的关键期和阵痛期，房地产虽不可能像前两次那样力挽狂澜、一柱擎天，但仍将发挥中流砥柱的作用。

📖 案例分析

西方经济学中的投资指为了维持、形成和扩充生产经营能力而对资本品的购买及组合行为，它意味着资本存量的增加。投资具体包括家庭、企业和政府部门的固定资产投资、存货投资、住房投资等。

投资的决定因素有两方面。一是投资的预期利润率。投资的预期利润率是投资所产生的利润额与投资额的比率，投资与预期利润率成正比。二是资本市场的利率水平。利率是投资的成本（包括机会成本），在其他因素不变的情况下，投资同利率成反比。

利率是投资的决定因素，除利率外，投资预期收益、产品市场供求状况、税收政策、投资风险等都是影响投资的因素。这些因素在一定程度上决定了是否投资、何时投资、投资多少及何时停止投资等问题。

当代投资理论发展的最新成果是不可逆性投资理论（theory of irreversible investment）。经济学中的投资，是指用于购置生产中长期使用的设备和设施所进行的投资，特别是与工厂的规划设置和设备安装有关的成本，这些投资含有所谓沉淀性成本（sunk cost）；而不是指金融投资或教育投资等。如果日后决策者改变计划或决定，这部分成本将无法挽回，这就是投资的不可逆性。投资的这一性质主要来源于生产性投资的具体产业特征。用于某种特定生产的投资一旦形成或部分形成，将很难转换成其他产业或产品的生产。即使这一转换最终得以实现，用于原来目的的投资部分将会损失掉。不可逆性投资理论强调固定资产投资决策中所存在的不确定性。换句话说，投资的未来收益是一个随机变量。这种不确定性与不可逆性相结合，可以建立起比传统理论深刻得多且更具现实意义的投资理论。

房地产投资由于乘数高，产业带动效应强，在近20年中国经济增长中发挥了重要作用。正如上述案例所述，房地产曾经在1998年和2008年两次在中国经济遭遇困境时力挽狂澜。

但是，由于我国经济进入了新阶段，即从重工业化主导的发展阶段开始向后工业化主导的发展阶段过渡。根据各国经济发展历史规律，进入新阶段后，房子和车子为龙头的消费在经济发展中的引擎作用开始减退，各类升级性的消费（主要是各种品质性消费及文化旅游、健康养老等精神性消费）开始起拉动经济的主导作用，房地产对经济增长的拉动作用开始减弱。

目前，我国房地产市场尤其是三线、四线城市库存压力很大，说明前期房地产投资过大，超过了人们支付能力的需求。在这种形势下，房地产投资预期收益必然下降。统计数据也表明了这一点。近年来我国房地产投资总体开始下滑，从2010年33.2%的增长率一路下滑到2015年1—10月2%的增长率，房地产对经济的拉动作用明显减弱。

一个国家如果过分倚重房地产投资来拉动经济增长，这种做法是不健康的。如果各行各业都来搞房地产，必然助推房地产泡沫的形成。所谓泡沫，指的是一种资产在连续的交易过程中陡然涨价，价格严重背离价值，在这时的经济中充满了并不能反映物质财富的货币泡沫。泡沫经济的两大特征是：供给量远远大于需求量，市场价格脱离了实际使用者支撑。房地产泡沫一旦破灭，由于投资不可逆，这会使房地产面临巨大投资风险。而我国经济正在转型升级，国家应大力发展实体经济，防患于未然。

📖 案例讨论

（1）房地产如何拉动经济增长？

（2）如何评价房地产对经济的拉动作用？

（图片来源：百度图片）

【案例11-3】尽快促进民间投资回稳向好

案例适用知识点

利率和投资

案例来源

赵展慧. 多措并举促进民间投资回稳向好. 人民日报，2016-06-15.

案例内容

近期国家发展和改革委员会举行发布会，介绍5月份煤电油运、投资、价格运行、化解过剩产能等宏观经济运行情况。针对前5个月民间投资增速下滑现象，国家发改委秘书长李朴民表示，抓好现有政策落实的同时，国家发展和改革委员会将根据民间投资专项督查发现的问题，有针对性地出台"降成本"等措施，相信民间投资增速会逐步回升。

5月份发用电量继续保持小幅增长，全社会用电量4 730亿千瓦时，同比增长2.1%，增速同比回升0.5个百分点，比4月份提高0.2个百分点。前5个月，全社会用电量22 824亿千瓦时，同比增长2.7%，增速比去年同期回升1.7个百分点。全社会用电平稳增长的同时，结构不断优化，三产和居民生活用电对全社会用电增长的贡献率大于二产，前5个月三产和居民生活用电合计对全社会用电增长的影响度达到85.1%，远高于二产的9.6%。"通过发电、用电数据的变化，我们可以感受到经济结构调整和转型升级效果继续显现。"李朴民说。

今年1—5月民间投资增长3.9%，增速比1—4月回落了1.3个百分点。为了促进民间投资回稳向好，国家发展和改革委员会在参与今年5月下旬国务院对18个省份促进民间投资政策落实情况的专项督查之外，又单独派出6个督查组，分别到国务院督查范围外的12个省份开展专项督查，调研走访了数百家企业，发现在促进民间投资方面主要还存在四方面问题。

政策制定落实方面，多年来出台的一系列支持民间投资的政策有些要求没有完全落实或者说没有完全落地，有些法律法规缺乏配套细则，实际执行中没有把实惠落到民营企业身上；政府管理服务方面，目前办企业、搞投资面临的制度成本依然较高，比如政府部门的审批事项仍然不少，审批时间较长，有的审批标准不统一，互为前置条件，审批事项下放后，一些基层部门有的不愿意接，有的接不好；市场环境建设方面，不少企业感到土地贵、房租贵、税费高、人力成本高，民营企业特别是中小微企业普遍感到融资难、融资贵，资金紧张；企业自身发展方面，在部分产业产能过剩的大背景下，一些中小企业由于缺乏转型升级方面的储备，加上信息不对称，一时很难找到新的投资领域。

李朴民表示，要持续推进"放管服"改革向纵深发展，进一步推进放宽民间资本市场准入，针对性地解决束缚民企投资的突出问题，切实推进降成本，提升民营企业投资回报，比如清理整顿不合理收费。6月14日国家发展和改革委员会印发通知，部署做好涉企收费检查工作。工作重点一方面是落实涉企收费目录清单，把中央和地方政府确定取消、停征和减免收费政策落实到位；另一方面严肃查处利用电子政务平台违规收费。

📖 案例分析

经济学中的投资分为政府投资和私人投资。政府投资一般是生产公共产品和公共服务，比如在城市里修建地铁、建造公园等一些公共服务。政府投资旨在弥补市场失灵，它只能局限在私人资本不愿意投资或无法投资的领域。也就是说，政府不能过度参与投资，否则就有可能导致市场效率低下。因为政府过度投资会对私人资本产生"挤出效应"，所谓"挤出效应"是指政府投资增加导致货币需求增加，在货币供给既定的情况下，利率会上升，私人部门（厂商）的投资会受到抑制，从而产生政府支出挤出私人投资的现象。

与政府投资生产公共产品不同，经济中点多面广的私人产品及服务全部依赖于私人投资。私人投资是经济增长的发动机和助推器，根据凯恩斯理论中的乘数理论，一笔投资下去，在乘数作用下，会一轮一轮地增加国民收入，形成国民收入倍增效应。

近两年，我国经济下行压力比较大，实体经济整体复苏乏力，一个突出表现就是私人投资不足。正如上述案例所示，2016年1—5月民间投资增长3.9%，增速比1—4月回落了1.3个百分点。为了刺激私人投资回稳向好，国务院出台了一系列促进民间投资的政策。一是降低私人投融资成本政策，包括降低企业贷款、发债利息负担水平，降低融资中间环节费用占企业融资成本比例。保持流动性合理充裕，营造适宜的货币金融环境。降低融资中间环节费用，加大融资担保力度。大力发展股权融资，合理扩大债券市场规模。二是清理整顿不合理收费、在行政审批、投资审批、职业资格、收费管理、商事制度等领域减少审批环节、简化办事程序、实行负面清单制度。这大大降低了民间投资的准入门槛，营造了公平、公正、公开的市场环境，实际上推行了民间投资的"非禁即入"。随着地方简政放权深入推进，民间投资升温现象已经显现。例如，近年以来，湖南省取消行政审批事项137项，清理规范中介服务事项59项。取消放开和降低涉企收费88项，企业年减负约30亿元。桎梏少了，市场活了，新路子多了。2016年上半年，湖南市场主体、注册资本分别增长28.6%和53.1%。通过建设创新创业园区，引进"双创"企业3 840家。

📖 案例讨论

（1）你认为私人投资和政府投资是什么关系？

（2）私人投资和政府投资哪一种投资对经济增长拉动效应更大，为什么？

（图片来源：百度图片）

【案例11-4】刺激内需：消费还是投资？

案例适用知识点

IS-LM 模型

案例来源

参照百度文库西方经济学（宏观部分）案例分析改编。

案例内容

短期总需求分析尽管有其不现实的假设条件（总供给不变等），但对人们认识宏观经济问题，实现经济稳定仍然是有意义的。应该承认，总需求在短期内对宏观经济状况的确有重要影响。我国政府近年来一直重视增加内需已说明需求成为经济稳定的一个重要因素。

内需，即内部需求，包括投资需求和消费需求两个方面。一般把对外国的出口看作外需，内需就是相对的国内的需求。包括国内消费需求和国内投资需求。经济增长有"三驾马车"，即扩大国内投资，刺激国内消费和扩大外贸出口。扩大内需主要是通过扩大国内投资需求和国内消费需求来带动国民经济的增长。

但如何增加内需呢？消费函数理论说明了消费的稳定性，它告诉人们，短期内要刺激消费是困难的。但长期而言，一国经济的可持续发展必须要依靠消费来拉动。拉美国家的贫穷与美国的富裕恰好说明了这一点。拉美国家的贫穷在于它没有形成良好的财富再生体制，即缺乏一种财富积累上的可持续发展能力。

接下来通过两个通俗的例子进行探讨。

（1）假设在一个地方发现了金矿，来了一个人投资建了一个矿场，雇100名工人为他淘金，每年获利1000万元，矿主把其中的50%作为工人工资发下去，每名工人每年收入5万元，他们拿1万元来租房子，剩下的4万元可以用来结婚生子，矿主手里还有500万元，可以进行投资。因为工人手里有钱，要安家落户，所以，对房子的需求出现了。于是，矿主用手里的钱盖房子，租给工人或者卖给工人。工人要吃要喝，所以，矿主开饭店，把工人手里的钱再赚回来。开饭店又要雇工人，于是工人的妻子有了就业机会，也有了收入。一个家庭的消费需求就更大了。这样，几年之后，在这个地方出现了100个家庭。孩子要读书，有了教育的需求，于是有人来办学校，工人要消费，要娱乐，于是有了商店，有了电影院，这样，50年以后，当这个地方的金矿快被挖光了的时候，这里已经成了一个10万人左右的繁荣城市。

（2）假设同样在一个地方发现了金矿，同样有人投资建了一个矿场，同样雇100名工人，同样每年获利1000万元，但是矿主把其中10%作为工人工资发下去，每名工人每年收入1万元。这些钱只够工人勉强填饱肚子，没有钱租房子，没有钱结婚生子，只能住窝棚。矿主每年赚900万元，但是看一看满眼都是穷人，在本地再投资什么都不会有需求。于是，他把钱转到国外，因为在本地根本就不安全，他盖几座豪华别墅，雇几名工人当保镖，工人没有前途，除了拼命工作糊口，根本没有别的需求。50年以后，这个地方除了豪华别墅，依然没有别的产业。等到矿挖完了，矿主带着巨款走了，工人要么流亡，要么穷困潦倒。

这两个很简单的例子，其实就是美国和拉美国家不同的发展轨迹。也许今天美国人应该说，感谢华盛顿，他为美国缔造了最现代、最科学的政治体制，感谢亨利·福特，他一手缔造了美国的中产阶级。而拉美国家的人就没有那么幸运了，他们的大独裁者创造了掠夺性的经济体制，以一种豪强的姿态疯狂瓜分着社会财富，从而使整个经济虚脱，再也无力发展。

这里有必要再提一下亨利·福特。古今中外所有的商业人物中，亨利·福特对社会经济的影响无人能出其右。正是他用他的T型车一手缔造了最初的中产阶级，并将美国社会第一个引入了现代社会（欧洲在这一点上，比美国晚了几十年）。亨利·福特说我要让我的工人能买得起我的T型车，于是他给工人发高工资，他还创造了流水线的生产方式，使汽车制造成本大幅降低，福特汽车公司一跃成为当时世界最大的汽车公司。有了钱的工人可以买汽车，可以买房子，可以进行其他的消费，于是中产阶级诞生了。20世纪初期美国中产阶级的诞生好比发现了另外一个"金矿"，因为迅速成长的中产阶级带动了巨大的需求，支撑起庞大的国内市场，继续拉动经济高速增长。

以上两个例子可以看出，短期内拉动内需的重点在于拉动投资，同时要注意以下问题。第一，要区分投资与消费的差别。例如，人们一直把居民购买住房作为消费，这是一个误区。按照经济学的观点，居民住房是一种投资，所以要用刺激投资的办法拉动这项投资。第二，在我国经济中，私人经济已经有了长足的发展，成为经济的半壁江山。投资中的企业固定投资应该是以私人企业投资为主。这就要为私人企业投资创造更为宽松的环境。

案例分析

总需求由消费、投资、政府支出和净出口构成，在其中消费占的比例最大，由于每个人或每个家庭的常规消费是既定的，所以消费是非常稳定的，每一年的消费水平变化非常小；投资仅次于消费，但投资不稳定，经济繁荣时投资增加，萧条时投资减少；政府支出是可以控制的，在经济繁荣时采取紧缩性的财政政策，经济繁荣时采取扩张性的财政政策。净出口受制于国外居民收入及消费水平的变化，也是一个不稳定的量，一个国家一般追求的是国际收支平衡即出口等于进口。

扩大内需，就是要通过发行国债等积极财政货币政策，来启动投资市场，通过信贷等经济杠杆，来启动消费市场，以拉动经济增长。扩大内需强调的是消费层面的范围，而拉动内需指的是中央采取的政策和手段。前者主要是强调范围，后者主要强调程度。目前来看，我国的政策包括财政和货币两种政策工具的使用，具体行为包括降低利率、提高工资水平等，使消费的意愿和能力提高。另外，还有实行黄金周制度等也可以看作有拉动内需的目的。在世界经济全球化程度加深，国际市场风险加剧，贸易保护主义阴影挥之不去的大背景下，扩大内需显得十分必要。

案例讨论

（1）拉动内需的重点是消费还是投资？
（2）联系实际说明制约目前投资需求的主要障碍。

第十二章 国民收入决定：IS–LM 模型

【案例12-1】政府应对 2008 年金融危机采取的救市政策效果分析

案例适用知识点

IS–LM 模型与宏观经济政策

案例来源

顾晓莲. 基于 IS–LM 模型的当前救市政策效果分析. 经济问题，2009（5）：114–116.

案例内容

2008 年 9 月下旬以来，国际金融危机已经严重冲击我国实体经济，特别是出口行业，不少企业经营遇到前所未有的困难。据国家统计局 2009 年 2 月初公布的数据显示，2008 年我国外贸出口额为 14 285 亿美元，名义增长 17.2%，扣除出口价格上涨因素后，出口数量实际增长 7%左右，不仅名义增幅较上年同期回落 8.5 个百分点，而且实际出口额增幅约降低 12 个百分点。2008 年我国现价计算的 GDP 总量为 300 670 亿元，按不变价计算的增长率为 9.0%。其中，一季度增长 10.6%，二季度增长 10.1%，三季度增长 9.0%，四季度增长 6.8%。经济增长速度呈现逐季加速回落之势，年度经济增长速度回落 4 个百分点。

在国内经济陷入周期性调整、外需持续减弱的背景下，党中央、国务院审时度势，从 2008 年 11 月份开始实施"双管齐下"的救市政策：积极的财政政策和适度宽松的货币政策组合，出台了立足于扩大内需促进经济增长的一系列的政策措施，包括 4 万亿元投资拉动内需的十项财政措施，建设了一大批公共基础设施项目，如西气东输项目、民用机场项目、核电站项目、大江大河修复项目等。同时出台连续大幅度下调利率和税率的货币政策。此举，在国内外引起了强烈反响。

那么，政府的救市政策是否达到预期效果呢？要回答这个问题，必须用 IS–LM 模型进行分析。

案例分析

IS 曲线是商品市场均衡曲线，反映商品市场均衡时利率（r）与国民收入（y）的关系，曲线方程为：

$$r=(a+e)/[d-(1-b)y/d]$$

其斜率为：

$$(1-b)/d$$

其中：b 为边际消费倾向，d 为投资的利率弹性系数。

LM 曲线用来描述货币市场达到均衡时利率（r）和国民收入（y）的组合关系，曲线方程为

$$r=ky/(h-m/h)$$

其斜率为：

$$k/h$$

其中：k 为货币需求的收入弹性系数，h 为货币需求的利率弹性系数。

将 IS 曲线方程和 LM 曲线方程联立，就得到一个关于商品市场和货币市场共同均衡的一般均衡模型，两方程联立可求得未知数（r，y）的解，此时的 r 就是均衡利率，y 就是均衡的国民收入。若政府的宏观经济政策发生变化，则 IS–LM 模型的一般均衡也会发生变化。

影响 IS–LM 模型的宏观经济政策主要是财政政策和货币政策，其中财政政策的变化主要影响 IS 曲线，货币政策的变化主要影响 LM 曲线。至于具体政策效果会如何，需要结合两种曲线的斜率情况进行分析。

IS 曲线斜率如何影响财政政策效应呢？西方经济学认为，利率变动引起投资和收入变动，利率变动对投资和收入影响有多大，即利率一定程度变动引起多大程度国民收入变动，取决于 IS 曲线和 LM 曲线的斜率。IS 曲线的斜率为(1−b)/d，其大小取决于边际消费倾向 b 及投资对利率的敏感程度 d。b 值和 d 值都与 IS 曲线斜率反方向变化。IS 曲线斜率越小，曲线越平坦，表示投资对利率反应敏感，因而利率上升使私人投资减少甚多，即挤出效应大，政策效应小。反之则挤出效应小，政策效应大。

LM 曲线如何影响货币政策效应呢？西方经济学认为，当货币市场均衡时，利率与国民收入同方向变化，那么，利率变化对国民收入变化影响有多大，取决于 LM 曲线的斜率。LM 斜率越小，曲线越平坦，说明货币需求对利率反应越敏感，货币需求较小变动引起利率较大变动，因而政府支出增加引起货币需求增加时，只引起利率较小幅度上升，因此私人投资挤出效应小，国民收入增加就较大，政策效应比较大，反之，则挤出效应大，政策效应小。

当前，我国的 IS–LM 模型有如下特征。

第一，边际消费倾向严重偏低。由于住房支出、教育支出占家庭支出比例太大，我国的社会保障体系不够完善及传统的勤俭节约观念等因素的制约，我国居民当前的边际消费倾向严重偏低，大致为 0.3，只相当于英美国家一半的水平。

第二，投资对利率的变化很不敏感。由于我国银行利率仍未实现市场化，企业对资金的供求不能影响利率高低，利率的高低也不能直接调整企业对资金的需求。加之我国现行的银行信贷资金管理体制，信贷资金的去向在很大程度上受政府的主导。这些因素弱化了利率政策的传导作用，导致当前我国投资对利率的变化很不敏感。

第三，货币需求收入弹性较高而货币需求利率弹性偏低。在我国的狭义货币需求中，交易需求占了很大比例，老百姓因交易动机和谨慎动机而产生了大量的货币需求，而且这部分需求主要受国民收入影响。据有关专家测算，当前我国货币需求的收入弹性大致为 1.2。

预防性货币需求对利率基本是无弹性的，在我国，这一部分货币需求表现为对医疗、养老保障、子女教育的预期等，这一部分需求不会因为利率的一般变动而改变。而投机性货币

需求，因为我国居民虽已经具备了一定的投资意识，但是能用于投资的资金有限，能投资的渠道也比较局限。据有关专家测算，当前，我国货币投机需求的利率弹性大致为-0.2。

我国 IS-LM 模型形状陡峭会引起政府出台的救市政策效果被弱化，需要配合使用其他宏观经济政策。

第一，财政政策和货币政策都会遭遇政策时滞，对财政政策而言是各级政府行政效率偏低的内部时滞，对货币政策而言则是企业和家庭对低利率做出反应的外部时滞。

第二，陡峭的 IS 曲线和 LM 曲线，将弱化财政政策和货币政策的效果，从而使政府救市政策在短期难以取得明显的效果。要取得理想的效果，必须要与其他宏观经济政策配合使用，例如，实现经济增长方式由粗放型到集约型的转变，促进产业结构由低层次重复建设到优化升级，以及保障就业、控制失业、鼓励创业的就业援助政策等。

第三，扩张的政策受制于偏低的边际消费倾向，因此要尽力提高居民边际消费倾向。由前面的分析可知，导致当前我国 IS 曲线和 LM 曲线形状都较为陡峭的原因是偏低的居民边际消费倾向。因而，国家要千方百计提高居民边际消费倾向，包括提高居民人均收入水平和缩小居民收入分配差距，完善包括住房、教育、医疗、养老在内的社会保障体系等。

案例讨论

（1）你认为我国 LS-LM 模型的特征及其成因是什么？

（2）我国 IS-LM 模型特征如何影响政府宏观经济政策效果？

【案例12-2】如何看待2008年金融危机下我国央行连续降准降息

案例适用知识点

利率变动对均衡国民收入的影响

案例来源

刘培培，张淑芳. 金融危机下连续降息的经济学分析. 消费导刊，2009（16）：58-59.

案例内容

在美国金融危机蔓延的背景下，全球经济增长明显放缓，国际金融市场动荡加剧，国际经济环境中不确定、不稳定因素增多。各国央行相继采取了降低利息等诸多举措提高市场流动性予以应对，多渠道向市场注入流动性，通过多种方式救助问题金融机构，还推出大规模经济刺激计划。2008年9月份以后，国际金融危机急剧恶化对我国经济的冲击明显加大，我国央行也连续5次下调人民币存贷款基准利率，4次下调人民币存款准备金率。

从2008年9月16日起，我国央行下调一年期人民币贷款基准利率0.27个百分点。其他期限档次人民币贷款基准利率按照短期多调、长期少调的原则进行相应调整，人民币存款基准利率保持不变。

从2008年9月25日起，除工商银行、农业银行、中国银行、建设银行、交通银行、邮政储蓄银行暂不下调外，其他存款类金融机构人民币存款准备金率下调1个百分点，汶川地震重灾区地方法人金融机构人民币存款准备金率下调2个百分点。

2008年10月8日，央行宣布，从10月9日起下调一年期人民币存贷款基准利率各0.27个百分点，其他期限档次人民币存贷款基准利率进行相应调整。从10月15日起下调存款类金融机构人民币存款准备金率0.5个百分点，这是央行近9年来首次下调所有存款类金融机构人民币存款准备金率。

2008年10月29日央行决定，从2008年10月30日起下调金融机构人民币存贷款基准利率，一年期人民币存款基准利率由现行的3.87%下调至3.60%，下调0.27个百分点；一年期人民币贷款基准利率由现行的6.93%下调至6.66%，下调0.27个百分点；其他各档次人民币存贷款基准利率相应调整。个人住房公积金贷款利率保持不变。

2008年11月26日央行宣布，将再次下调金融机构一年期人民币存贷款基准利率和金融机构人民币存款准备金率。从2008年11月27日起，下调金融机构一年期人民币存贷款基准利率各1.08个百分点，其他期限档次人民币存贷款基准利率进行相应调整。同时，下调中央银行再贷款、再贴现等利率。央行同时还宣布，从2008年12月5日起，下调工商银行、农业银行、中国银行、建设银行、交通银行、邮政储蓄银行等大型存款类金融机构人民币存款准备金率1个百分点，下调中小型存款类金融机构人民币存款准备金率2个百分点。同时，继续对汶川地震灾区和农村金融机构执行优惠的人民币存款准备金率。

距离上次重度下调人民币存贷款基准利率和人民币存款准备金率"双率"不足一个月之际，央行12月22日宣布，决定再度下调"双率"，以进一步落实适度宽松的货币政策。

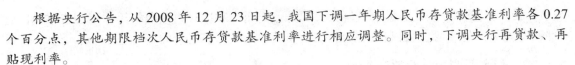

根据央行公告，从 2008 年 12 月 23 日起，我国下调一年期人民币存贷款基准利率各 0.27 个百分点，其他期限档次人民币存贷款基准利率进行相应调整。同时，下调央行再贷款、再贴现利率。

此外，从 2008 年 12 月 25 日起，我国还将下调金融机构人民币存款准备金率 0.5 个百分点。

案例分析

按照西方经济学关于利率、投资与国民收入关系理论，利率下降对宏观经济的影响是双重的，既有正面效应，也有负面效应。

一、利率下调的正面效应

根据凯恩斯理论，利率的降低会影响人们的投资决策、消费决策、储蓄决策，会导致货币供应量的增加，这些变化最终会影响 GDP 的变动，促进经济增长。

（一）利率下调对投资的影响

利率是影响投资的重要因素。许多国家的货币当局都把利率作为调控投资的重要手段。由于利率是企业投资的重要成本因素，所以应该说无论何时利率对投资的增长都是起反向作用的。因为利率上升导致投资的机会成本增加，必然使那些收益较低的投资退出投资领域；相反利率下调，则意味着投资成本下降，从而刺激投资，使社会总投资增加。

在开放型经济大背景下，受国际金融危机影响，企业的经营状况与企业业务的外向程度密切相关，对出口依赖程度相对较高的东部地区企业、民营企业所受影响首当其冲，尤其是中小企业面临的困难相对较多。而央行此次的连续降低人民币存贷款基准利率将大大降低企业的投资成本，对缓解中小企业经营压力尤其是融资压力的作用不言而喻，同时也给企业带来了投资信心，这无疑给受金融危机影响的企业带来福音。

（二）利率下调对储蓄的影响

一般来讲，储蓄与利率水平正相关。即利率水平上升，储蓄增长；利率水平下降，储蓄下降。因为在一个国家宏观经济稳定的情况下，利率的上升确实能够增加人们的收益，在趋利动机下人们是愿意增加储蓄的；相反，若利率下降，储蓄的收益减少，消费的机会成本下降，或者说人们会认为无利可生，从而刺激人们减少储蓄和增加消费，并以此促进社会再生产的增加。利率下调以来，人们用于住房、私人汽车、家电等的消费大幅增加。而在证券市场上，利率下调，无疑会使人们对股票、债券、基金等金融产品更感兴趣，这其中的主要部分都是从居民储蓄存款分流出来的，流入了股票一级市场，用于申购新股，其次也有部分将会注入二级市场，进行股票的买卖。以上几方面实际上都间接增加了人们的消费，扩大了内需，缓解和减轻了通货紧缩的局面。因此，利率下调在扩大内需、拉动国民经济增长方面还是会起到一定的积极作用。

（三）利率下调对经济增长的影响

根据凯恩斯理论，利率下调会影响人们的投资决策、消费决策、储蓄决策，由于投资与消费需求是社会总需求的主要组成部分，二者增加，使社会总需求增加，而总需求的增加会有效地增加产出，促进经济增长。面对金融危机，我国经济增长放缓趋势也是非常明显的。央行的连续利率下调有助于拉动内需，刺激经济的增长。一方面利率下调减弱了居民储蓄倾向而加强了消费倾向，增加了居民对消费的需求，另一方面利率下调也增加了居民和企业的投资。此外，利率下调还有助于减轻人民币升值的压力和减轻财政负担等作用。应该说，此阶段利率下调将会对我国宏观经济起到推动作用，这是不容置疑的。

二、利率下调的负面效应

（一）利率下调可能难以刺激消费需求

利率下调是有风险的，利率下调的预期目标是要扩大内需、刺激消费，但结果可能会是进一步抑制消费。原因在于，当人们对未来收入预期持悲观态度时，存款利率下降，利息收入降低，可能会进一步加重人们的悲观心理，从而进一步抑制消费。我国在 1996—2001 年的连续 8 次下调人民币存贷款基准利率，但其对刺激消费扩大内需的作用微乎其微，这就是一个活生生的例子。那么这就需要政府在利率下调的同时，实行一系列促进措施，包括更好地运用国债、基金等金融工具，增加居民的收入，特别是低收入人群的收入等。

（二）利率下调可能难以拉动投资需求

虽然通过利率下调可以降低企业的融资成本，减轻其资金匮乏的问题，但在金融危机下的困难企业，其面临的困难主要是全球范围内经济的不景气带来的全球消费萎缩、全球金融业的动荡及流动性收缩造成的企业资金的难以回收，美元的长期疲软也在一定程度上降低了企业出口产品在价格上的竞争力，而这些问题单单靠利率下调是不可能解决的。

（三）利率下调可能导致通货膨胀

利率下调在促进社会总需求增加的同时，将会刺激物价水平的缓慢回升，由于货币扩张的滞后效应，通货膨胀的能量有可能将在数月后逐渐释放出来。因此，在连续利率下调的前提下，实现物价指数的控制绝非易事。在宏观经济的决策中人们还特别要提防"泡沫经济"再次产生，始终保持国民经济平稳、健康、持续的发展。

（四）利率下调可能给银行带来运作负担

利率下调将给银行等金融机构的运作带来更多的困难。例如，利率下调使得存贷利差缩小，这将直接影响银行的利润，因为存贷利差是银行利润的主要来源之一。又如，存款利率的下调，使商业银行存款的难度加大，而贷款利率的下调又刺激了企业对银行贷款的需求。因此，在全球金融危机笼罩之下的金融机构，如果利率下调幅度不当，将进一步增加这些机构的运作难度，甚至可能引起其他问题的发生。

三、结论

第一，建议利率政策的运用重点要从降低利率总水平转向利率的结构水平调整，如下调央行基准利率，提高金融机构的利率浮动幅度等相关的放松管制。因为全面利率下调并不有利于体现资源的合理配置和效率的提高，央行从 1996 年开始连续 7 次的利率下调效果之所以不明显，不在于利率下调的幅度不够大、下降面不够广，而是在于利率结构上做的文章比较少。

第二，避免被动调整利率政策。由于货币政策有较长的时滞，利率政策要发挥良好的作用应使利率反周期运动，即经济处于高涨时，国家应先期提高利率，防止破坏性的通货膨胀；经济处于低潮时，应前瞻性地适时降低利率，防止衰退性的"通货萎缩"。在我国的利率实践中，大多数情况下利率政策是顺周期的、滞后的。利率政策滞后，则会被动地适应经济状况，不能发挥利率对经济的导向作用。在运行中又遇到多重的制约因素，使利率的刺激效应遭到多重的抑制。因此，毫无疑问，短期刺激需求的作用大大降低了。

第三，我国企业在面对金融危机时除了把握利率下调带来的投资成本降低的机会外还应积极采取以下措施：

① 出口企业应积极实施市场多元化。虽然此次次贷危机已演化成全球性的金融危机，而且美国经济的放慢会拖累其他经济体的经济增长，但是中国企业通过实施市场多元化，仍有可能扩大出口。

② 以内需市场为导向，主动升级转型。由于中国的金融体系与外部基本上隔离，中国经济长期保持健康增长，虽然出现了下行趋势，但增长速度仍将高于其他国家和地区。

第四，对于中小企业而言，此次利率下调针对中小金融机构释放流动性，但这并不意味着中小企业的经营环境与扩张信心能够得到实质性的改变。贷款利率根据期限进行的差异性调整，对于短期缺少流动性资金的企业有利，但是对于长期资金的需求者并无更多帮助。因此，保增长需要更大力度的组合型政策的出台，才能对企业的信心起到根本的支撑作用。

案例讨论

（1）你认为央行的货币政策效用受哪些因素影响？

（2）你认为2008年金融危机后我国政府实施的扩张性货币政策带来了哪些负面效应？

（图片来源：百度图片）

【案例 12-3】中国是否陷入流动性陷阱

案例适用知识点

LM 曲线形状、均衡理论与国民收入

案例来源

沈健光. 流动性陷阱前兆？中国和当初的日本有八大相似之处. http://mt.sohu.com/20160802/n462203459.shtml.

案例内容

根据凯恩斯的货币与经济增长原理，一个国家的中央银行可以通过增加货币供应量来改变利率。当货币供应量增加时（假定货币需求不变），资金的价格即利率就必然会下降，而利率下降可以刺激出口、国内投资和消费，由此带动整个经济的增长。但是当利率低到一定程度时，整个经济中所有的人都预期利率将上升，从而所有的人都希望持有货币而不愿持有债券，投机动机的货币需求将趋于无穷大，若央行继续增加货币供应量，将如数被人们无穷大的投机动机的货币需求所吸收，从而利率不再下降，这种极端情况即所谓的流动性陷阱。

日本是首个陷入流动性陷阱和长期通缩的主要工业国家。20 世纪 90 年代日本经济泡沫破灭后，日本央行曾持续降低利率以期提振经济，不仅无效，反而将日本带入了流动性陷阱之中，物价进入通货紧缩状态，经济陷入近三十年的最低迷状态，失业率持续上升。中国是否会陷入流动性陷阱？

对比当前中国与日本经济泡沫破灭之前的情况，笔者认为有八大相似之处，足以引起警惕。

相似点一：大量"僵尸企业"占据社会资源。20 世纪 80 年代的日本，设备投资增长迅速，除 1983 年为负值以外，其余都为正值，并且从 1988 年开始，由于受扩张性货币政策的影响，在低利率的刺激下，日本的设备投资增长率都超过 15%。同时，日本工矿业生产率并没有显著增加，部分设备闲置和产能过剩现象加剧，为经济停滞留下隐患。目前，中国很多行业都面临显著的产能过剩，大量"僵尸企业"与产能过剩是中国产业发展的"痼疾"。

相似点二：货币异常宽松。日本经济泡沫时期显著的特点是相当大的货币供应量和信贷扩张。从 M2（广义货币）占 GDP 比例来看，日本 1980 年该比例为 140%左右，而到 1991 年经济泡沫爆发前增加到近 190%，大量货币投放，造成了当时的流动性过剩。反观中国，金融危机以后，中国通过"四万亿"经济刺激计划带动大量项目推进，配套资金大规模下发，带动了银行信贷屡创新高。截至 2016 年 6 月末，中国的 M2 余额已经达到 149 万亿元，M2 占 GDP 比例达到 220%，创下全球新高。

相似点三：经济增速持续下行。20 世纪 90 年代之前，日本经济一直保持较高增速。1950—1970 年经济起飞阶段，日本经济年均增速超过 10%；1970—1980 年日本经济增速高达 7%，20 世纪 80 年代中后期，日本经济如同吹起的肥皂泡，表象极度繁荣。但 1991 年春天，伴随着经济泡沫的破灭，日本经济沉沦，至今已经经历了两个失落的 10 年。对比中国，在改革开放与加入 WTO 等利好之下，中国经济增速多年保持较快增长。但如今由于人口、环境、资源等束缚，中国经济潜在增速有所下降，经济增速换挡期、结构调整阵痛期、前期刺激政策消化期三期叠加，使得中国经济传统增长方式受到挑战。

相似点四：股市表现低迷。日本经济泡沫时期，地价、股价疯狂联动，资产价格循环上涨：1989 年 12 月 29 日，日经指数最高达到 38 915 点，此后经济泡沫破灭，开始下跌，到 1992 年 8 月跌至 14 309 点。对比中国，2015 年资本市场曾一度在改革预期、流动性驱使，以及股市加杠杆等因素的推动下快速上涨，但截至 2016 年 6 月，股市出现暴跌，2015 年下半年两度暴跌更让居民财富损失严重。直至今日，由于国内经济基本面与企业盈利情况难尽人意，A 股市场仍维持在 3 000 点左右的水平，比去年高点跌了四成多。

相似点五：出口困境。从 1981 年开始，日本以出口拉动 GDP 大幅增长，对 GDP 贡献达到 23%左右，日本贸易顺差高启，出口依赖成为日本 20 世纪 80 年代的经济发展战略。但是由于当时美国正面临着贸易赤字和财政赤字的双重困扰，美国政府试图运用的综合贸易及竞争法案干预外汇市场，促使当时世界第二大经济体的日本货币升值，广场协议以后的 3 年内，日元升值 50%以上。反观中国，金融危机之后，中国出口需求疲软，而前期美元走强，人民币相对美元、欧元、日元、澳元等一揽子货币升值，使出口企业陷入困境。

相似点六：房地产泡沫积聚。20 世纪 80 年代的日本土地投机热潮高涨，房价节节攀升。日本经济泡沫破灭前，日本政府并没有采取有效的措施约束金融部门过度涉及房地产市场，房地产泡沫破灭。而当前中国同样面临房地产价格过快上涨的态势。2015 年伴随着房地产政策的调整，一、二线城市房价快速增长，全国 205 宗 10 亿元的"地王"主要集中在一、二线城市，经济泡沫程度增加。同时，三、四线仍然库存压力较大，通过支持农民进城购房的去库存措施效果尚不明显。

相似点七：物价持续下行。与日本经济泡沫破灭后长期通缩相比，中国的情况虽然尚未如此糟糕，但也足以引起警惕。由于经济疲软，导致我国通胀回落，2016 年上半年我国 CPI 同比上涨 1.9%，回落至 2 以下。2016 年 6 月 PPI 同比跌幅进一步收窄至 2.6%，环比转跌，PPI 持续负增速已经高达 52 个月，为史上最长。而从 2015 年 GDP 缩减指数为负的情况来看，当前中国也面临通缩困境。

相似点八：银行业不良贷款上升。造成日本经济困境，还有一个关键因素是日本的"僵尸银行"，这些银行在技术上资不抵债，但在政府支持下仍能继续经营。由于政府的明确或隐含的担保纾困，"僵尸银行"不仅占有资源，并且错过了重振日本经济的宝贵时间，所以这些银行未对经济增长发挥作用。

对比之下，中国银行业虽然还算稳健，但不良贷款激增的局面足以引起重视。来自银监会的数据显示，截至 2016 年 6 月末，商业银行不良贷款率为 1.81%，相较于一季度末的 1.75%继续攀升。如果经济继续恶化，土地价值下降（往往作为地方政府融资平台贷款的抵押），银行贷款质量将迅速下降，所以这一风险需要防范。

总之，当前中国经济与 20 世纪 80 年代的日本经济存在一定相似度，随着流动性过剩引起的经济增长放缓，出口企业运行困境，产能过剩，房地产泡沫加剧和银行不良贷款上升等现象，均应该引起足够的警惕。

案例分析

中国目前宏观经济状况与 20 世纪 80 年代的日本颇有相似之处。当前 M1（狭义货币）增速与经济增长背离，其背后原因是企业缺乏投资意愿，说明中国企业已陷入了某种形式、某种程度的流动性陷阱。

首先，中国货币政策有效性在递减。扩张的货币政策在我国已经持续一段时间，自 2014 年 11 月以来，央行先后六次降息、五次降准，并通过 PSL（抵押补充贷款）、MLF（中期贷款便利）、SLF（常备贷款便利）等定向操作向实体经济注入流动性。尽管货币政策保持宽松，但企业经济活动仍呈现疲软态势。一方面企业持币观望、谨慎投资的现象有所增加。这体现在 M1 增速持续提高，从 2015 年 3 月的 2.9%提高到 2016 年 6 月的 24.6%；M1 与 M2 增速的差距逐步扩大，M1 增速高于同期 M2 增速 12.8 个百分点。另一方面民间投资持续下滑，2016 年 6 月民间投资更是罕见转负，凸显企业对投资前景的悲观预期。一直以来，国有企业依赖市场的排他性和垄断，享受着优质资源和丰厚利润，但当前也存在以下现象导致流动性充裕并未形成有效投资，即国有企业相对获得贷款容易，却未进行投资反而将资金高价通过信托贷给资金困难的中小企业，削弱了中国经济活力。

其次，中国仍然存在贷款歧视、私营企业融资成本高的现象，使得民营企业面临资金困境。另外，根据央行对企业家的调研显示，当前企业家信心指数比 2008 年全球金融危机时期还要低迷，其直接影响就是民间投资大幅度下降。这与 2015 年以来两度人民币汇率大幅贬值，宏观政策信号不明确，国有企业改革举步维艰，对民间企业家私人产权保护不足等诸多因素有关。民间投资大幅下降直接导致经济活力下降。

但是，中国毕竟不是日本，中日经济又存在不同之处，包括中国经济增长、特别是城镇化发展潜力仍在，服务业和消费还有很大空间。虽然中国面临人口老龄化压力，但全面二孩政策及妇女劳动参与率高于日本等都是有利条件。因此，只要持续推动供给侧改革，中国能够避免重蹈日本的困境。

具体来看，中国经济增长潜力仍然存在。

一是 20 世纪 80 年代后期，日本人均收入水平已经相对较高，但中国目前人均收入水平仍然较低，经济增长的潜力还比较大。

二是在 20 世纪 60 年代末日本已经达到刘易斯拐点，其后的 20 年中，制造业工人平均月薪大幅提升，促进了消费提升。而中国刚刚经历刘易斯拐点，劳动力供不应求，未来低端群体收入提升有利于释放消费潜力。同时，中国沿海劳动力短缺也有助于促进中西部发展，并促进产业升级，特别是服务行业和高附加值制造业的发展。

三是中国当前城镇化率仍然低于日本当时水平。1985 年日本城市化率已达 76.7%。日本城市和农村差异较小，导致 1985—1987 年日元升值以来，日本传统产业向国外转移，国内"产业空心化"的现象严重。2015 年中国城市化率为 56.1%，中国城市化进程正处于加速阶段，有利于进一步释放内需。中国东西部之间的差距，也有助于未来东部制造业将越来越多的向西部转移，避免出现"产业空心化"的现象。

四是中国劳动力结构优于日本。日本是全世界老龄化程度最高的国家，65 岁以上老年人口占总人口的 1/4。中国虽然同样面临老龄化社会的挑战，但目前情况要好于日本，中国 65 岁以上人口占比接近 10%。而且伴随着全面放开二孩、延迟退休等政策的实施，劳动参与率有望进一步提升。更何况，相比于日本妇女劳动参与率低的局面，中国女性是就业大军中重要的支持力量。

综上所述，中国当前虽然面临不少挑战，但增长潜力仍要优于日本，如能通过加快供给侧改革，从化解过剩产能，处理"僵尸企业"，依靠市场力量促进国企、民企公平竞争，减少行政审批环节，推进城镇化战略，以及提高居民社会保障等方面着手加速改革，有望避免重蹈日本的覆辙。值得肯定的是，在经济增长基本稳定在预期 6.5%左右的基础上，2016 年 7 月 26 日的中央政治局会议加大了对结构性改革的部署。具体提出，"去产能"和"去杠杆"的关键是深化国有企业和金融部门的基础性改革，"去库存"和"补短板"的指向要同有序引导城镇化进程和农民工市民化有机结合起来。"降成本"的重点是增加劳动力市场灵活性、抑制经济泡沫和降低宏观税负。上述表述抓住了问题的关键，如果能在国企改革、财税改革、金融改革等方面有所突破，中国有望避免陷入日本式流动性陷阱，重拾经济增长动力。

📖 案例讨论

（1）根据中国的宏观经济状况，你认为中国是否陷入了流动性陷阱，为什么？

（2）我国政府应如何加强宏观经济管理以防止陷入流动性陷阱？

（图片来源：百度图片）

第十三章　财政政策和货币政策

【案例 13-1】金融政策支持实体经济发展

案例适用知识点

宏观经济政策、货币政策

案例来源

张志波. 为实体经济下一场"金融春雨". 文汇报, 2016-07-27.

案例内容

近年来, 我国金融业快速发展, 有力地支持和促进了实体经济的持续健康发展。随着中国经济进入新常态, 供给侧结构性改革加快推进, "三去一降一补"任务艰巨, 实体经济部门金融需求更加充分、多元。但是, 金融服务实体经济的效率仍然较低, 主要表现在三个方面: 直接融资发展不足, 金融服务创新不够, 金融监管机制不完善。

为了进一步深化金融改革和创新, 服务供给侧结构性改革大局, 就要建立直接融资和间接融资协同发展的综合金融格局, 充分发挥市场在配置金融资源方面的决定性作用, 为实体经济发展营造良好的金融环境。

1. 健全多层次资本市场体系

（1）进一步拓宽直接融资渠道, 实现金融资源的优化配置; 多渠道推进股权融资, 壮大主板市场, 发展中小板和创业板及区域性股权市场, 加大实体企业资产证券化推进力度。

（2）规范发展债券融资, 优化整合企业债券的审批、发行、监管体制, 降低企业债券市场进入门槛; 鼓励扩大发行债券的规模, 替代其他高成本融资方式; 支持企业发行公司信用类债券用于调整债务结构。

（3）平稳有序发展金融衍生产品, 有效运用现代融资租赁、私募股权基金、保险投资基金、知识产权质押抵押、农村产权抵押等方式, 创新金融资源配置方式, 充分发挥资本市场对发展实体经济的"孵化器+加速器"作用。

2. 稳步推进金融改革创新

（1）遵循市场化改革方向, 有序减少不必要的行政审批, 构建激励相容的体制机制, 支持和鼓励服务实体经济发展的金融创新。

（2）在风险可控前提下, 逐步放开金融市场各领域的准入限制, 持续扩大民间资本进入银行业的渠道, 积极稳妥推进民营银行常态化发展。

（3）允许民间资本设立金融资产管理公司, 积极参与不良资产市场化处置。

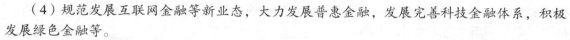

（4）规范发展互联网金融等新业态，大力发展普惠金融，发展完善科技金融体系，积极发展绿色金融等。

3. 建立健全金融监管体系

（1）"十三五"规划提出"改革并完善适应现代金融市场发展的金融监管框架"，因此金融监管体制改革迫在眉睫，金融分业监管要转向"目标导向"的综合监管。

（2）强化功能监管，针对形式不同、实质相同的金融创新，按照"实质重于形式"的原则，确定功能监管的监管主体，并明确统一的市场规则和秩序，强化跨市场、跨行业金融创新的监管，减少监管真空和监管套利。

（3）在中央层面，完善金融风险预警和防范机制，抓紧规范民间借贷市场，清理"僵尸企业"和"庞氏骗局"，降低社会融资成本和全社会负债率，严守不发生区域性和系统性风险的底线。

📖 案例分析

任何时候，实体经济都是一个国家实力的直接承担者。无论在哪个发展阶段，实体经济都是基础的基础。经济转型升级发展是一个系统过程，在新兴产业带动下，实体经济会有更深远的提升；离开了实体经济支撑，创新也成了无源之水，创意、研发的转化不是在空中楼阁中完成，必然首先要依附实体经济。

金融发展的根基是实体经济。当前我国经济运行虽然总体平稳，但实体经济面临不少挑战。由于金融扶持不够，实体经济特别是"小微企业"融资贵、融资难等问题长期未能得到有效解决，这凸显了当下提高金融服务实体经济水平、强健实体经济的紧迫性。做好当前经济工作，就必须把这种局面扭转过来，加大金融支持实体经济的力度，让金融更好地服务实体经济。

金融是现代经济的核心。分析起来，金融具有优化资产配置、强化风险管理、发现市场价格等功能，可以成为创新创业活动的发动机、产业升级的助推器、参与全球竞争与合作的黏合剂。但如果金融过度膨胀甚至脱离实体经济自我循环，就有可能产生泡沫，挤压实体经济发展空间，乃至引发危机。此次国际金融危机就是典型事例，其真正原因就是世界性的实体经济与金融投向的结构性失衡。

当前，我国金融业发展取得了显著成效，其与实体经济发展总体适应，但也存在不匹配和不协调的问题。虽然我国是世界上储蓄率最高的国家之一，资金供给比较充裕，但在微观上，一些银行机构只看眼前、不顾长远，仍在大肆拆入资金，借银行理财、信托投资的名义在金融圈里"空转"，大玩"钱生钱"的虚拟游戏，令原本流动性充裕的国内金融业深陷"缺钱"境地，更令很多实体经济严重"失血"。而实体经济经营困难，反过来又使金融部门不愿介入，由此形成恶性循环，对经济健康运行极为不利。因此，进一步完善金融市场，构建组织多元、服务高效、监管审慎、风险可控的金融体系，让金融更好地服务实体经济，具有战略意义。

让金融更好地服务实体经济，首先要从促进实体经济与虚拟经济协调发展和良性循环的要求出发，努力盘活货币信贷存量，用好增量，提高使用效率。在这一过程中，需要贯彻国家宏观调控政策、产业政策、区域经济政策等国家经济发展战略，真正解决金融当前时点突出服务什么样的实体经济问题。盘活的存量和增量贷款，要重点向在产业结构调整和转型升级中有重大影响和示范引导作用的行业倾斜，向化解过剩产能倾斜，向"小微企业"倾斜，向"三农"倾斜，向消费升级倾斜。

让金融更好地服务实体经济，还要深入研究和推动金融及相关领域改革。在现有体制下，我国金融领域还存在一些突出问题和潜在风险。例如，金融机构经营方式总体粗放，公司治理和风险管理仍存在不少问题，农村金融和中小金融机构发展相对滞后，金融监管能力有待提升等。针对上述问题，应加快推进金融体制改革。值得关注的是，金融机构贷款利率管制已经全面放开，金融机构与客户协商定价的空间进一步扩大，在客观上不仅有利于促进金融机构采取差异化的定价策略，降低企业融资成本，而且有利于金融机构不断转变经营模式，提升服务水平，更好地发挥金融支持实体经济的作用，更有力地支持经济结构调整和转型升级。下一步，要健全国有金融资产管理体制，继续改善金融机构的公司治理；清除不适应市场经济发展的各项金融管制，逐步放开金融市场的准入限制，加快利率市场化改革，推动信贷和保险市场的实质性竞争；完善金融宏观调控机制，更多采用市场化的货币政策工具，减少对金融机构和金融市场活动不当的行政干预；可考虑建立和完善金融安全网，加快存款保险制度的推出，建立和规范市场化退出机制。

与此同时，加强金融基础建设，优化金融服务实体经济的软环境也是题中应有之意。金融基础建设是金融正常运行、维护金融稳定、提供便捷高效金融服务的重要保障。金融基础建设主要包括法律法规、会计标准、征信体系、支付清算体系等。在当前的情况下，可根据金融发展规律和实际，针对当前金融投机和民间借贷无序发展等问题，进一步完善金融发展的制度框架和顶层设计；借鉴发达国家金融业的经验，积极建设金融机构总部和区域金融管理总部，进一步完善对商业银行、信托公司、保险公司等金融机构总部的管理和调控；加快制定存款保险、金融机构破产、信用评级及征信等方面的法律法规；制定规范和引导民间借贷、打击非法金融活动的法规和制度。加快社会信用体系建设，努力营造鼓励脚踏实地、勤劳创业、实业致富的社会氛围，为金融更好地服务实体经济创造良好社会环境。

📖 案例讨论

你认为国家应采取何种政策让金融更好地支持实体经济发展？

【案例13-2】运用宏观经济政策的"组合拳"，实现"三去一降一补"

案例适用知识点

宏观经济政策

案例来源

秋霞. 三去一补政策. 中国人才网.

案例内容

2015年中央经济工作会议提出，要促进经济运行稳中有进、稳中向好，明确了去产能、去库存、去杠杆、降成本、补短板五大重点任务。未来需要在财政、金融、投资、产业政策及深化改革等方面采取针对性举措，在"需求端管理"和"供给侧结构性改革"两方面双管齐下，很好地加以落实。

一、实施更有力度、重点突出的积极财政政策

鉴于经济下行压力较大和结构调整任务繁重，建议2016年实施更有力度的积极财政政策。2016年赤字率可扩大至3%左右，财政赤字达2.1万亿元左右。

从实施目标和领域来看，财政支出预算增长应加强结构性考虑，新增部分主要投向促转型、调结构重点支持的领域；加大财政赤字、财政支出与减税降费并举，尤其要减轻民营企业和"小微企业"负担。

一是促转型和调结构应成为财政支出扩大的重点。加大力度发挥财政补贴对消费的杠杆效应，促进消费结构升级和消费增长，推进地区间基本公共服务均等化，加大对战略性新兴产业的财政资金支持，助力"双创"企业和"小微企业"成长。

二是实施更有力的减税降费。在融资成本依然偏高和企业盈利能力下降的情况下，进一步降低税费成本应该成为减轻企业负担的重要手段。建议2016年我国结构性减税3 000亿元左右。进一步降低民营企业、"双创"企业、"小微企业"的增值税（营业税）、企业所得税等税负。通过税收引导战略性新兴产业、"制造业2025"加快发展，对于"互联网+"企业可加大税收扶持。在加大结构性减税力度的同时，还应规范涉企收费，进一步减轻企业费用负担。从需求侧来看，有必要推行结构性减税。个人所得税总额占比在结构优化中应适当下调，加大对中小企业、新兴产业的减税力度和行政收费减免力度。

三是深化改革，保障积极的财政政策更有力度。积极推进国有企业和国有银行股权结构改革，通过释放非金融类和金融类国有资本，每年增加财政可用资金可达1.5万亿元。国有企业和国有银行股权结构改革将提供充足的财政资金来源，而财政赤字扩大则可以创造减税空间；还应通过税制改革拓展中长期财政资金来源，通过推进财政体制改革来提升财政资金使用效率。

二、积极有序地推进去产能和去库存

前些年过量的经济刺激导致产能急剧扩张，目前外需疲弱、投资增速下行、工业通缩加剧等因素叠加，导致产能过剩问题非常严重，成为拖累经济增长的重要原因。未来应重视并加强顶层设计、总体安排：以市场化方式为主，因地制宜、分类有序处置过剩产能，同时配

合做好财税支持、不良资产处置、失业人员再就业等保障工作。应加大财政支持产能过剩治理的力度，有针对性地增加财政资金投放。

去库存主要是去除房地产库存，取消过时的限制性措施，促进房地产业兼并重组和提高产业集中度。在去产能和去库存过程中尽可能少破产清算，借力资本市场力量，加大金融业支持，更多采取兼并重组的形式。由于产能过剩和库存高是长期积累起来的，不能指望迅速出台政策后达到一蹴而就的效果，否则可能会带来一系列负面效应。去产能和去库存应该是一个既积极又稳妥的有序过程。

未来需要有效推动区域协同和城乡一体化发展，通过需求的持续增长促进去产能和去库存目标的实现。当前我国城镇化水平较低，未来发展空间巨大。目前城镇化正处于高速发展阶段，未来不但能够在户籍人口城镇化率提高的过程中加快房地产库存的消化，激发有效需求缓解去产能压力，而且可以为经济增长提供新的劳动力，缓解人口老龄化压力。在区域协同发展方面，围绕"一带一路""京津冀协同发展"和"长江经济带"三大战略基础，构建区域协调发展的新格局，依靠东部地区先行发展经验带动中西部地区经济发展。在城乡一体化发展方面，统筹空间、规模、产业三大结构，优化提升东部城市群，在中西部地区培育发展一批城市群、区域性中心城市和大量中小型城镇，让中西部地区在当地完成城镇化转型。

三、多方位、结构性降低企业经营成本

近年来降低企业经营成本的成效并不显著。与成熟经济体相比，我国企业经营成本明显偏高，尤其是民营和"小微企业"的相对成本更高。未来应打"组合拳"，全面降成本，措施可以涉及企业经营的方方面面。具体来说，可以包括以下方面。

一是通过转变政府职能、简政放权，持续降低制度性交易成本。

二是通过税制改革，进一步正税清费，降低企业税费负担。

三是通过精简归并"五险一金"，降低社会保险费。

四是通过创造利率市场化的融资环境，降低企业融资成本。

五是通过电价市场化改革，降低企业用电成本。

六是通过流通体制改革和基本设施建设，降低物流成本。

在多方位降低企业经营成本的同时，还应突出重点，加大民营和"小微企业"的降成本力度；应有针对性地改善其经营环境，降低各类经营成本和交易成本，促进大众创业、万众创新蓬勃开展。

四、积极稳妥地深化改革

加大重要领域和关键环节的改革力度，各类改革举措应加快出台。

在国有企业改革方面，以市场化原则为基础，构建更加完善的现代管理制度，组建和改组国有资本投资、运营公司；加快垄断行业改革，在保障产业安全的前提下，进一步向民企等多种所有制资本敞开大门；提高国有资产证券化率，稳健开展兼并重组，提升国有资本运行效率，稳步提高创新能力和国际竞争力。

在金融市场体制改革方面，加快构建多种所有制和多层次的金融体系，提升银行业、证券业、保险业等各类金融主体的金融创新力和市场竞争力，促进金融业持续、健康、安全发展。通过自贸区试点和离岸人民币清算中心建设，扩大资本项目可兑换、跨境投融资、人民币跨境使用等，以提升金融系统创新能力和竞争力，在风险可控的前提下，逐步提升对外开

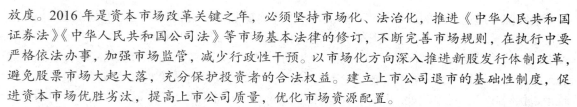

放度。2016 年是资本市场改革关键之年，必须坚持市场化、法治化，推进《中华人民共和国证券法》《中华人民共和国公司法》等市场基本法律的修订，不断完善市场规则，在执行中要严格依法办事，加强市场监管，减少行政性干预。以市场化方向深入推进新股发行体制改革，避免股票市场大起大落，充分保护投资者的合法权益。建立上市公司退市的基础性制度，促进资本市场优胜劣汰，提高上市公司质量，优化市场资源配置。

在财税体制改革方面，加快推进划分中央和地方事权及支出责任、完善地方税体系、减轻企业税务负担、增强地方发展能力等关键性问题。在养老保险制度改革方面，完善个人账户，坚持精算平衡，提高统筹层次。在医药卫生体制改革方面，从群众的切身利益出发，坚持"保基本、强基层、建机制"的原则，解决好群众看病难、看病贵的问题。

五、加大金融机构对去产能、去库存的支持力度

当下急需金融机构加大对去产能和去库存的支持力度，助推产业优化升级。金融机构应紧紧围绕去产能、去库存，调整经营策略，在信贷政策上积极支持产业结构调整。对过剩的、落后的产能严格限制信贷投放，严控信用风险，但不能盲目抽贷，要做好风险识别和客户分类；对行业内部区分创新能力强、转型效果好的企业，在风险可控的前提下，应适当加大金融支持，提供更好的金融服务。应配合房地产限制政策的进一步松动，加大按揭贷款的投放力度，促进房地产库存的消耗。主动支持一、二线城市开发商扩大投资，以增加供给，抑制房价进一步上涨。充分利用金融业专业性优势，促进过剩行业兼并重组，提升产业生产效率，扩大有效供给，增加产业效益，助推产业优化升级。

通过改革有效提升金融服务实体经济的效率，加大金融支持重点工程和重点领域的力度。我国整体基础设施水平还不足发达西方国家的 1/3，而我国中西部地区基础设施水平又不足东部地区的 1/3。基建投资项目、市政工程、棚户区改造、民生工程等国家重大项目仍是"稳增长"的重要内容，金融机构要加大相关领域支持力度，特别是为中西部地区建设发展提供充足的金融支持。新兴产业是中国未来发展的新源泉，要加大对服务业、现代物流业、现代装备制造业、战略性新兴产业等行业的金融支持。有必要加大对"小微企业""三农"领域等社会薄弱环节的扶持，加大力度支持大众创业、万众创新。

六、高度警惕并严密防范系统性金融风险

首先要有效化解地方政府债务风险，完善并加强全口径政府债务管理，继续采取地方政府存量债务置换、扩大地方政府债券发行体量等措施，逐步降低地方政府债务风险。

其次要加强全方位监管，规范各类金融风险，谨防不良率上升带来的违约风险激增，加强风险监测预警，遏制非法集资。目前应特别关注经济下行压力加大和改革步伐加快背景下的内外联动的系统性金融风险，采取针对性措施，协调监管部门行为，守住不发生系统性和区域性风险的底线。2016 年商业银行要把风险管理放在更加重要的位置，防范化解各类风险，杜绝系统性风险的发生。在全社会加大力度处置过剩产能的大背景下，银行业需要特别关注和高度警惕市场上涌动的逃废银行债务暗流，前瞻性地采取针对举措，有效防范此类风险。面对不良资产和不良率上升的压力，要持续深化改革、转型发展，围绕保持利润、稳健增长、资产质量基本稳定的目标，突出抓好风险管理、息差管理和成本管理等基础工作。

📖 案例分析

传统经济学相信市场机制本身可以解决一切问题。认为市场中发生的种种问题都是暂时性

的，最终都会通过价格的调整而获得解决，不至于影响长期社会福利。因此认为政府干预经济不仅是不必要的，更是一种会破坏市场机能的行为。然而20世纪30年代的经济萧条促成了宏观经济学的大发展，同时促进了宏观经济政策的研究和实施。政府为使宏观经济运行达到一定的效果，有意识地用来干预和影响经济运行的手段叫作宏观经济政策。宏观经济政策包括需求政策、供给政策、对外政策。其中需求政策包括财政政策与货币政策，财政政策工具包括财政税收政策和政府支出政策。货币政策工具包括公开市场业务、存款准备金和贴现政策等。财政政策和货币政策在短期内对刺激经济增长和缓解失业见效比较快，但是由于时滞、不确定性和挤出效应的影响，财政政策和货币政策都具有局限性，单一的财政政策或货币政策难以达到预期效果。这就需要根据不同时期的宏观经济目标采取不同的政策搭配，打好组合拳。

2016年是全面建成小康社会决胜阶段的开局之年，也是推进结构性改革的攻坚之年。中央经济工作会议明确了宏观经济政策的总体思路和取向，即"实行宏观政策要稳、产业政策要准、微观政策要活、改革政策要实、社会政策要托底"。实施好相互配合的五大政策支柱，关键是要打好政策的"组合拳"，在"三去一降一补"五大任务上下大功夫，取得实效。这五大任务，实质上是相互关联、相互牵掣，有着内在联系，是"牵一发而动全身"的问题。化解产能过剩（去产能）是今后一个时期的重要任务，近年来国内许多产业产能过剩，既有结构性原因，也有经济周期性原因和体制性原因。在因地制宜、分类处置的基础上，宏观政策与产业政策要积极引导，化"过剩产能"为"富余产能"，通过开辟中西部产业接续发展通道和国际产能合作积极疏解；也要把去企业库存与减低企业成本紧密结合，在财税政策和价格政策上切实减少企业负担，加快企业技术改造和设备更新步伐；在转化二、三线房地产库存上与推进新型城镇化和扩大公共服务社会化供给上紧密结合；在防范化解金融风险上，一方面要守住防风险底线，另一方面还要积极实施更加有针对性的结构性宽松货币政策，加快完善多层次资本市场和债券市场建设，等等。

案例讨论

（1）在经济下行压力加大，实体经济不振，金融风险加大等宏观经济形势面前，你认为如何运用好宏观经济政策？

（2）需求政策包括哪些内容，你认为财政政策和货币政策各自的优缺点是什么？

（图片来源：百度图片）

【案例 13-3】2008 年我国应对全球金融危机宏观经济政策反思

案例适用知识点

宏观经济政策

案例来源

刘伟. 我国应对金融危机的宏观经济政策演变及特点. 中央党校学报，2015（2）：5-14.

案例内容

2007 年 6 月源起美国，后席卷欧盟各国和日本，2008 年下半年冲击我国的全球金融危机，对世界经济格局产生了极为深刻的影响。为应对这场空前的金融危机，各国宏观经济调控方式和宏观经济政策都进行了相应的调整，产生了极为不同的效应。如何认识我国应对金融危机冲击的宏观经济政策的演变及特点？政策效应究竟如何，有必要进行系统反思以适应新常态下对宏观经济调控的新要求。

反思之一，我国应对金融危机的宏观经济政策调整是否及时？

从应对金融危机的宏观经济政策出台的时间上看，我国滞后于其他国家，进而在出台政策的力度上便显得更为强烈。

从时间上看，2007 年年中美国发生"次贷危机"，继而，在经济全球化的背景下，次贷危机通过"次级债"演化为全球金融危机，从 2007 年下半年起美国、欧盟各国、日本等推出了一系列应对金融危机的政策，像美国这种长期坚持贸易自由主义主张的国家也开始转向贸易保护，以支持本国企业应对金融危机冲击。而我国应对金融危机的政策调整是在 2008 年下半年，严格地说是在 2008 年第四季度。在 2008 年年初的政府工作报告中所通过的宏观经济政策基调是"双防"，一防经济过热，即防止经济从局部过热转变为全面过热；二防通货膨胀，即防止通胀由结构性通胀转变为总体性通胀。也就是说，在全球进入全面扩张应对危机政策轨道的同时，我国宏观经济政策导向是与之相反的，采取的是全面紧缩的政策倾向。到 2008 年年中，金融危机的冲击效应开始在我国经济中逐渐显现，出口受到冲击的同时，内需疲软迹象逐渐突出，我国"双防"的宏观从紧政策开始变化，调整为"一保一控一调"，即保增长、控物价、调结构，开始将保经济增长作为重要目标，但同时仍未放弃控通胀的目标，经济政策由从紧向扩张的转变仍有很大保留。直到 2008 年第四季度，宏观经济政策再度调整，演变为"一保一扩一调"，即保增长、扩内需、调结构，进入全面反危机政策轨道，宏观经济政策从此前的以"双防"为目标的从紧性的"积极的财政政策和稳健的货币政策"，转变为"更加积极的财政政策和适度扩张的货币政策"。

总之，从 2008 年年初开始，中国与全球反危机的步调出现了鲜明的反差和滞后，这种反差和滞后所产生的效应，集中表现在自 2008 年第一季度至 2009 年第一季度，中国经济增长速度连续 5 个季度直线下滑（从上年的 14.2%降至 10.6%、10.1%、9%、6.8%、6.2%），经济增长速度的持续下滑迫使宏观经济政策自 2008 年第四季度起从"双防"（防过热、防通胀）一下子转为"双扩"（扩张性财政政策和扩张性货币政策），财政政策与货币政策全面放松，直至 2010 年 10 月。宏观经济政策的快速转向虽然取得了应对金融危机冲击的显著效应，但也显得较为被动，国家为此所付出的成本也是高昂的，需要较长时期逐渐消化。

反思之二，应对金融危机冲击的宏观经济政策力度是否适度？

从 2008 年第四季度起，我国开始明确"一保一扩一调"，即保增长、扩内需、调结构的宏观政策目标，为实现这一目标，宏观经济政策转变为"更加积极的财政政策、适度宽松的货币政策"，2009 年推出所谓"4+10"的刺激措施，即通过财政政策扩张增加 4 万亿元投资支出（尽管其中有部分是原计划中已有的项目），通过货币政策刺激增加近 10 万亿元信贷支出，财政赤字 2009 年创纪录地达到 9 500 亿元，占 GDP 比例 2% 以上，货币供给增速达到 27% 以上，2010 年继续保持强刺激宏观政策态势，应当说取得了十分显著的反经济危机的增长效应。在 2008 年金融危机发生后的 5 年里，我国经济保持了强劲的增长势头，2008 年尽管年初至年末增速持续下滑，但全年仍平均增长 9%，2009 年在全球负增长的情况下，我国经济增长 8.7%，2010 年全球低迷，我国经济增长更是达到 10.2%，即使在 2010 年 10 月宣布退出全面扩张政策轨道之后的，2011 年经济增长仍达到 9.3%，与全球经济危机形成鲜明反差。

但是，强有力的扩张政策也付出了高昂的代价，集中体现在两方面。一方面，增大了通货膨胀的潜在压力，M2 存量大幅增加，占 GDP 比例严重超出合理范围，尽管由于市场需求疲软，增发货币形成现实的通货膨胀时滞期相应会延长，但滞存于流通中的大量货币总归会影响物价水平，形成潜在的需求拉上的通胀压力，特别是在国民经济发展进入上中等收入阶段后，各种生产要素价格大幅上升，学习和技术进步的成本大幅增加，整个国民经济生产总成本进入加速提升期，形成巨大的成本推动的通胀压力，这种需求拉上和成本推进共同作用，严重冲击国民经济均衡。另一方面，加剧了产能过剩的矛盾，增大了低水平扩张的经济"泡沫"，产能过剩矛盾已从工业消费品扩展到工业投资品，从传统产业蔓延到一些新兴产业，一些部门从产能相对过剩演变为绝对过剩，为危机冲击后的经济复苏和调整期的去产能过剩增加了困难。

案例分析

西方经济学认为，政府的宏观经济政策实行过程中会受到种种因素的制约，因而会有一定的局限性，这种局限性包括以下几个方面。

1. 时滞性

一项宏观经济政策的提出，从准确研判经济形势，提出政策建议并讨论，到做出决定加以实施，再到政策起作用，要有一个过程。例如，我国经济在金融危机发生之前的 2003—2007 年，年均增长率达到 11% 以上，2007 年当年更是达到 14.2% 的超高水平。从宏观调控目标来看，需要防止经济增长过快，特别是防止投资需求过度膨胀，同时为了应对较为严重的产能过剩，控制需求过热、经济泡沫化倾向，我国从宏观上提出 2008 年"防经济过热，防通货膨胀"的"双防"政策是有一定合理性的。但是，我国基于国内宏观经济形势研判而提出的紧缩政策由于时滞作用到 2008 年下半年才见效，这时候恰好国际金融危机的传导效应也体现了出来，导致宏观经济雪上加霜，出现了经济增长速度连续 5 个季度直线下滑。

2. 不确定性

由于私人投资和消费是分散进行的，人们对政府政策做何种反应取决于人们对经济的预期。在经济衰退时期，厂商对经济前景普遍悲观，即使央行松动银根，降低利率，投资者是否增加贷款从事投资活动也很难确定。此外，当人们对经济前景悲观时，政府减税 1 美元从而使人们可支配收入增加 1 美元时，人们是否一定按边际消费倾向增加消费也难以确定。金融危机过后，我国实体经济受到了巨大冲击，人们对投资实体经济普遍不乐观，扩张性货币政策投放的巨额资金并没有给实体经济助力，大多都涌向了房地产、银行、保险、证券等虚拟经济领域，导致经济泡沫风险加大。

因此，我国宏观经济政策必须做到"有度"，也就是说调控政策落地要做到灵活性和因地制宜。中国经济的庞大体量决定了市场主体状况的复杂性，很多时候"东边日出西边雨"，不同行业与不同地区对政策的"敏感性""耐受度"大不相同。因此，调控的"力"不能打折扣，调控的"度"却要讲策略。比如"去产能"过程中的职工安置分流，在沿海发达地区可能压力不大，而在"钢煤兴城"的地方职工安置分流渠道相对较窄，再就业压力较大。宏观调控是科学，也是艺术，艺术性正体现在因城施策、精准出击的"度"的权衡与拿捏上。

📖 案例讨论

（1）宏观经济政策效力受哪些因素影响？
（2）你认为如何才能增强宏观经济政策的效力？

第十四章 国民收入决定：
总供给-总需求模型

【案例14-1】如何理解中国经济供给侧结构性改革

案例适用知识点

宏观经济政策、总供给总需求理论

案例来源

龚雯，许志峰，王珂. 七问供给侧结构性改革：权威人士谈当前经济怎么看怎么干. 人民日报，2016-01-04.

案例内容

2015年年底召开的中央经济工作会议，对"十三五"开局之年的经济工作进行了全面部署，强调要着力推进供给侧结构性改革，推动经济持续健康发展。

一、如何正确理解"供给侧结构性改革"的政策含义

对于供给侧结构性改革，从国情出发，可以用"供给侧+结构性+改革"这样一个公式来理解，即从提高供给质量出发，用改革的办法推进结构调整，矫正要素配置扭曲，扩大有效供给，提高供给结构对需求变化的适应性和灵活性，提高全要素生产率，更好地满足广大人民群众的需要，促进经济社会持续健康发展。具体内涵包括两个方面。

第一，必须在适度扩大总需求和调整需求结构的同时，着力加强供给侧结构性改革，把改善供给结构作为主攻方向，实现由低水平供需平衡向高水平供需平衡跃升。当然，在推进供给侧结构性改革的过程中，需要营造稳定的宏观环境，在需求政策上，既不能搞强刺激，也要防止出现周期紧缩。

第二，供给侧结构性改革就是要充分发挥市场在资源配置中的决定性作用，通过进一步完善市场机制，矫正以前过多依靠行政配置资源带来的要素配置扭曲。为此，要调整各类扭曲的政策和制度安排，进一步激发市场主体活力，更好地发挥市场在资源配置中的决定性作用。

二、当前为什么要强调供给侧结构性改革

推进供给侧结构性改革，是大势所趋、形势使然。这是正确认识经济形势后，选择的经济治理药方。我国经济正从粗放向集约、从简单分工向复杂分工的高级形态演进，这是客观要求。不论人们主观上怎么想，都不能违背客观规律。粗放型经济发展方式曾经在我国发挥

了很大作用，但现在再按照过去那种粗放型发展方式来做，不仅国内条件不支持，国际条件也不支持，是不可持续的。不抓紧转变，总有一天会走进死胡同。这一点，一定要认识到位。要发挥我国经济巨大潜能和强大优势，必须加快转变经济发展方式，加快调整经济结构，加快培育形成新的增长动力。通过转变经济发展方式实现持续发展、更高水平发展，这是中等收入国家跨越"中等收入陷阱"必经的阶段。

推进供给侧结构性改革，是问题倒逼，是必经关口。处于转型期的中国，经济发展长期向好的基本面没有变，经济韧性好、潜力足、回旋余地大的基本特征没有变，经济持续增长的良好支撑基础和条件没有变，经济结构调整优化的前进态势没有变。但在前进的道路上，人们必须破除长期积累的一些结构性、体制性、素质性突出矛盾和问题。这些突出矛盾和问题近期主要表现为"四降一升"，即经济增速下降、工业品价格下降、实体企业盈利下降、财政收入增幅下降、经济风险发生概率上升。这些问题主要不是周期性的，而是结构性的。比如，如果产能过剩这个结构性矛盾得不到解决，工业品价格就会持续下降，企业效益就不可能提升，经济增长也就难以持续。目前，我国相当多的产能是在世界经济增长黄金期面向外需及国内高速增长阶段形成的，在应对国际金融危机冲击中一些产能又有所扩大，在国际市场增长放缓的情况下，仅仅依靠刺激国内需求难以解决产能过剩问题，这就相当于准备了两桌饭，就来了一桌客人，使劲吃也吃不完。这个问题不仅我国遇到了，其他国家也遇到了。认识供给侧结构性改革，说到底，就是要看到在当前全球经济和国内经济形势下，国民经济不可能通过短期刺激实现 V 形反弹，可能会经历一个 L 形增长阶段。致力于解决中长期经济问题，传统的凯恩斯主义药方有局限性，根本解决之道在于供给侧结构性改革，这是我国不得不采取的重大举措。

📖 案例分析

长期以来，我国宏观经济政策奉行的是凯恩斯主义。凯恩斯理论诞生于 20 世纪 30 年代大萧条时代，当时经济的主要矛盾是有效需求不足，因此，如何刺激消费和投资进而刺激有效需求就成为各个国家宏观经济政策的着力点。改革开放以来，特别是实行市场经济以来，我国的生产能力和经济效率得到了巨大释放，国民经济主要行业生产的产品都实现了供求平衡甚至供给过剩。有效需求不足特别是消费不足成为经济中的主要矛盾，宏观经济政策的重心放在需求侧管理，即实行积极的财政政策和稳健的货币政策以扩大内需和出口，进而保持国民经济快速发展成为国家宏观经济政策的基本方向。

进入 21 世纪，特别是 2008 年国际金融危机之后，国民经济长期积累的一些结构性、体制性、素质性矛盾和问题凸显出来。"投资出口占比太大，消费占比太小"的时代正在远去，而"供给跟不上需求""供需不匹配"正在成为经济增长的重要障碍，突出表现在钢铁、建材等行业产能过剩，房地产库存居高不下，实体经济回升乏力，金融行业高杠杆等问题。产能过剩已成为制约中国经济转型的一大包袱。产能过剩企业会占据大量资源，使得人力、资金、土地等成本居高不下，制约了新经济的发展。当前多个行业、多个地区的产能过剩正引起各方的担忧，可能引发通缩、失业、经济动力不足等一系列风险。

经济发展的动力在哪里？既来自供给，也来自需求，既来自生产，也来自消费。提高供给效率，降低供给成本，是经济发展的动力因素。扩大需求，提高有效需求水平，同样是经济发展的动力。供给与需求不可分割。没有有效供给，就没有有效需求。没有有效需求，也就没有有效供给。供给可以满足需求，也可以创造需求，供给引领需求潜力释放。在不同历史阶段，供需矛盾侧重点可能有所不同。创造需求强劲动力的是成功的供给创新。"十三五"期间国家提出了创新驱动战略。新产品赢得新需求，关键要为企业提供创新动力。创新驱动，从供给角度看，就是产品创新，服务创新，技术创新，制度创新。供给侧改革的实质是通过创新引导需求。

推进供给侧结构性改革，主要是抓好去产能、去库存、去杠杆、降成本、补短板"五大重点任务"。确保 2016 年过剩产能和房地产库存减少，企业成本上涨和工业品价格下跌势头得到遏制，有效供给能力有所提高，财政金融风险有所释放。

完成好"五大重点任务"要全面深化改革。"五大重点任务"的具体内容非常多，但病根都是体制问题。无论是处置"僵尸企业"、降低企业成本、化解房地产库存、提升有效供给还是防范和化解金融风险，解决的根本办法都得依靠改革创新。比如，降低企业制度性交易成本、减轻税费负担、降低资金成本，必须减少行政审批，改革财税、金融体制；扩大有效投资补短板，必须改革财税、金融、投融资体制，才能解决"钱从哪里来，投到哪里去"的问题。同时要看到，完成这些重点任务，本质上是一次重大的创新实践，只有进行顶层设计创新、体制机制创新，不失时机地进行技术创新，才可能有效推动这次重大的结构性改革。

案例讨论

（1）你认为目前我国宏观经济面临的突出矛盾有哪些？

（2）你认为我国总供给结构出现了什么问题？应采取何种经济政策加以应对？

（图片来源：百度图片）

【案例14–2】总供给–总需求分析框架下中国经济困局的破解

案例适用知识点

宏观经济政策、总供给总需求理论

案例来源

伍戈，刘琨．破解中国经济困局：基于总供给–总需求的分析框架．国际经济评论，2013（5）：40–54．

案例内容

经历了改革开放30多年持续高增长之后，目前中国经济似乎呈现出与以往宏观经济周期不尽相同的特征。除了对短期经济周期波动的关注外，各界已越来越多地开始担忧深层次及中长期问题，而这些深层次问题的解决与否也直接影响着宏观经济的短期增长。从国际层面来看，2008年全面爆发的国际金融危机及随之而来的欧债危机的影响仍未消除，国际金融危机前"大缓和"及全球失衡的增长模式正在瓦解，主要发达经济体都在去杠杆化的过程中。目前来看，这一轮危机或许并不是简单的短期外部冲击，其调整很可能是长期而深刻的。从中国的实际情况来看，长期过度依赖外需的增长模式正遭遇前所未有的挑战。在此背景下，出口急剧萎缩，国内刘易斯拐点临近，潜在经济增速可能下滑。再加之房地产价格上涨压力的显现，以及资本流动的高度不确定性等，可谓"外忧内患"与"远虑近忧"并存。上述问题错综复杂且相互交织，这显然并非是以往传统的逆周期宏观调控政策所能彻底解决的。

面对当前中国宏观经济面临的困局，本文将在总供给–总需求的基本逻辑框架下，对当前中国宏观经济中总需求调整受到的制约因素进行分析，试图寻求破解困局的突破点，力图避免走过度依赖投货币、上项目的老路。建议在优化总需求调控的同时，强化总供给调整的力度，完善宏观经济政策组合，从而促进中国经济下一轮的持续健康发展。

当前中国经济的困局是：总需求调整受到越来越多制约。从凯恩斯主义的基本分析框架来看，当前中国经济的总需求调整方面（即消费、投资与净出口）确实面临不少现实瓶颈。

1. 净出口需求外生特性明显，无法回到国际金融危机前的水平

与消费和投资相比，净出口需求（特别是出口）显然是外生性更强的变量。

除非政府在短时间内主动大幅干预汇率水平，否则国内宏观当局很难改变外需的基本趋势。中国出口形势与发达经济体经济周期相关性十分显著。受到此轮国际金融危机的深刻影响，主要发达经济体还未走出危机的阴影，振兴乏力，其宏观经济也难以再现危机前低通胀、高增长的理想状态。这无疑对中国的净出口需求造成直接且深远的影响，预计很难恢复到危机前的状态。

2. 消费需求基本保持稳定，短期难以大幅提升

从近10年的数据来看，中国的消费需求大体是比较稳定的。最终消费支出对增长的拉动往往在 5 个百分点的水平上下窄幅波动，与整个宏观经济周期波动的联系似乎并不明显，消费对经济增长的贡献率远低于发达国家。在中国，尽管影响消费需求的因素十分复杂，但这些因素很大程度上与一些深层次的经济体制等原因有关，如社保、住房、医疗预防性储蓄动机甚至是文化传统等。而这些因素似乎都是短期内难以发生大幅变化的经济变量，这很可能是造成现阶段中国的消费需求保持基本稳定的原因。因此，从中短期来看，不能期待消费能在拉动内需过程中发挥超常作用。

3. 投资需求受房价及融资等约束，刺激空间缩小

从房地产投资来看，由于近年来房价持续走高，作为改善民生的一部分，中央政府动用各种手段（包括限购等行政色彩极强的方法）来遏制房价的较快上涨。因此，可以预见的是，除非宏观经济遇到急剧下行风险，否则房地产投资在拉动内需中的作用将难以显著增强。从制造业投资来看，其大规模扩张往往与实体经济的投资机会、外需强弱等密切相关，因此如果没有新的经济增长点，也很难期待制造业投资能在拉动经济增长方面发挥比以往更重要的作用。从基础设施投资来看，城镇化等确实给中国的基础设施建设留下了较大空间，但钱从何处来是个问题。银行主导的金融体系可以有力地支持工业化投资，但支持城镇化投资的力度不强。上述这些都形成了中国当前总需求扩张的现实约束。

在总需求扩张遇到现实制约情况下，从总供给寻求突破是破解当前中国经济困局的必然选择。我国必须在优化总需求管理的同时，加强供给侧结构性改革，尽快推出改善总供给，尤其是改善劳动力供需、资本配置效率、技术水平等的各项措施，合力推动总供需朝着更为合意的均衡水平发展。

第一，推进户籍改革及社会保障，增加劳动力的有效供给。

淡化对人口迁徙的硬约束，同时不断提高农民工进城待遇，切实解决其医疗、社保及子女就学等问题，建立起覆盖城乡、体系相同、水准相当、异地可接续的社保体系，为公民自由迁徙、农民转为市民提供可靠保障，为进一步推进城市化、增加劳动力供给夯实基础。

第二，实施减税及税制改革，增强微观主体供给能力。

从总供给–总需求框架来看，给劳动者减税相当于右移劳动力供给曲线，给企业减税相当于右移劳动力需求曲线，均使得同一价格水平下的可投入总劳动力水平上升。从而，使得总供给曲线右移，均衡产出增加，均衡价格下降。

第三，破除垄断及推进国企改革，激发制度对供给的提升效力。

国有经济要大幅退出经营性领域，让社会资源加快进入管制和垄断的现代服务业，引入竞争以促进生产率的提高。同时，应逐步放宽电信、电力、铁路、金融、教育、医疗卫生等行业的限制，鼓励民营企业进入并适当扶持，扩大相关产品供给以创造相应需求，逐步提升中国宏观生产函数水平。除少数需要国家垄断经营的企业外，应对绝大部分国有独资或国有控股的大企业集团实行真正的股份制改造，实现股权多元化，使它们成为自主经营、自负盈亏、有效治理的现代公司。

第四，重新审视政府与市场的边界，发挥生产率对提升总供给的根本性作用。只有从根本上提高劳动生产率，才能维持下一个十年的增长。由于信息、协调和外部性方面的原因，在发展过程中，政府应积极主动发挥作用，为产业升级和多样化提供便利。历史证据表明，产业政策、贸易政策和技术政策的运用是西方发达国家早期成功完成结构转型的主要因素。

但应合理划分政府管理经济的边界，政府不能对所有事情包揽包办，最终仍需要依靠市场力量引导企业去提高劳动生产率。

📖 案例分析

　　总供给–总需求模型是宏观经济学重要的分析工具，也是理解宏观经济学中一些重大问题的基础。一般来说，总需求曲线是从产品和货币两个市场的均衡条件推导出来的需求总量和价格水平之间的关系。总需求曲线一般向右下方倾斜，价格越高，总需求越少；反之价格越低，总需求越多。而总供给曲线是从劳动市场均衡条件和生产函数推导出来的供给总量和价格水平之间的关系。在一般情况下，短期总供给曲线向右上方倾斜，且其斜率往往会随产量的增加而逐步提高。总需求曲线和总供给曲线的交点决定了短期的均衡产出和价格。传统的扩张性财政政策和货币政策的目标都是通过调节产品市场或货币市场均衡条件推动总需求曲线向右移动，以达到更高的均衡产出点，而物价也相对上涨，容易形成通货膨胀。事实上，从总供给–总需求框架下寻求推进均衡产出的方法不仅可以从移动总需求曲线入手，还可以考虑移动总供给曲线。移动总供给曲线不仅可以提高均衡产出，还可以降低物价水平，因此移动总供给曲线后的均衡点比仅移动总需求曲线后的均衡点效果更为合意。它不仅带来均衡产出量的增加，而且带来物价下降，防止通货膨胀。通过供给侧结构性改革，以新的供给创造和拉动新需求，尤其是改善劳动力供需、资本配置效率、技术水平等的各项措施，合力推动总供需朝着更为合意的均衡水平发展，以破解中国经济发展困局，使国民经济持续健康发展。

📖 案例讨论

　　（1）反思我国前几年宏观经济政策利弊得失，分析总需求政策受到了哪些现实约束？
　　（2）你认为政府的宏观经济政策如何支持我国正在进行的供给侧结构性改革？

【案例14-3】我国应抓住世界经济"正向供给冲击"机遇

案例适用知识点

总供给总需求理论

案例来源

闫坤，张鹏."正向供给冲击"为新常态开局带来机遇. 经济参考报，2015-01-29.

案例内容

2014年第4季度，全球经济运行出现明显分化，美国经济率先进入快速发展阶段。国际大宗商品市场的价格波动也日趋复杂，国际原油、铁矿石和其他非农大宗商品的价格急速走低，世界迎来了20年来最为难得的"正向供给冲击"。

"供给冲击"往往是指由于经济要素或资源价格的突然的、大幅度的、长期的变化而给宏观经济运行带来的影响。一般来说，能够带来经济运行成本下降的，称为"正向供给冲击"，包括原材料和重要投入品的价格持续大幅度的下降、具有系统性的技术和模式创新带来的运行成本下降、普遍而大幅度的减税等。当前世界正处于"正向供给冲击"的典型阶段，其主要表现如下。

1. 国际原油价格和重要大宗商品价格持续、大幅度下降

2014年国际原油价格持续大幅度的走低，以纽约商品交易所的原油期货交易价格的走势为例，至2014年12月31日跌至53.27美元/桶，使得2014年累计下跌46%，创6年来最大年度跌幅。国际原油价格持续大幅度走低，给成品油价格、电力等二次能源和重要化工原料的价格走低创造了条件。以美国为例，2014年12月末的成品油价格约为2.65美元/加仑，约合每升4.3元人民币，较9月末的降幅超过了60美分，降幅高达18.5%，为美国消费者节约成本约500亿美元。在能源之外，重要的初级产品如铁矿石、铜矿等资源价格也保持在历史的低位。2014年年末，作为世界铁矿石价格风向标的普氏指数跌至约70美元/吨，而2014年年初的水平则为134.5美元/吨，降幅约48%。

2. 物流体系创新和流通市场重组带来成本节约和市场放大

一是物联网革命带来了物流成本的快速下降和物流体系的优化调整。物联网革命在4个方面优化了物流体系并带来了成本的节约和效率的提升。二是电子商务和网络购物的发展带来销售渠道的整合和成本节约。电子商务和网络购物的发展打破了原有的销售渠道的组织方式，"批发商—零售商—终端零售商"的长链条被极大地压缩成了"批发商—终端零售商"的短链条，借助高效而低成本的物流体系，保证了生产商—批发商—终端零售商—消费者之间的商品链和价值链的稳定，并给予消费者更好的购物体验。

3. 政府生产性税收的减让

2014年，随着经济复苏美国、欧洲国家、日本等开始对企业的生产性税收进行调整和减让。日本在将消费税提高到8%的同时，将企业所得税由35%的税率水平下调至30%，以提高企业竞争力和降低企业负担；根据美国财政部的计划，将在财政形势不断改善的同时，适当下调企业所得税的最高边际税率水平，计划由 35% 下调至 28%，当前正在税制改革的进程之中。中国也正在进行税制改革。其中，营业税改征增值税的改革的本质是减税性质的税制调整，而综合和分类相结合的个人所得税税制改革也将在未来发挥减税效果，2014 年第 4 季度国务院出台的企业固定资产加速折旧的安排，也在实施效果上起到了类似于企业所得税减免的政策目标。

随着经济结构调整的不断深入和各项改革的有序起步，中国经济也进入了新常态时期。作为"正向供给冲击"的主要受益国，我国应加速推进改革，优化以财政政策和货币政策为基础的宏观调控体系。

案例分析

西方经济学认为，"供给冲击"是指对经济产生如下影响的冲击：它改变了生产产品与服务的成本，从而改变了厂商所要求的价格水平。如果"供给冲击"使总供给曲线向左移动，例如，对大量农作物产生破坏的霜冻、洪水和干旱等自然灾害造成食品的供给减少，推高了食物的价格，或者原油、煤炭、钢铁等大幅度上升造成工业品价格大幅度上涨，从而引发全球通货膨胀，就是不利的供给冲击，也称为"逆向供给冲击"；如果"供给冲击"使总供给曲线向右移动，包括原材料和重要投入品的价格持续大幅度的下降、具有系统性的技术和模式创新带来的运行成本下降、普遍而大幅度的减税等，能够带来经济运行成本下降，称为"正向供给冲击"。

我国是世界上重要的制造业大国，而约有 60% 的原油、10% 的煤炭、70% 的铁矿石都依赖于进口，国际大宗商品价格的变化，对我国制造业的影响巨大。根据 2014 年第 4 季度的原油、煤炭和铁矿石价格及其进口量进行核算，当期可节省生产成本超过 3 000 亿元人民币，约占同期 GDP 的 1.4%。这一成本下降，大约相当于同期制造业职工工资增长规模的 2 倍，完全可以抵消劳动成本上涨的不利影响。物流体系的创新和流通市场的重构对我国的影响巨大，我国经济运行成本的 30% 来自于物流和流通成本，电子商务、物联网和现代物流体系的发展都将推动物流和流通成本的下降，若以 1 个百分点的降幅衡量，可带来约 6 500 亿元的成本节约，大约相当于 2014 年全国规模以上工业企业利润总额的 10%。因此，在国际"正向供给冲击"下，我国是最主要的受益国之一，在其影响下，我国经济竞争力增强、国际分工地位改善、产业结构得以优化、价值链也得以重构，这些都是极为难得的历史机遇。

当前，我国要抓住国际"正向供给冲击"的机遇，大胆创新、审慎推行，全力做好新常态的开局。

一是大力推进资源进出口和国内流通定价体系的改革，增强竞争、提高效率。要主动推进资源进出口和国内流通定价体系的改革，将"正向供给冲击"的效应引进来，分布好，坚决打破个别行业和企业为了一己之利，而攫取利润或是转嫁损失的情况，鼓励公平竞争，提升资源配置效率。

二是大力推进结构性减税，注重税收的调控功能，摒弃单纯的收入取向。应进一步推进"营改增"改革，全力突破金融服务业、建筑业、房地产业等难点和重点，立足于促进产业发展和激励效率提升的基本立场，确定税率、模式和抵扣范围；针对生活服务业链条短、产品附加值高的特点，大胆采用低税率和简易征收的方式以促进发展壮大和能力提升。

三是全面落实加速折旧和投资抵税的政策优惠，主动淘汰落后产能和过剩产能，将正向冲击效果引向新兴产业和高效率的企业。国务院对加速折旧和投资抵税的工作做出了重要指示，要进一步抓紧落实，全面凸显政策效力，大力引导过剩产能的淘汰和退出工作，使得正向冲击在提供必要的缓冲效应的基础上，主要为高效、优势产业所吸收，提升产业积累，促进产业分工，提高产业效率，使"正向供给冲击"的效应与产业优势和创新更加有效地契合。

四是实施国际分工升级战略，打造全球价值链的枢纽性结点。主动参与全球价值链的构建与调整工作，利用"正向供给冲击"，化解国内的资产泡沫压力，形成新的国际分工格局，建立更加高效的市场体系，使中国成为世界产业体系中的效率高地和质量高地。大力推进"一带一路"建设，加速基础设施建设和产业合作，制订周边国家协作开发计划，从而使产业链与价值链实现更加有效的匹配，打造全球价值链的枢纽性结点。

案例讨论

（1）如何理解"供给冲击"，"供给冲击"对一个国家的宏观经济会产生哪些影响？

（2）我国应如何应对国际经济"正向供给冲击"带来的重大机遇？

（图片来源：百度图片）

第十五章　通货膨胀与失业

【案例 15-1】延迟退休对青年就业的影响

案例适用知识点

就业与失业理论

案例来源

郑东亮. 延迟退休对就业的影响没想象中那么大. 人民日报，2016-08-10.

案例内容

近来，社会对延迟退休议论颇多，担心会影响年轻人就业。"老年人不退，不腾岗位，年轻人怎么就业呢？"然而，只要认真分析研究延迟退休的制度设计，就能发现它对就业的影响没人们想象中那么大。

从节奏上看，延迟退休将实行"小步慢走"而非"一步到位"，每年只延迟几个月，影响人数非常有限，不会对劳动力需求产生大的冲击，因此，对就业的总体影响小且缓和。

更何况，延迟退休并非所有群体同步推行，而是从目前退休年龄相对偏低的群体开始逐步实施。这一政策的推出时机，实际上充分考虑了我国人口老龄化和劳动力变化的状况。从2012 年开始，我国劳动年龄人口逐步减少，2030 年之后，减少幅度还将进一步加大。从2011 年高峰期的 9 亿多，减少到 2050 年的 7 亿左右，劳动年龄人口减少的趋势，显然会和延迟退休对就业的影响产生对冲效应。

实际上，劳动力市场的新陈代谢，远不是"老的不退休，年轻的别想进"。即使不实行延迟退休，有些行业、一些单位因为缺少员工，本来就有相当部分劳动者退而不休。根据 2010 年第六次全国人口普查数据，60～64 岁的城镇男性劳动者还在工作的有近 1/3，且从第五次人口普查以来呈现增长趋势。因此，从总量上来看，即使延迟退休导致老年劳动力留在市场中，并不一定就会减少年轻人进入。

老年劳动力和青年劳动力并非完全的替代关系，还存在互补关系。一些旧有的工作，年轻人未必"看得上"，同时也可能是"做不了"。这些领域的老年人退休了，不但他们所从事的工作没人做，甚至也会导致劳动力市场上的结构性短缺，使得一些工作没有足够的人能做。比如，我国健康医疗产业发展迅速，却严重缺少医生，缺少护理人员；还有一些工作没有足够的人愿意去做，比如养老服务业。可见，延迟退休占用的就业岗位，和年轻人的就业愿景重合度不一定很高。随着技术进步、劳动生产率提高和产业结构调整，产生了许多适合年轻人进入的新行业或职业。在这个意义上讲，年轻人的就业机会，主要还是决定于经济发展和转型升级，以及年轻人的就业方向与能力。

随着受教育年限的延长，劳动者的工作年限实际上被隐性地缩短了，这将导致社会总体劳动力资源减少更多。而渐进式的延迟退休，是维持"人口红利"的一种方式。在产业结构提升、劳动条件改善的情况下，老年劳动者可胜任的工作岗位其实变多了，如果未老先退、能干先休，这是对社会人力资源的巨大浪费。对于劳动者而言，按照养老保险多缴多得的机制，退休金收入也不会有大的影响。

我们也应该看到，延迟退休对大龄劳动者特别是技能单一的大龄女性劳动者就业，有一定影响。为此，我们需要开发更多的适合岗位，采取有针对性的就业扶持政策支持这些劳动者就业，同时加强对大龄劳动者的权益保障。只有配套政策措施更完备，实施延迟退休政策的积极效益才能更好地释放出来。

案例分析

西方经济学对失业概念有严格的界定。失业者是指在一定年龄规定的范围内（18～65周岁，有工作能力，愿意工作并积极寻找工作而未能找到工作的人）。理解失业定义应注意以下几点。

第一，年龄规定以外的无工作者不是失业者。第二，丧失工作能力者不计入失业者。第三，在校学习者不是失业者。第四，由于某种原因不愿工作或不积极寻找工作的人不统计在失业者中。第五，有些未领取失业救济的未登记注册的无工作者，没有被计入失业统计数字。

人力资源和社会保障部在延迟退休这一政策的研究设计过程中，高度重视这一政策对年轻人就业的影响，用了大量数据进行过多方面深入分析和研究论证，结论是延迟退休对年轻人就业影响是有限的。也就是说，延迟退休不会引起年轻人大量失业。

首先，根据西方经济学理论，失业率是指失业人口在劳动人口中所占的比例。随着我国老龄化进程的加快，我国的劳动人口呈逐年递减趋势。从 2012 年开始，我国劳动年龄人口逐步减少，2030 年之后，减少幅度还将进一步加大。从 2011 年高峰期的 9 亿多，减少到 2050 年的 7 亿左右，劳动年龄人口减少呈现加速趋势，这一趋势决定了即使是延迟退休，也不会使劳动人口净增加，因此不会出现老年人挤占年轻人就业岗位的问题。

其次，根据西方经济学理论，失业分为周期性失业和自然失业。周期性失业是需求不足引起的失业，由于就业岗位严重缺乏，延迟退休会挤占年轻人的就业岗位，由此引起年轻人大量失业。而自然失业是由于劳动力流动和经济结构转换所引起的失业，包括摩擦性失业、结构性失业、技术性失业等，是伴随经济发展的必然现象，年轻人和老年人在这些领域不存在替代关系，有些工作年轻人"看不上"，如医护工作、养老服务工作，他们不愿意在这些岗位就业，由此引起的失业是摩擦性失业。另一些工作年轻人可能是"做不了"，如特殊岗位需要丰富的经验和特殊技能，年轻人的经验和技能大多不适岗位需求，由此引起的失业是结构性失业。可见，延迟退休所占用的就业岗位，和年轻人的就业愿景完全不重合，不存在老年人替代年轻人的就业岗位问题。随着技术进步、劳动生产率提高和产业结构调整，社会上会出现许多适合年轻人进入的新行业或职业，如以互联网为代表的新兴产业、新型服务业等。因此年轻人完全不必担心自己的工作岗位被延迟退休的老年人所挤占。

案例讨论

（1）你认为我国延迟退休的原因有哪些？

（2）你认为延迟退休对我国劳动力市场会产生怎样的影响？

（图片来源：百度图片）

【案例15-2】大学生就业难问题

案例适用知识点

经济中的失业与就业问题

案例来源

应届毕业生求职网.

案例内容

2015年是中国史上最难就业季。这一年中国有749万名大学毕业生，外加2014年未找到工作的大学毕业生，大学毕业生人数多达840万。

首先，名校研究生遭到就业歧视。当记者来到湖南某知名高校的企业招聘会现场时，王同学正准备向招聘单位投递个人简历。他情绪低落地告诉记者，投递的岗位虽与专业对口，但他也没抱太大希望。"近两个月来，参加过不计其数的招聘会，但仍然没拿到一个offer（录取通知）。我现在已经没有要求了，只要有人要我就去。"

王同学是湖南某"985"知名高校安全工程专业研究生，本科时他以优异的成绩考入该校读研，而且"读研期间，该拿的奖学金基本上都拿了"。王同学说，当初考研的目的其实很简单，想通过专业学习和更高的学历增强自己的社会竞争力，毕业后能够找到一份体面且高薪的工作。不过，这段时间求职连连受挫，让他觉得"肠子都悔青了"，因为以前本科未考研的同学，他们的薪资基本上都在5 000元以上了。

"许多岗位要求为本科学历，没有及以上。"王同学多次激动地强调"没有及以上"。他没想到研究生的学历居然成了他的负担。就算有些岗位学历未设上限，但"试用期每月2 800元，转正后不包食宿才4 000元的工资，这让人怎么活呀，一堆的白菜价。"他说。王同学介绍，与去年同期相比，今年他所在班级的硕士毕业生就业情况有些不乐观，"我们班一共有48个人，到目前签约的只有5个男生，女生一个都还没有签。但是，去年的这个时候，硕士生签得只剩五六个，而本科生几乎都签完了"。

其次，"红牌专业"毕业生更难就业。两年前，教育部公布了15个低就业率的专业，其中包括艺术设计和市场营销两个专业。专业被亮红牌后，学生的求职期望值是否会发生改变呢？记者对这两个专业的学生进行了采访，受访学生表示并未受影响，也未降低自己的求职期望值。

张同学是湖南某本科院校艺术设计专业的学生，她告诉记者，在大三的时候，她已经知道专业不好就业，所以她尝试申请转专业，可失败了。现在，只好通过考研这一途径，读就业吃香的专业，以期毕业后能谋得一份好工作。

"当时为什么要报艺术设计专业？"记者问。"高考那年，这个专业还是热门专业，人才需求也比较大，但等到我毕业的时候，没想到人才饱和了。现在班上30多个人中，从事着与专业沾边工作的只有5人。"张同学说，因为所学专业方向是室内设计，毕业至今已经半年了，有些同学还未找到合适的工作。她表示，不好就业的原因在于用人单位开出的薪金太低大家不愿意去，"在长沙，对口的工作底薪只有 500～800 元，这个说出来都没人相信"。

就读于湘潭某本科院校的郦同学，所学专业也是此次被教育部亮"红牌"的市场营销专业。她告诉记者，她并不会因此在求职过程中降低自己的期望值，对于工作的薪金有要求，基本工资须在 3 000 元以上。"市场营销这个岗位更注重个人能力，与专业本身的就业率无太大关系。我的室友她已经拿到了 offer，实习基本工资为 3 000 元，转正基本工资为 4 000 元。所以，我对就业还是很有信心的。"她说。

造成大学生就业难的原因是多方面的。"前程无忧"首席人力资源专家冯丽娟分析认为，一是民营企业吸纳大学生就业数量明显减少。历年来，民营企业是吸纳大学生就业的主渠道，可是，2014 年上半年全国有 6.7 万家民营企业倒闭，民营企业对大学生需求明显减少。而在 2012 年，民营企业吸纳了 31.2% 的大学生。二是由于多数行业在 2011—2013 年招募的大学生规模较大，很多企业用工数量趋向饱和。三是全球经济依然不景气，往年吸纳大量大学生的诸如 IT、机械和汽车等行业的招聘遇冷。四是企业岗位技能要求和大学生的学历和专业技能不匹配，这是大学生就业难的最深刻的原因。

📖 案例分析

在经济学的研究中，失业有多种不同的类型，并且是由于不同原因所造成的。当前，我国经济增长总体趋缓导致了大学生就业困难的局面。据分析，在实际劳动力市场上，失业率总是围绕自然失业率波动，原因之一是工人寻找最适于自己的工作需要时间。使工人与工作岗位相匹配所引起的失业即摩擦性失业（frictional unemployment），它是由于经济运行中各种因素的变化和劳动力市场的功能缺陷所造成的临时性失业。经济总是变动的，工人寻找最适合自己偏好和技能的工作需要时间，一定数量的摩擦性失业必然不可避免。或者说，摩擦性失业的存在与充分就业并不矛盾。

从中国劳动力市场供需情况来看，对大学毕业生来说，劳动力市场供需结构性矛盾比较突出，大学毕业生在求职过程中更多表现出来的是结构性失业。一些岗位本科生完全可以胜任，用人单位没有必要招研究生，于是会出现案例反映的研究生就业难；一些岗位人才需求已趋于饱和，但是高校的专业调整滞后于社会上的岗位需求变化。高校设置的很多专业社会需求已趋于饱和，但高校仍在源源不断地向社会输送这类毕业生，人才供给和人才需求不匹配，由此造成"红牌专业"大学生就业困难。于是，劳动力市场就出现了求职者不能按照自己的意愿找到合适的就业岗位，而用人单位又很难寻找到具有某种特殊技能的人才，出现职位空缺和失业同时并存的局面。在我国最突出的表现就是，一方面大学生的就业难问题日益凸显，另一方面我国某些地区却面临着严重的"技工荒"。

为了解决大学生就业问题，高校应根据经济和社会发展对人才的需求及时调整专业，力争在人才培养规格、技能和层次上与工作岗位需求相匹配，减少摩擦性失业。在社会政策方面应促进劳动力合理流动。同时，相关政府部门应加大对大学生自主创业支持力度。创业是就业之源，新企业井喷式的增长可以带动大规模就业，并逐渐发展成为带动就业的重要动力。高校和人社部门要做好就业指导和服务工作，对就业困难的大学生进行帮扶，增强大学生就业创业和职业转换能力。

大学生要转变择业观念。先就业再择优，在工作中发现并寻找自己的职业兴趣。实际上，人的兴趣、人的能力、人的价值取向对刚毕业的大学生来说还依然处在形成时期。在就业困难的大背景下，初次就业不必过分追求专业对口和兴趣爱好。实际上职业兴趣是在工作中慢慢养成或培养起来的。如果自己的职业规划以当前的兴趣点来决定一生的发展目标，忽略了自己职业兴趣的动态变化，会耽误自己的工作前途。

📖 **案例讨论**

（1）运用经济学劳动就业相关理论，分析我国大学生就业难的主要原因。

（2）你认为如何才能提高大学生就业水平？

（图片来源：百度图片）

【案例15-3】委内瑞拉的通货膨胀与失业

案例适用知识点

通货膨胀与失业理论

案例来源

刘洪. 委内瑞拉经济危机的警示. 经济参考报，2016-04-19.

案例内容

一个石油储备最丰富的国家，却成为经济危机最严重的地方，这个国家就是委内瑞拉。按照 IMF（国际货币基金组织）日前的预测，2016 年委内瑞拉的通胀率将达到 481.5%，2017 年将可能达到 1 642.8%；此外，2015 年委内瑞拉经济萎缩了 5.7%，2016 年将继续萎缩 8%。

这些让人咋舌的数据，已经不是经济衰退的概念了，而是经济萧条。据报道，在委内瑞拉，很多超市货架上空空荡荡，为了避免主粮断货，政府强制要求各大超市实行按指印等有效证件购买日用品的政策。由于电力短缺，总统马杜罗不久前还号召女性在洗完头后让头发自然晾干，避免使用电吹风造成电力浪费。

恶性的通货膨胀，使委内瑞拉普通纸巾的价格都超过了小面额纸币，一些商家干脆直接用小面额纸币来包裹物品。还有就是可怕的失业率，按照 IMF 的预测，委内瑞拉 2016 年和 2017 年的失业率将分别达到 17.4%和 20.7%。此外，随着经济的崩溃，治安也着实堪忧，去年委内瑞拉多地曾发生哄抢超市事件。

一度生机勃勃的委内瑞拉，陷入目前的经济困境，原因显然是多方面的。从表面来看，完全是"成也石油、败也石油"，正是油价的暴跌，导致俄罗斯、尼日利亚等产油国收入锐减、经济衰退，委内瑞拉自然也不例外。但其他没有石油财富的拉美国家，境况似乎还好于委内瑞拉。显然，将所有原因都归于石油，石油也会感到无辜。理性探讨委内瑞拉经济危机，其实与不切实际的高福利密不可分。在查韦斯时期，高油价为委内瑞拉带来巨额财富，政府高福利开支也深得民心，比如在委内瑞拉，汽油近乎免费，但随着油价的暴跌，政府收入锐减，为弥补财政赤字，委内瑞拉央行不得不开动印钞机，纸币发行的泛滥，自然造成通胀率的飙升。

货币在急剧贬值，民众收入大幅下降，失业率则不断抬升，大量资本加速外逃，委内瑞拉不多的外汇储备很快接近耗干，这又进一步加剧了货币的贬值。对委内瑞拉民众而言，最要紧的做法，就是尽快把手里的玻利瓦尔币花出去，早花一分钟，损失就少一点。这样一来，抢购物品自然成为全国性的风潮。

外资不敢进，旧债无力偿还，民众不满加剧，经济危机随即向社会危机、政治危机转化。工人罢工和学生示威此起彼伏，反对派和政府摩擦不断加剧。在危机面前，政府缺乏有效、有力的应对措施，甚至一些措施还进一步加剧了危机。

委内瑞拉的危机是比较极端的，但反映出的一些问题却相当具有普遍性：不切实际的高福利，往往使经济不可持续；国家经济不能多元化，一旦支柱产业陷入困境，整个国家都陷入危机；如果不能克制印钱的冲动，恶性通货膨胀就难以避免。当然，还有很关键的一点，如果不能让市场发挥决定性的作用，经济运行往往会被扭曲，最终的结果则是全面的经济危机。

案例分析

经济学界对于通货膨胀的解释并不完全一致，一般经济学家认可的概念是：在信用货币制度下，流通中的货币数量超过经济实际需要而引起的货币贬值和物价水平全面而持续的上涨。通俗来讲就是纸币的发行量超过流通中所需要的数量，从而引起纸币贬值，物价上涨，人们把这种现象称之为通货膨胀。上述定义中的物价上涨不是指一种或几种商品的物价上升，也不是物价水平一时的上升，而是指物价水平在一定时期内持续普遍的上升过程，或者是说货币价值在一定时期内持续的下降过程。

经济学中，根据不同的标准对通货膨胀进行分类。其中，按照其剧烈程度，可以划分为爬行的通货膨胀、加速的通货膨胀、超速的通货膨胀和受抑制的通货膨胀。一般而言，当综合价格指数在 10%以内时爬行的通货膨胀；当价格指数为 10%～100%时为加速的通货膨胀；当价格指数持续高于 100%时为超速的通货膨胀。

此外，研究表明，通货膨胀也有可能是基于不同原因引起的，因此又能划分为如下几种类型：（1）需求拉上型通货膨胀，是指由于社会总需求过度增长，超过了社会总供给的增长幅度，导致商品和劳务供给不足、物价持续上涨的现象。（2）成本推动型通货膨胀，又称成本型通货膨胀或供给型通货膨胀，是指在没有超额需求的情况下由于供给方面成本的提高所引起的一般价格水平持续和显著的上涨。（3）输入型通货膨胀，是指由于国外商品或生产要素价格的上涨，引起国内物价的持续上涨现象（汇率所致）。

对于引起总需求过大的原因又有两种解释。一是凯恩斯理论的解释，强调实际因素（劳动、资本、自然资源等）对总需求的影响；二是货币主义的解释，强调货币因素对总需求的影响，认为通货膨胀主要是央行货币超量发行的结果。

委内瑞拉恶性通货膨胀恰好说明了这一点。由于油价大幅下降，石油收入锐减，为弥补财政赤字，委内瑞拉央行不得不开动印钞机。据报道，委内瑞拉央行的印钞机由于缺乏原材料已无法印钞，不得不让外国私人印钞公司印钞。2014 年 12 月，总统马杜罗秘密让欧洲几家私人印钞公司印刷 150 亿张面值为 100 玻利瓦尔和 50 玻利瓦尔的钞票，平均每人 500 张。纸币发行的泛滥，自然造成通胀率的飙升。

委内瑞拉经济危机的更深刻原因在于经济结构单一，过度依赖石油业。石油作为经济的血液，历史上的价格一直波动很大，可委内瑞拉政府却认为，石油开采一桶少一桶，加之世界对能源的需求不断增加，石油价格只会升不会降。由于把本国经济绑在石油这一驾战车上，用出口石油赚来的外汇进口商品满足居民消费需求，忽视了本土制造业的发展。当石油价格暴跌，赚不来足够的外汇用来进口商品，就会导致国内商品供应短缺，物价暴涨，形成恶性通货膨胀。暴涨的物价使人们的实际收入下降，货币贬值，外资大量逃离，失业率必然上升。

📖 案例讨论

（1）在该案例中，委内瑞拉的通货膨胀属于何种类型？为什么？

（2）通货膨胀与失业率之间存在怎样的相关关系？与货币发行又有何关系？

【案例15-4】如何看待我国经济下行，但就业不降反升

案例适用知识点

通货膨胀与失业理论

案例来源

冯蕾. 经济下行: 就业缘何不降反升——访人社部国际劳动保障研究所所长莫荣. 光明日报, 2015-09-17.

案例内容

就业, 乃民生之本。近年中国城镇新增就业持续走高, 即便在经济下行的情况下也保持增加, 2010年为1 168万人, 2013年为1 310万人, 2014年为1 322万人。今年1至7月, 全国城镇新增就业841万人, 超过全年1 000万人目标的八成。

记者: 经济增速下降, 城镇新增就业不降反升, 其原因是什么?

莫荣: 这其中有很多因素, 包括经济总量的扩大、结构的优化、改革效应和就业促进工作本身等。从GDP增速与城镇新增就业关系来看, 2004年到2011年, GDP每增长一个百分点, 对应的城镇新增就业为104万人; 2012年和2013年, GDP每增长一个百分点, 对应的城镇新增就业为168万人。但这并不说明经济增速减缓对就业没有产生影响。城镇新增就业规模虽持续增长, 但同比增幅从2010年的5.99%下降到2013年的3.48%; 同期净增就业指标也是一直走低的, 2010年达到峰值1 365万人, 此后逐年下降到2013年的1 138万人。此外, 监测企业岗位持续流失、劳动力市场需求减弱、登记失业人数增加等也显示经济增速对就业的影响逐步显现。未来经济增速如果保持持续下滑, 一旦超过一定底线, 对就业的影响就会比较明显。

记者: 根据第三次经济普查核算结果, 2014年上海地区生产总值为23 560.94亿元, 第一、二、三产业结构比例为0.5:34.7:64.8, 第三产业已在GDP占比中优势明显; 北京2014年第一、二、三产业结构比例为0.7:21.4:77.9, 第三产业对GDP贡献率已接近80%。产业结构的变化是否是就业数据逆势上扬的原因?

莫荣: 的确, 第三产业就业人数近年呈现上涨, 成为吸纳就业的主力。这也是经济下行, 就业却不降反升的重要原因。此外, "双创"政策也为激发创业动力、扩大就业提供了重要保障。产业转型升级过程中, 资本密集、技术和管理创新及节能减排等因素使得第二产业吸纳就业能力减弱, 对劳动者技能素质要求却进一步提高。以往, 低端制造业吸纳大量低教育水平和低技能素质农村转移劳动力就业。将来, 制造业吸纳就业的能力可能将持续减弱。但要看到, 目前第三产业中传统的低端生活性服务业所占比例大, 以后应大力发展现代生产性服务业、商贸服务业和生活服务业, 形成可持续吸纳就业能力, 这对从业人员掌握现代技术和知识的要求也进一步提高。

记者: 2015年全国高校毕业生总数达到749万人, 比2014年再增加22万人, 创下历史新高。如何看待当前大学生就业难?

莫荣：据人力资源市场信息数据，2006年至2009年，各季度求职人员中新增失业人员比例平均为21.2%，其中应届毕业生比例为38.2%，2010年一季度至2014年三季度，各季度求职人员中新增失业人员比例平均为24.9%，其中应届毕业生比例为46.3%，总体来看新增失业人员及其中的应届毕业生比例均呈上升趋势。这表明我国青年就业，尤其高校毕业生就业问题值得持续关注。

造成高校毕业生就业难的原因十分复杂。近年来，高校毕业生就业规模不断扩大，应届毕业生人数从2001年的110多万人增长到2014年的727万人，增长速度远高于同期经济增长速度；当前产业转型升级创造高端岗位的速度远低于毕业生数量的增速，适合毕业生的就业岗位有效需求不足，导致短期内供大于求。劳动力市场分割，岗位资源不均衡，收入分配差距过大，导致毕业生就业区域、行业的相对集中。部分高校专业设置、培养模式与企业需求脱节，人才培养滞后于市场需求。社会关系网络的无形隔阂和形形色色的就业歧视也增加了就业难度。

记者：一方面是高校毕业生"就业难"，另一方面是很多企业招不到高技能人才，体现了就业的结构性矛盾。您如何看？

莫荣：就业结构性矛盾是与经济产业结构调整，城乡、区域、行业发展不均衡，社会阶层结构趋于固化，职业上升通道不畅等结构性矛盾交杂纠缠在一起的，需要协调推进系统性改革，从根本上解决就业结构性问题。

当前中国就业结构性矛盾是在总量压力潜在基础上凸显出来的。据测算，到2030年之前中国15~59岁的劳动年龄人口将一直保持在8亿人以上，劳动力总量资源依然丰富。虽然就业总量矛盾将逐步缓解，但仍将持续存在。同时，每一种结构性矛盾所涉及的群体数量也十分巨大，农民工群体超过2.6亿人，大龄低技能群体超过3亿人，高校毕业生就业群体超过700万人，城镇就业困难人员超过900万人。就业结构性矛盾呈现出不同层级，每一个结构群体下面，存在更多的小的结构性问题。如农民工群体有老一代农民工与新生代农民工代际结构问题，高校毕业生有学历、专业等结构问题，大龄劳动者有城乡结构问题等。这需要相关政策既要有宏观的整体规划，又要有更强的针对性。

记者：面对中国经济新常态，应从哪些方面应对就业新挑战？

莫荣：一是要建立完善经济发展与就业增长联动机制。加快经济结构调整和产业升级，着力推动技术创新，大力加强劳动条件改善，提供更多高质量的就业岗位。

二是积极调整教育结构，完善职业培训机制，加快培养高质量技能人才。统筹各层级人力资源开发，建立从国家高层次人才到企业熟练工人培养的全方位系统政策支持体系。

三是加快市民化进程，改变农村转移劳动力"候鸟式"生存，大龄劳动力过早退出市场、不能充分就业的状况，促进农村转移劳动力稳定就业，形成稳定的劳动力供给来源。

四是实施援助和开发并重的就业政策和公共就业服务，完善政府购买服务机制，探索以项目制方式实施针对高校就业困难毕业生、企业下岗转岗人员、农村大龄劳动者等特定劳动者群体的就业促进计划。

五是逐步出台实施提高就业质量的政策计划。加快收入分配制度改革，合理提高劳动者劳动报酬。逐步消除劳动力市场中城乡、行业、性别等影响平等就业的制度障碍和就业歧视。在就业机会、社会福利、住房保障、子女教育、户籍等问题上"松绑"，把所有劳动者纳入公共服务对象范围。

📖 案例分析

西方经济学认为，经济中的理想状态是总供给等于总需求，实现充分就业。但是现实经济生活中，总供给与总需求由于受到外界干扰经常处于变动之中，如果经济增长持续下滑，总供给曲线就会向左移动从而造成失业，一个国家的经济经常遭到失业的困扰和损害。经济学家对此做了很多研究，政府很多经济政策也是因为失业问题而制定的。

失业是指在一定年龄规定的范围内有工作能力，愿意工作并积极寻找工作而未能找到工作的社会现象。失业可以分为周期性失业和自然失业。周期性失业是指总需求不足，经济衰退而引起的失业；自然失业是经济社会中某些难以克服的原因造成的失业，如摩擦性失业、结构性失业、技术性失业、季节性失业等。

从经济方面来看，失业会造成资源的浪费，带来经济损失；失业会引起人力资本的损失；失业增加政府的转移支付支出。

奥肯定理说明了失业率与实际国民收入之间关系的经验统计规律。这一规律表明，如果失业率不发生变化，GDP 将保持 3%增速，失业率每增加 1%，则实际国民收入减少 2%；反之，失业率每减少 1%，则实际国民收入增加 2%。实际 GDP 变动率与失业率变化存在如下关系：

$$实际 GDP 变动率=3\%-2\times失业率变化$$

经济与就业之间的关系可以用就业弹性加以表示。就业弹性是就业增长率与经济增长率的比值，即经济增长每变化一个百分点所对应的就业数量变化的百分比。就业弹性的变化决定于经济结构和劳动力成本等因素。一定数量的劳动力就业所需要的资本投入和劳动力成本构成就业的单位成本。如果经济结构中小企业、服务业等劳动密集型经济所占比例较大，资本比例较低，就业成本相对就低，就业弹性就高。在经济增长率相对稳定的前提下，保持较高就业弹性对于就业和再就业增长更具现实意义。

上述案例中反映的现实似乎不符合奥肯定理。进入新常态以来，我国经济增长速度逐渐放缓。2010 年的增长速度为 10.4%，2011 年为 9.3%，2012 年为 7.7%，2013 年为 7.7%，2014 年为 7.4%，2015 年为 6.9%。但是，在经济增长速度下行的同时，我国城镇新增就业人口不降反升，2010 年为 1 168 万人，2013 年为 1 310 万人，2014 年为 1 322 万人，2015 年为 1 312 万人。这一现象恰好反映了我国经济结构正在优化，第三产业增长速度超过第二产业，经济增长的就业弹性增加。从 GDP 增长速度与城镇新增就业关系来看，2004 年到 2011 年，GDP 每增长一个百分点，对应的城镇新增就业为 104 万人；2012 年和 2013 年，GDP 每增长一个百分点，对应的城镇新增就业为 168 万人。由此可以看出，我国经济增长的质量提高了，经济每增加一个百分点带动的就业人数逐渐增加。根据第三次经济普查核算结果，2014 年上海地区生产总值为 23 560.94 亿元，第一、二、三产业结构比例为 0.5:34.7:64.8，第三产业已在 GDP 占比中优势明显；北京 2014 年第一、二、三产业结构比例为 0.7:21.4:77.9，第三产业对 GDP 贡献率已接近 80%。产业结构的变化是就业数据逆势上扬的重要原因。此外，"大众创业、万众创新"政策也为激发创业动力、扩大就业提供了重要保障。

可见，GDP 的增长与就业增长之间并非如奥肯定理所表述的简单的正相关关系。中国近年来第三产业的稳定增长已经改善了中国的就业结构，经济增速在合理区间的波动不会对就业产生直接的影响。

案例讨论

（1）你认为我国近年来 GDP 增速下行，但就业不降反升的原因有哪些？

（2）如何提高经济增长的就业弹性？

第十六章　经济增长与经济周期

【案例16-1】破解中国经济高速增长之谜

案例适用知识点

经济增长理论

案例来源

陈瑜. 破解中国经济高速增长之谜. 亚洲财经互联网金融商学院，2016-03-28.

案例内容

中国改革开放以来，取得了举世瞩目的成就。2005年的经济总量已达2.2万亿美元，进出口总额达1.4万亿美元。中国经济增长速度常年保持8%～9%，甚至超过9%。中国经济增长速度之快，犹如高速行驶的列车，一路风光无限，快得让人对未来充满了期望，快得让人难以思议。人们都承认中国在世界经济发展史上创造了奇迹，这是一个不争的事实。

那么，中国经济高速增长的原因是什么呢？这是海内外专家、学者至今尚未能从理论上说清楚的问题。西方经济学家普遍感到难以理解，认为这是一个"谜"，表现出百思不得其解的困惑。西方经济学家的困惑，实际上是西方经济学理论的困惑。这一问题，也检验着中国经济学家的理论水平和认识能力。其实，问题并不复杂，关键是应在中国经济高速增长的实践过程中寻找原因，并做出科学的理论说明。

在党中央和国务院的领导下，中国在经济发展的实践过程中，逐渐摆脱了传统市场经济理论的束缚，克服了单一的货币资本支持经济发展的增长方式所具有的缺陷，不断调整和优化经济增长方式，成功地走出了一条具有中国特色的市场经济发展道路。

传统的市场经济理论认为，推动经济发展的只有一种资本，即货币资本。经济增长方式是由货币资本支持的单一的增长方式。但是，市场经济发展的实践，尤其是中国市场经济发展的实践证明：发展中的市场经济应包括货币资本、知识资本和消费资本，而不是唯一的货币资本。经济增长方式不是单一的，而是多元化的。换言之，是三种资本和多种经济增长方式在推动和引导着市场经济的发展，而不仅仅是一种资本和一种增长方式。中国市场经济由三种资本推动和多种经济增长方式引导，是中国市场经济发展的经验总结，也是推动中国经济高速增长的最重要的原因。

基于上述认识，中国在市场经济发展过程中解决发展动力的总思路是：积极充实货币资本、注重倚重知识资本和大力开拓消费资本，同时，采用多元化增长方式引导市场经济发展。

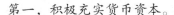

第一，积极充实货币资本。

提出三种资本推动经济增长的思路，并非要否定货币资本的作用，货币资本依然具有不可替代的重要作用。它能够有效地组织劳动力、技术乃至土地和信息等必要的资源和生产要素，能够迅速化解经济发展过程中由于资本短缺所造成的各种问题，从而推动经济高速发展。

从改革开放之初，我国就十分重视货币资本的作用。30 多年来，我国投资规模迅速增长。1978—2004 年，资本形成额从 1 377.9 亿元增加到 62 875.3 亿元，有力地支持了国民经济的高速增长。在积极启动内资的同时，政府还通过实行各种优惠政策大规模吸引外资，在招商引资上取得了巨大成果。1984—2005 年，外商直接投资从 14.2 亿美元迅速增长到 603.25 亿美元，实际占用外资金额名列世界前茅。

大量的资金积累和巨额的外资注入，是推动中国经济高速增长的巨大动力之一。但是，在积极充实货币资本的过程中，人们也发现单一的货币资本支持经济发展的方式还存在一些问题。第一，随着科学技术的迅速发展和新时代的到来，已经显示这一传统的经济增长方式的局限性和不充分性，这主要表现在依靠货币资本这一单一要素发展经济，经常会出现资本短缺、创新乏力和消费萎缩等问题，从而形成经济发展的瓶颈。第二，通过对国际经济发展经验的研究和对本国经济发展经验的总结，人们发现，货币资本对经济的发展不一定起正面作用，有时会造成经济过热，有时又会造成经济发展迟缓。导致过热或迟缓的原因，并不是缺少货币资本，而是由于货币资本相对过剩、投资过热，造成生产相对过剩和资本利用率的普遍低下。第三，货币资本推动经济增长的速度是巨大的。但是，单纯依靠货币资本发展经济很快就遇到了瓶颈。货币资本的不断增长，带来的是资源消耗的不断加速。因此，很快就出现了有限的资源无法继续支撑经济高速增长需要的局面。由此可知，货币资本是必不可少的，但却不是支持经济发展的唯一动力。

第二，倚重知识资本的力量。

中国改革开放 30 多年，正值人类新经济时代的到来，这是历史的巧合，也是历史的必然。从某种意义上说，正是人类新经济时代这一大背景给中国的经济发展创造了大好机遇，成就了中国经济持续高速增长的奇迹。

新经济是 20 世纪末出现的极为重要的经济概念和经济形态。新经济不仅体现了以网络技术为核心的产业提升与产业形态的急剧变化，也从根本上改变了社会经济的运行方式。在新经济的大背景下，人们认识到，人类的知识结晶——高新技术也是推动经济发展的直接动力，即知识资本。知识资本对经济发展的作用具体表现为：当货币资本不能充分满足一个国家、一个地区、一个企业经济发展需要的时候，知识资本起到一种点石成金的作用。它可以几倍、十几倍地扩大现有货币资本的实力，推动国家、地区和企业的经济发展。

党中央和国务院结合新经济时代的宏观大背景，把科教兴国作为重要的发展战略，走出了一条货币资本和知识资本相结合的发展道路。

国家设立了沿海开放城市、高新技术产业开发区和经济技术开发区，用货币资本和知识资本相结合的增长方式引导经济发展。实践证明，这些地区的经济都得到了突飞猛进的发展。作为国民经济的重要组成部分，它们也有力地带动了整个国家的经济高速增长。

但是，充实货币资本、倚重知识资本，还不能完全解决经济循环和持续增长的难题。消费不足日益成为经济持续发展的瓶颈。正是在这种形势下，中央又适时提出了扩大内需的重大战略方针，为进一步完善经济增长方式迈出了重要一步。

第三，开拓消费资本。

到了 20 世纪末和 21 世纪初，人们发现了消费资本的存在。人们发现，消费不仅决定货币资本能否实现其最终价值，而且是给经济发展注入新的资本动力的源泉。正是由于其在生产过程中和社会经济发展过程中的巨大作用，而成为一种新的资本形态。它为国家、地方和企业的经济发展找到一条生生不息、源源不断、永续不竭的资金源泉和资金流。消费转化为资本，打通了消费和扩大再生产的通道，它可以每月、每周、每天向地方和企业注入新鲜资本，这是人类一个划时代的发现。资本就在身边，只要有消费，就可以实现消费向资本的转化。

中央在 1998 年提出了扩大内需的重大方针，着手大力开拓消费资本。消费资本将同货币资本、知识资本一起联动，进一步完善市场经济发展的增长方式，推动市场经济的发展。中国是一个人口大国，这是世界上独一无二的巨大消费市场。消费资本的启动，给经济持续高速增长注入新的资本动力。改革开放以来，中国居民消费迅速增长，1994—2003 年平均消费增长速度高达 7.8%，即使在增长速度略低的 2000—2003 年也在 7.0%左右，远远高于其他名列前十的国家在同期的消费增长速度，显示了中国消费市场的巨大潜力，有力地拉动着中国经济的高速增长。

通过对中国市场经济发展实践的研究，我国最先提出了消费资本化理论（参见陈瑜所著的《消费者也能成为资本家——消费资本化理论与应用》）。这一理论是新的市场经济理论形成的标志，是源自中国本土的原创的体系性理论创新，也是中国结束缺乏本土经济学理论现状的一项重要理论成果。

由单一的货币资本，转化为货币资本和知识资本相结合，再转化为"消费资本导向、知识资本创新、货币资本推动"的三种资本融合、联动的经济增长方式，这是世界所有市场经济国家经济发展实践所必然遵循的趋势，也是市场经济一条非常重要的发展规律。

消费资本化理论作为新的市场经济理论，将从根本上改变传统的市场经济制度，从而进一步解放生产力，有效地、自动地转变经济增长方式，使市场经济不仅是规范的法制经济，也成为从资本构成上根本改变经济运行规则的一种崭新的经济。

总之，中国经济高速增长，是迄今为止人类经济发展史上最成功的范例。我国经济成就对世界经济发展做出了巨大贡献，而对它的理论总结及所形成的新的市场经济理论，也必将载入世界经典经济学的理论宝库。

案例分析

经济增长通常是指在一个较长的时间跨度上，一个国家或地区人均产出（或人均收入）水平的持续增加。较早的文献中是指一个国家或地区在一定时期内的总产出与前期相比实现的增长。总产出通常用国内生产总值（GDP）来衡量。对一国经济增长速度的度量，通常用经济增长率来表示。设 ΔY_t 为本年度经济总量的增量，Y_t-1 为上年所实现的经济总量，则经济增长率（G）就可以用下面公式来表示：

$$G = \Delta Y_t / Y_t - 1$$

由于 GDP 中包含了产品或服务的价格因素，所以在计算 GDP 时，就可以分为用现价计算的 GDP 和用不变价计算的 GDP。用现价计算的 GDP，可以反映一个国家或地区的经济发展规模，用不变价计算的 GDP 可以用来计算经济增长速度。

传统经济学认为，经济增长的源泉是资本、劳动和技术进步。其中资本包括物资资本和人力资本：物质资本是指厂房、设备、存货等；人力资本是指体现在劳动者身上的投资，表现为劳动者的知识、技能、健康状况。劳动包括劳动数量的增加和劳动质量的提高。技术进步包括资源配置的改善、规模经济、知识进展（科技在生产中的应用、新工艺的发明和采用，管理科学的发展）等。除此之外还包括非经济因素，如政治制度和意识形态对经济增长的影响也很重要。

如上述案例提及，中国市场经济发展的实践证明：发展中的市场经济应包括货币资本、知识资本和消费资本，而不是唯一的货币资本。经济增长方式不是单一的，而是多元化的。换言之，是三种资本和多种经济增长方式在推动和引导着市场经济的发展，而不仅仅是一种资本和一种增长方式。中国市场经济由三种资本推动和多种经济增长方式引导，是中国市场经济发展的经验总结，也是推动中国经济高速增长的最重要的原因。

此外，中国经济高速增长得益于以下两个方面。

第一，国家比较优势。

比较优势是一个古老的同时也经常被人们忽视的概念。比较优势产生于一个国家的要素禀赋。任何国家、任何地区、甚至是任何个人都具有独特的比较优势。它的广泛存在使得社会分工成为可能。利用比较优势最好的办法是依靠市场。只有市场才可能担当起对无数物品进行定价的职能，而价格是国家、地区和个人确定各自比较优势必不可少的参数。国家对市场的干预如果扭曲了价格信号的话，就会妨碍经济主体对自身比较优势的认识，从而使得社会资源得不到有效的利用。过去的历史和当前的东南亚危机都说明了这一点。

第二，公共品的提供。

对比较优势的利用离不开一个社会对公共品的积累。公共品是具有外部性的产品，即它所产生的社会收益超过了个人所愿意负担的成本。在这种情况下，政府的介入就非常必要。有效的公共品的提供需要完善的市场机制和领导机制。这要求存在一种合理的机制来规范和监督当权者的领导行为。公共品得以有效提供的基础是全社会的通力合作，经济的稳定和持续增长，以及充分就业和资源的正常流动。东亚各国在提供公共品方面做得很好，主要表现在这些国家对教育的大量投入、对社会基础设施的重视等。

中国经济增长的奇迹很好地说明了这一理论。中国在市场经济发展过程中解决发展动力总的思路是：积极充实货币资本、注重倚重知识资本和大力开拓消费资本。充分发挥劳动力资源丰富这一比较优势，大力发展劳动密集型产品的出口。中国政府是强有力的政府，在公共产品提供、基础设施建设等方面为经济发展提供了重要条件。总之，中国采用多元化增长方式引导市场经济发展。在这一过程中，在党中央和国务院领导下，中国不断地进行意识形态和制度变迁，坚持改革开放，逐渐摆脱了传统市场经济理论的束缚，克服了单一的货币资本支持经济发展的增长方式所具有的缺陷，不断调整和优化经济增长方式，成功地走出了一条具有中国特色的市场经济发展道路。

 **案例讨论**

（1）影响经济增长速度的因素有哪些？

（2）中国近 30 年来为何取得经济高速增长？

（图片来源：百度图片）

【案例16-2】中国如何跨越"中等收入陷阱"？

案例适用知识点

经济增长与经济发展

案例来源

张雁. 后发大国怎样跨越"中等收入陷阱". 光明日报, 2016-07-27.

案例内容

习近平总书记指出，对中国而言，"中等收入陷阱"过是肯定要过去的，关键是什么时候迈过去、迈过去以后如何更好向前发展。我们有信心在改革发展稳定之间，以及稳增长、调结构、惠民生、促改革之间找到平衡点，使中国经济行稳致远。未来五年，是中国跨越"中等收入陷阱"的关键时期。怎样借鉴国际上的经验教训，发挥中国的大国优势，增强创新能力和可持续发展能力，成功实现从中等收入阶段向高收入阶段的跨越，是迫切需要中国经济学家思考和解答的重大现实问题。

一、什么是"中等收入陷阱"

回顾世界经济发展的历史，在1960年的101个中等收入经济体中，到2008年仅有13个成为高收入经济体，其余的继续停留在中等收入经济体的行列或者降为低收入经济体。世界银行《东亚经济发展报告（2006）》首先提出"中等收入陷阱"的概念，它是指一个经济体的人均收入达到世界中等水平（人均GDP为4 000～12 700美元）后，由于不能顺利实现发展战略和发展方式转变，导致新的增长动力特别是内生动力不足，经济长期停滞不前；同时，快速发展中积聚的问题集中爆发，造成贫富分化加剧、产业升级艰难、城市化进程受阻、社会矛盾凸显等。

1. "中等收入陷阱"是带有普遍性的现象，蕴含着经济增长规律

20世纪60年代的菲律宾和20世纪70年代的巴西、阿根廷、马来西亚等国家，当时都进入了中等收入阶段，但目前仍属于中等收入国家。为什么这么多国家的发展都难以跨越"中等收入陷阱"？其中的原因值得探究。

从具体现象来看，有的国家是由于它们的经济增长在很大程度上依靠出口自然资源，而这些自然资源的价格波动很大，当价格较低的时候，增长就会放缓或停滞；有的国家主要依赖低成本劳动力发展制造业，这种低成本劳动力的优势随着收入的增加而消失，也会导致经济的衰退或滑坡；有的国家是由于政治不稳定，国内社会矛盾突出或与邻邦的冲突，导致经济停滞；还有的国家是由于政策失误，没有处理好金融危机或债务危机，出现了经济萧条。

跨越"中等收入陷阱"是发展中国家在迈向发达国家的过程中遇到的普遍性问题。一些经济学家在研究全球化时代各国经济增长的表现时发现，按照人均收入水平排列的各国长期经济增长率呈U形，即高收入国家和低收入国家都有着优秀的增长表现，而那些中等收入国

家经济增长则相对较慢。应该说，这是一种带有普遍性的现象，其中蕴含着经济增长的规律。

从理论上可以这样解释：在发展中国家经济发展的初级阶段，往往是通过劳动力从低效率部门向高效率部门转移获得了生产效率的提升，通过出口劳动密集型产品获得了比较利益，通过引进和模仿发达国家的先进技术获得了后发利益。但进入中等收入阶段以后，这些推动经济增长的因素逐步消失，导致经济增长减缓甚至停滞。因此，在发展中国家迈向发达国家的过程中，假如没有以技术创新为依托的新增长动力，就难以实现经济增长方式和经济结构的转型。

2. 跨越"中等收入陷阱"的历史经验

在各国跨越"中等收入陷阱"的实践中，既有日本和韩国成功的经验，又有拉美国家和东南亚国家失误的教训。成功的经验包括：实行"技术立国"战略，通过引进、模仿和消化发达国家的先进技术，尽快走上自主创新道路；实行"教育立国"战略，通过提高劳动者素质，将人口数量红利转变为人口质量红利。失误的教训包括：产业结构落后、创新能力不强、社会分配不公、国家战略和政府政策偏差及泡沫经济造成的金融危机。

梳理世界各国经济发展史可以看到，有许多后起国家由于遭受了剧烈的外部冲击（如一些东南亚国家），或由于不适当的国内政策（如一些拉美国家），导致没有顺利实现从中等收入阶段向高收入阶段的跨越，因而成功进入高收入阶段的案例非常少。

说起成功国家的经验，主要是顺利实现了产业结构的转换升级，强调"技术立国"，鼓励创新，提高居民收入和缩小收入差距，以及政府强有力的引导作用。说起不成功国家的教训，主要是发展模式没有很好地实现转换，没有通过创新形成新的增长点，贫富两极分化引发社会动荡，市场机制不够完善，并且政府宏观调控出现了偏差。

关于落入"中等收入陷阱"的原因，经济学界众说纷纭，其本质是关于经济增长的可持续性问题。影响经济持续增长的原因是复杂多样的，主流经济学涉及较少，现有经济增长理论只能描述增长的必要条件，对增长的充分条件的描述几乎是空白的。有的学者实际分析的是落入"中等收入陷阱"的特征，如经济增长回落或停滞、民生乱象、贫富分化、腐败多发、公共服务短缺、金融体系脆弱等。根据我的分析，技术进步动力不足、人口老龄化、收入分配差距较大等问题，可能会成为影响中国经济持续增长的重要因素。

二、中国如何跨越"中等收入陷阱"

根据世界银行发布的《世界发展指标》，2013 年中国人均 GNP 达到 6 560 美元，购买力平价衡量的人均 GDP 达到 11 850 美元，已进入中等收入阶段。中国经济在经历了长期持续高速增长之后，近两年的增速开始减缓，但仍保持在 7%左右，远远超出现有发达国家的经济增长速度，这是跨越"中等收入陷阱"的关键时期。从中国经济发展的现实状况看，我国能否成功跨越"中等收入陷阱"？

发展中国家在经济起飞阶段，往往要经历一个经济快速增长、开放程度迅速提高和贫困人口大幅减少的时期，经过这一快速经济增长阶段之后，通常就要面临一些新的挑战，主要是经济可持续发展能力的挑战。

1. 中国有能力保持经济持续增长

如上文所述，许多国家难以跨越"中等收入陷阱"，一般是因为这些国家的增长在很大程度上依靠出口自然资源，或主要依靠低成本劳动力发展制造业，还有的国家是因为政治不稳定或政策失误。中国不是自然资源出口国，在自然资源价格低的时候，中国作为进口国是受惠的，中国也有足够的外汇来进行支付。中国存在低成本劳动力优势逐渐消失的现象，在发展初期依靠低成本劳动力并不是问题，当收入增加时这种优势就消失了。中国很重视教育，自20世纪80年代以来在教育上投入了大量资源，因此将来应该能够有足够的人力资本，可以向更先进的技术和产业领域发展，转变到现代服务业和高技术领域。假如中国能够继续进行充满活力的改革，落实完善市场机制的各项措施，中国的政策应该能够在未来10~20年真正支撑5%~6%的经济增长率。中国将在未来的20年内实现从中等收入国家发展成为高收入国家的目标。

2. 中国经济发展空间比较大

从现实状况看，中国的工业化、信息化、城镇化和农业现代化带来的发展空间很大，国内市场潜力巨大，生产要素综合优势明显。因此，只要继续向纵深推进改革开放，不断释放市场活力和社会创造力，从而增强经济发展的内生动力，同时加快转变经济发展方式，推动产业升级和经济转型，就会顺利实现2020年国民生产总值再翻番的目标，就有信心跨越"中等收入陷阱"。

3. 中国作为后发大国，具有大国的综合优势

中国具有包括生产要素、产业结构、技术创新等方面的比较优势、后发优势和规模优势，所以应充分利用这一大国综合优势，形成经济可持续发展的动力源泉。根据库兹列茨假设，大国拥有依托国内需求拉动经济增长和依托市场规模引致技术开发的优势，为此，中国应把战略重点放在扩大国内需求和市场规模上，放在推动技术创新和产业升级上。

目前在中国已形成了共识，即过去10多年GDP增长率接近10%的年代过去了，将来的增长速度将会慢得多。按照中国政府的计划，未来的经济增长速度为6.5%，这仍是很高的速度。那些跨越了"中等收入陷阱"继续向高收入目标发展的国家，一般的年增长率为2%~4%或3%~5%。

4. 中国有能力跨越"中等收入陷阱"

从经济增长的阶段来看，中国经济正在从要素驱动、投资驱动向创新驱动过渡，增长动力在发生转换，在这种"换挡期"，经济增长速度自然会下降。我国的制造业增长速度已经达到最大，并将开始回落，经济增长将转向依靠服务业，而服务业不可能像制造业那样保持两位数的经济增长速度。根据发展经济学的分析，当一个国家的出口额占世界总额的比例达到10%左右时，经济增长就会出现拐点，增长速度就要下降。

从比较优势来看，中国经济正在形成新的比较优势，庞大的本土市场和人口红利将会转变为人口质量红利，产业比较优势将由低成本制造业转化为低成本研发和低成本复杂制造的优势，完善的基础设施和产业配套能力将成为参与全球经济竞争的新优势。

从经济结构来看，困扰中国经济的结构性问题已经在发生改变，2015年第三产业增加值达到了51.4%，消费支出对GDP的贡献率达到66.4%，产业结构和消费结构的改变将促进经济结构的优化和转型。

总之，我国通过贯彻创新、协调、绿色、开放、共享的新发展理念，到2020年基本跨越"中等收入陷阱"是可以期待的。

案例分析

从西方经济学中的各种经济增长理论和增长模型来看，经济增长的影响因素是复杂繁多的，不同国家的初始条件和面临的经济政治文化环境不同，经济增长的路径就会有差异。即使是同一个经济体，在不同时期面临的增长瓶颈也不尽相同。因此，比较现实的思路是不断寻找制约中国经济增长的短期、中期和长期因素，并借鉴国际经验教训对症下药，才能避免落入"中等收入陷阱"。中国跨越"中等收入陷阱"，需要解决好 4 个关键问题：需求不足、收入分配差距较大、人口老龄化、技术进步动力不足。

首先，要坚定不移地实施创新发展战略。2014 年 5 月习近平总书记在上海考察时说："我们在国际上腰杆能不能更硬起来，能不能跨越'中等收入陷阱'，很大程度取决于科技创新能力的提升。"沃顿商学院教授加莱特的研究发现，当富裕国家因为技术进步而变得越来越富裕，贫穷国家在制造业领域快速增长的时候，那些处于中间水平的国家则踟蹰不前。这实际上揭示出落入"中等收入陷阱"的根本原因，就是较高发展阶段的国家因其科技创新能力强、水平高而在技术密集型产业方面有比较优势，较低发展阶段的国家因其劳动力成本低而在劳动密集型产业方面有比较优势，而处在中等发展阶段的国家，前两种比较优势均不突出，所以发展速度往往会受到制约。

日本、韩国成功跨越"中等收入陷阱"的一个重要经验，就是在学习和模仿发达国家先进技术的过程中，重视消化、吸收和再创新，从而较快地走到世界科学技术的前沿，并以技术创新促进产业创新，以此进入国际价值链分工的高端，通过生产率的提高促进人均国民生产总值和人均国民收入的提高。从"贸易立国"到"技术立国"，从保护战略产业到鼓励技术创新，从而实现了发展模式的转换。马来西亚等东南亚国家的重要教训，则是缺乏技术创新动力，没有通过创新形成新的增长点，从而在亚洲金融危机之后无法形成新的增长动力。

跨越"中等收入陷阱"的关键是增强可持续发展能力，这种能力的核心要素就是技术创新能力，没有先进的科学技术就不可能将经济增长从主要依靠要素投入转移到依靠提高劳动生产率上来，也不可能推动产业技术和产业结构的升级，从而也就不可能进入高收入国家行列。

中国可以用过去的模式成为中等收入国家，但是不能用同样的模式成为高收入国家。目前，中国的科技创新能力总体上与发达国家仍有较大差距。虽然在科技人员、高引论文、研发投入、获得专利等方面位居世界前列，但在原始创新及掌握关键核心技术方面仍不理想。2016 年 5 月中共中央、国务院印发了《国家创新驱动发展战略纲要》，提出了建设创新型国家和世界科技强国的战略目标，明确了强化原始创新和推动产业技术体系创新的战略任务，通过发动科技创新的强大引擎，中国经济必将形成新的优势。

中国的创新指标远未达到创新型国家的要求，我国的科技进步贡献率约为 55%，而创新型国家在 70% 以上；技术成果转让率不足 10%，而发达国家为 40%～50%。有研究表明，如果 GDP 增速保持在 9% 左右，要求全要素生产率增速为 3.6%～4.9%，如果我国未来 GDP 增速保持在 6.5% 左右，就要求全要素生产率增速达到 2.1% 的水平，而我国仅为 1% 左右。

怎样提高创新水平？一是加大教育投入，二是增加研发投资，三是推动民营企业的技术创新，四是培育创新的制度环境。

其次，要发挥制度优势，将政府作用和市场作用有机地结合起来。从落入"中等收入陷阱"的国家来看，拉美国家主要是发生了政策失误，造成了严重债务危机；东南亚国家主要是缺乏应对金融危机的能力，出现了金融危机后的大萧条。不能简单地认为中国不可能犯这样的错误，以致偏离向高收入阶段发展的轨道。在全球经济衰退的2007—2009年，中国实施经济刺激计划，产生了积极的作用，但也导致许多经济部门产能过剩严重，特别是房地产和钢铁等领域。导致产能过剩问题还有一个重要原因，是国有企业的低效率。中国的改革号召国有企业遵从市场的力量来运营，如果中国要维持5%～6%的经济增长率，就需要把这些改革措施落实到位。非常关键的问题，就是要从根本上改变国有企业预算软约束的情况，如果中国能够真正充分地落实改革的各项措施，中国经济将会持续发展，成功跨越"中等收入陷阱"。

拉美国家的体制变革受到利益集团的羁绊，市场机制的作用没有充分发挥，市场配置资源的功能严重扭曲，从而造成寻租、腐败现象蔓延。而在成功跨越"中等收入陷阱"的国家中，政府强有力的治理发挥了重要作用，从而克服了公共领域的障碍和瓶颈，为市场发展、技术创新和产业升级创造了良好的环境。对此要认真总结，避免裙带主义滋生，扼杀市场经济的活力；避免走入民粹主义怪圈，导致对产权和法制的破坏；避免保护主义抬头，造成资源的错误配置。

我国目前正处在迈向高收入阶段的关键时期，应充分发挥政府的职能作用，特别是在改善经济环境和维持公正秩序等方面发挥主导作用，通过改革红利促进经济可持续增长。要全面防控金融风险，逐步有序地推进金融开放，真正把握好对外开放的主动权。

中国实行的社会主义市场经济体制，是我国跨越"中等收入陷阱"的体制优势。关键的问题是处理好政府和市场的关系，遵循经济规律进行合理分工，真正实现优势互补。比如，产业发展和结构调整应遵循市场经济规律，发挥价格机制的作用。但有些事情仅靠市场难以做好，如重大科学技术的联合攻关、信用环境的改善、分配结构的优化、区域差距的控制等等，这就需要政府发挥作用，通过制定和执行政策，进行合理的引导和调控。

📖 案例讨论

（1）什么是"中等收入陷阱"？什么原因导致历史一些国家陷入了"中等收入陷阱"？

（2）中国如何避免陷入"中等收入陷阱"？

（图片来源：百度图片）

【案例 16-3】美国 20 世纪 90 年代的经济增长奇迹

案例适用知识点

经济增长理论

案例来源

根据新浪财经 2013 年 8 月 1 日发表的《瑞银：美国经济难再现 90 年代经济奇迹》一文改编。

案例内容

20 世纪 90 年代，经过大刀阔斧的改革，美国经济增长加快，通货膨胀率下降，就业率上升，财政赤字逐年递减，甚至出现盈余，呈现繁荣景象。在此期间美国充分吸纳世界尖端人才，并充分利用新技术成果，特别是以信息产业为代表的高科技产业成为经济的主导，并完成了传统产业的技术改造。

第一个驱动因素是全球化。

1989 年全球 60% 的国家具有自由民主体制，而到了 1998 年，这一比例已经上升至 90%。1989 年柏林墙的倒塌，加上亚洲国家的改革和民主化进程使世界可参与全球贸易的劳动力人口增加了 25%，因此，在 20 世纪最后 10 年里，出口到美国的商品物价水平每年都下跌，这增加了美国消费者的购买力。

第二个驱动因素是货币政策。

在 20 世纪 90 年代中期，格林斯潘主导下的美国货币政策在反通胀的方式上是高度保守的，但对信贷增长的态度却非常宽容。在 1994 年美联储推出反通胀措施（加息）以后，相对较高的资本成本在新兴市场开启了一个使经济变得越来越萎靡的恶性循环——美国国内资本成本走高引发了新兴市场资本外流，使新兴市场资本流动性紧缺，恶化了新兴市场的国内借贷和低通胀（通胀下跌）环境，导致真实利率上升、更多的资本外流和货币危机。这一切又加剧了大宗商品价格和出口到美国的商品价格水平的下跌。

第三个驱动因素是金融自由化。

20 世纪 90 年代，金融自由化意味着企业和消费者可以加速消费和投资，这一速度比其收入增长和资金流增长所能适应的速度还要快。同时，金融自由化意味着资产（从房地产到股票）升值了，而这又进一步刺激了消费者和企业承担更高的杠杆。同时，银行业也扩张它们的贷款业务，增加它们的杠杆水平。

第四个驱动因素是低通胀。

反通胀政策、全球化和新兴市场通胀拉低了名义利率，再加上美国低通胀的影响，拉升了所有资产贴现后的公允价值：从土地房屋，到各种有现金流的资产。当差价出现，一只股票的价格不能反映其在低负债成本下可以释放的价值，资产套利者就会出现加速抹平差价的过程。在这个过程中，资产价值上升，同时消费者也获得了更多的幸福感。

第五个驱动因素是社会保障。

资产价格上升、银行杠杆增加和不断上升的市场信心带来的就业增加、居民收入增加等好处，对政府来说意味着可以削减大规模的社会保障支出。同时政府也开始采取推动财富增长和收入转移的措施。当时大部分的收入转移用在了扩大政府自己的职能上。

如图 16-1 所示，环环相扣的箭头显示，每一个因素都对 20 世纪 90 年代美国的低通胀繁荣做出了贡献，而繁荣本身又加强了其他因素。这是一个最宏大的自我强化的循环，刹停这个循环的是俄罗斯债务违约和美国长期资本管理公司的信贷违约事件。这些事件足以冲击美国市场，导致美联储紧急地降息 75 个基点，并导致做空日元和反通胀政策市场头寸的消失。

在 18 世纪和 19 世纪，一个宏观经济周期通常需要经历 60 年的时间，这是典型的康德拉季耶夫长波理论。那时候增加杠杆需要 60 年的时间，但现在只需要 6 年。所以，重温 20 世纪 90 年代美国的经济繁荣期是有价值的。

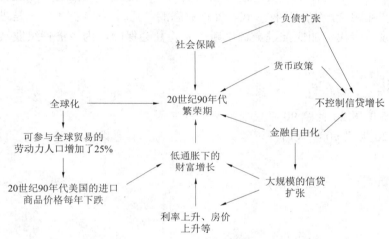

图 16-1　驱动 20 世纪 90 年代中期美国低通胀繁荣的五大驱动因素

📖 案例分析

冷战结束后，美国的国防开支相应地降低，降幅为 29.2%，国防开支的下降，必然伴随着大量的国防产业工人的失业。这些国防产业中的研究人员、工程师转移到民用工业，他们所受到的前沿科学技术的训练，推动了民用产业技术的发展。政府压缩了社会福利开支的增长幅度，使财政赤字连年下降；短期和长期利率下浮，并基本稳定在相对低的水平上，使投资于生产的货币增多。政府还推行了一套行之有效的以削减赤字为基础的经济发展政策，并卓有成效，联邦预算赤字从 20 世纪 90 年代初的 2 900 亿美元逐年下降，下降到 90 年代中后期的三四百亿美元。美国政府大力推行以出口带动经济增长的方针，积极策划推动多边经合组织，并谋求在其中的霸权地位，如泛美自由贸易区向欧洲、亚洲渗透，其手段是加强在多边经济合作组织中的领导与制约作用。在组织区域性集团时，加强美国本身经济实力，利用经济外交等手段扼制日本，推行强权政治。在双边贸易中，交替使用自由贸易与保护主义。

20 世纪 90 年代，美国经济增长加快的最主要原因是信息技术的迅速发展，美国企业每年为信息及相关产业的投资都达到或超过 1 000 亿美元。在计算机硬件和软件方面，美国在世界上一直占绝对优势。1995 年，全世界的科研工作，有 44% 是在美国进行的。信息技术的迅速发展引起了技术进步，提高了生产率，不仅节省了劳动力，也节省了资本。目前，以信息为主导的服务业，占美国国民生产总值的 3/4。信息技术不仅带动了一大批新兴产业，成为现代高技术产业的排头兵，同时，由于本身具有极强的渗透力，信息技术还正在成为改造传统产业的有力武器。20 世纪 90 年代以来，传统产业与信息产业的融合，成为社会经济发展中的一个突出现象，美国积极试验将信息技术用于改进生产、保健、零售和其他行业，以帮助企业改进生产和管理过程，增强企业在全球经济中的竞争力，最典型的事例是美国波音公司开发的波音 777 喷气式客机，在世界上第一次实现了不用物理模型而完全用计算机来设计民航客机。

美国 20 世纪 90 年代经济增长成功经验对我国经济发展具有重要借鉴意义。一是要高度重视科技在经济增长中的作用，实施创新驱动战略。二是要深入推进产业融合战略，加快信息技术与其他产业融合，实施各种形式、各种业态的"互联网+"技术。三是进一步深化各个领域的市场化改革步伐，加快推进金融创新，完善社会保障，为经济持续发展创造良好的外部条件。

📖 案例讨论

（1）试分析美国 20 世纪 90 年代经济繁荣的原因。

（2）美国 20 世纪 90 年代的经济繁荣对中国有何借鉴意义？

【案例16-4】改革开放以来中国经济周期分析

案例适用知识点

经济周期

案例来源

根据《中国经济时报》2013 年 10 月 16 日发表的《专家解读：如何把握好中国经济运行的周期节奏》改编。

案例内容

我国经济走势与政治走向高度相关，10 年左右的经济周期基本与党和政府最高决策圈的更替周期一致。由于历史原因，每一届政府的三中全会均会出台一定的改革措施，尤其是十四届三中全会、十六届三中全会的改革措施均对之后中国经济走向产生了深远影响。

目前，改革已进入深水区，未来进一步改革的成功与否将直接决定中国经济能否进入新一轮增长周期、顺利跨过"中等收入陷阱"。十八届三中全会将确立中国经济未来 10 年甚至更长时间的基本走向，值得引起人们高度重视。

本期圆桌论坛围绕经济周期话题展开讨论，邀请到的嘉宾是：中国经济改革研究基金会国民经济研究所副所长王小鲁、国家行政学院经济学教研部教授王健、国务院发展研究中心宏观经济研究部副研究员任泽平、中国银行国际金融研究所高级分析师周景彤。

中国经济时报：改革开放以来，中国的经济周期大概可以分为几个周期？划分的主要标准是什么？

王小鲁：改革开放前的经济波动严格来说不能称为经济周期，因为这些波动主要与当时的经济政策有关，没有什么规律性。而改革开放以后的经济波动大体上具有周期性，但仍然与经济政策关系密切。如果以波峰划界，大致分为 4 个经济周期。

1978—1984 年可以算第一个经济周期，但因为 1980—1981 年的调整有些过度，导致 1981 年提前落入谷底，随后的改革措施和政策放松使 1984 年和 1985 年提前出现第二个波峰，因此整个周期缩短。

1984—1993 年可以算第二个经济周期，因为 1989—1990 年调整期间的重新收权对经济产生不良影响，加深了回落；1992 年随着新一轮改革的开始，政府简政放权加速，各项改革政策相继出台，银行信贷投放失去控制，导致 1992 年和 1993 年出现波峰和经济泡沫。

1993—2007 年可以算第三个经济周期，波谷在 1998 年，因为 2001 年加入世贸组织后带来的出口增长效应使繁荣期延长至 2007 年。

2007 年至今可算第四个经济周期（未结束），今年很可能是谷底，未来几年可能将有缓慢回升。

我主要以经济增长率为划分标准。可以看到，经济增长有内在的周期性，改革开放以来的经济周期为 9～10 年，但仍然与经济政策关系密切，可能提前或延后。稳健和具有前瞻性的经济政策可以稳定经济、增进繁荣、缓和波动，而紧缩过度和政府过度投资、货币信贷失控都会产生严重的不良影响。总体而言，改革开放以来经济政策的把握远远好于之前，20 世纪 90 年代和 21 世纪前半期的经济政策把握好于 20 世纪 80 年代，说明政府调控也在总结经验、吸取教训。但 2009—2010 年经济政策扩张过度，再次出现了货币和信贷失控。

周景彤：经济周期是指经济运行中周期性出现的经济扩张与经济紧缩交替更迭、循环往复的一种现象。划分经济周期的方法有两阶段法和四阶段法。这里我按两阶段法来划分，即每一个经济周期都可以分为上升和下降两个阶段，上升阶段（繁荣）的最高点称为顶峰，顶峰也是经济由盛转衰的转折点，此后经济就进入下降阶段（即衰退），下降阶段的最低点称为谷底。经济从一个顶峰到另一个顶峰，或者从一个谷底到另一个谷底，就是一次完整的经济周期。

改革开放以来，我国经济增长也表现出明显的周期性特征，已经历了三轮完整的经济周期，目前正处于第四轮经济周期。

第一轮经济周期为 1981—1990 年。经济增长处于经济周期的波谷，谷值为 5.2%；1984 年，经济增长处于经济周期的波峰，峰值为 15.2%，是改革开放以来的最高值；1990 年，经济增长回落到周期的波谷，谷值为 3.8%，是改革开放以来的最低值。

第二轮经济周期为 1990—1999 年。这轮经济周期从 1990 年经济增长处于波谷开始，1992 年达到经济周期的波峰，峰值为 14.2%，是改革开放以来的次高值；1999 年，经济增长回落到经济周期的波谷，谷值为 7.6%。

第三轮经济周期为 1999—2009 年。经济增长从 1999 年的经济增长波谷开始，种种迹象表明，2007 年已经达到了本轮经济增长的波峰，峰值为 11.9%，2008 年开始经济增长进入下降阶段，到 2009 年进入波谷，谷值为 8.7%。

目前我国经济正处于第四轮经济周期中，本轮经济周期始于 2009 年，从 2010 年开始进入上升阶段。

任泽平：从波峰、波谷来看，改革开放以来，我国经历了三轮经济周期，大致 10 年一轮，分别在 20 世纪 80 年代、20 世纪 90 年代和 21 世纪初，存在逢二见底、逢八见顶的典型"二八现象"。从原因来看，主要是世界经济周期、我国政府换届效应及设备更新替换等因素叠加的结果。

一是与世界经济周期共振。2000 年以后随着开放度的加深，这种周期共振现象更加明显。过去 30 年，全球经济经历了三个 10 年左右的经济周期，也存在"二八现象"。驱动世界经济周期的主要因素包括太阳黑子周期、技术创新与产品生命周期、人口结构变动与消费升级周期、主要经济体政府换届周期、全球产业升级与产业转移周期、9 年的经济信心周期等。

二是政府换届效应。我国政府每 5 年一换届，每次换届后，地方政府发展本地经济、扩大投资的积极性高涨。

三是设备更新替换。我国大多数设备的物理、技术和经济综合寿命为 10 年左右，税法对主要设备最低折旧年限的规定也是 10 年。为了降低税收负担、增强竞争力等原因，大多数企业对机器设备采取了最低折旧年限。

从内涵上来看，过去三轮设备投资周期不是历史的简单重复，而是成长中的周期，增长动力转换和产业升级最终通过设备投资实现。次贷危机后，4 万亿元投资刺激了一轮大规模的产能扩张，内涵上主要是住行消费升级和基建投资，属于上一轮周期的延续。

📖 案例分析

经济周期也称商业周期、景气循环，经济周期一般是指经济活动沿着经济发展的总体趋势所经历的有规律的扩张和收缩。它是国民总产出、总收入和总就业的波动，是国民收入或总体经济活动扩张和收缩的交替或周期性波动变化。

经济周期阶段定义按照阶段数量划分可分为两阶段法和四阶段法。

经济波动以经济中的许多成分普遍而同期地扩张和收缩为特征，持续时间通常为 2～10 年。在现代宏观经济学中，经济周期发生在实际 GDP 相对于潜在 GDP 上升（扩张）或下降（收缩）的时候。每一个经济周期都可以分为上升和下降两个阶段。上升阶段（繁荣）的最高点称为顶峰。然而，顶峰也是经济由盛转衰的转折点，此后经济就进入下降阶段（衰退），下降严重则经济进入萧条，其最低点称为谷底。当然，谷底也是经济由衰转盛的一个转折点，此后经济进入上升阶段。经济从一个顶峰到另一个顶峰，或者从一个谷底到另一个谷底，就是一次完整的经济周期。现代经济学关于经济周期的定义，建立在经济增长率变化的基础上，指的是经济增长率上升和下降的交替过程。

四阶段法将经济周期分为四个阶段：繁荣、衰退、萧条、复苏。

关于经济周期的解释有外因论和内因论。

外因论认为，经济周期源于经济体系之外的因素——太阳黑子、战争、革命、选举、金矿或新资源的发现、科学突破或技术创新等。

内因论认为，经济周期源于经济体系内部是收入、成本、投资在市场机制作用下的必然现象。我国经济周期具有特殊性。与欧美发达国家经济发展周期不同，我国经济走势与政治走向高度相关，10 年左右的经济周期基本与党和政府最高决策圈的更替周期一致。此外，我国经济周期与世界经济周期基本同步，我国政府换届效应及设备更新替换等因素也对经济周期有一定的影响。

📖 案例讨论

（1）改革开放以来我国经济周期分为哪几个阶段？
（2）试分析我国经济周期产生的原因。

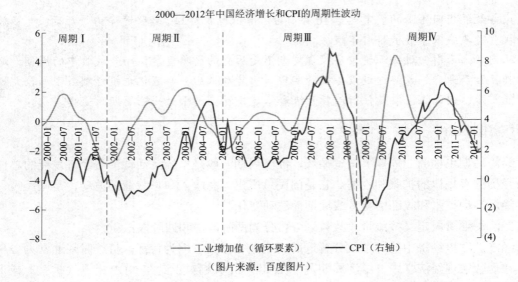

2000—2012年中国经济增长和CPI的周期性波动

工业增加值（循环要素）　　CPI（右轴）

（图片来源：百度图片）

【案例16-5】准确理解和把握共享发展理念的深刻内涵

案例适用知识点

经济增长和经济发展理论

案例来源

马占魁，孙存良. 准确理解和把握共享发展理念的深刻内涵. 光明日报，2016-06-19.

案例内容

共享是中国特色社会主义的本质要求。党的十八届五中全会将共享作为五大发展理念之一提出，并强调坚持共享发展，必须坚持发展为了人民、发展依靠人民、发展成果由人民共享，做出更有效的制度安排，使全体人民在共建共享发展中有更多获得感，增强发展动力，增进人民团结，朝着共同富裕方向稳步前进。这是对我们党经济社会发展理念的创新发展，反映了我们党对共产党执政规律、社会主义建设规律、人类社会发展规律认识的升华，是新形势下推动经济社会发展的基本遵循和重要指南。牢固树立和切实贯彻共享发展理念，首先要准确理解领会其深刻内涵。

从覆盖人群而言，共享是全民共享。全民共享改革发展成果，是我们国家性质和党的宗旨决定的。习近平同志指出，广大人民群众共享改革发展成果，是社会主义的本质要求，是我们党坚持全心全意为人民服务根本宗旨的重要体现。第一，全民共享就是全体人民都能从改革发展中受益。改革发展搞得成功不成功，最终的判断标准是人民是不是共同享受到了改革发展成果。人民既是抽象的、整体的，又是具体的、分阶层的。全民共享就要使各阶层、各民族、各地区的人民都能享受到改革发展成果，一个民族也不能少，绝不让一个人掉队。第二，全民共享绝不意味着没有差别。人的智力高低、体力大小、努力程度，以及家庭条件的差异是客观的。在社会主义初级阶段，如果搞没有差别的平均主义"大锅饭"，对于付出更多劳动、更多努力，拥有更多知识、更多资本，创造更多价值、做出更多贡献的人是不公平的，也不符合事物发展规律和社会差别原则。全民共享就是要做到每个公民付出与回报成适当比例，根据付出各得其所。第三，全民共享的差距不能过大。社会主义不是少数人富起来、大多数人穷下去，绝不能出现"富者累巨万，而贫者食糟糠"的现象。如果人与人享有的改革发展成果差距悬殊，出现两极分化，既不符合社会主义原则，又会带来社会不稳定、经济发展受损等严重问题。全民共享，就要把贫富差距控制在合理的区间。我国现阶段，改革发展成果惠及全体人民方面还存在一些突出问题，必须引起高度重视，逐步加以解决。党的十八届五中全会提出，按照人人参与、人人尽力、人人享有的要求，坚守底线、突出重点、完善制度、引导预期，注重机会公平，保障基本民生，实现全体人民共同迈入全面小康社会。这就必须坚持和完善社会主义基本经济制度和分配制度，深化收入分配制度改革和社会保障制度改革，加大再分配调节力度，在做大"蛋糕"的同时分好"蛋糕"，精准打好脱贫攻坚战，努力缩小城乡、区域、行业收入差距，让全体人民都能享受到改革发展成果，朝着共同富裕的方向稳步前进。

从享受内容而言，共享是全面共享。社会的发展是全面的发展，人民的需求是全面的需求。发展的全面性和人需求的全面性，决定了人民共享的全面性。从领域来说，全面共享是包括经济、政治、文化、社会、生态等各方面的共享，任何一个方面都不能缺位。有些人一说到共享，就把共享简单等同于共享经济发展成果，这是一种片面的误读。共享经济发展成果，是最重要、最基础的共享，但不是共享的唯一内容。特别是随着社会的发展进步和人民生活水平的提高，人民对政治权利、精神文化、社会保障、生态环境等方面共享的需求更加强烈。这就要求统筹推动经济建设、政治建设、文化建设、社会建设和生态文明建设，使各方面协调发展，全面保障人民各方面的合法权益；把人民的关注点变为工作的着力点，积极解决人民群众最关心、最直接、最现实的利益问题，在解决住房、就业、孩子上学、食品安全、退休养老、医疗卫生、环境污染等重大现实问题上取得进展，不断提高人民的获得感、满意度和幸福指数。从环节来说，全面共享包括发展权利、发展机会和发展成果的共享。发展权利共享是共享的逻辑起点和先决条件，发展机会共享是共享发展成果的主要内容和关键所在，发展成果共享是共享的重要体现和必然结果。由于复杂的社会历史原因，当前我国不仅存在发展成果共享的不平等，还存在发展权利、发展机会共享的不平等。比如，人们所处地区不同、家庭出身不同、体制编制不同，在享受教育、就业、社保等方面还存在不少差异。必须本着公平正义原则，不断完善相关制度规定，为每一个人提供平等参与社会发展的权利和机会，实现人生理想和抱负。正如习近平同志所强调的，生活在我们伟大祖国和伟大时代的中国人民，共同享有人生出彩的机会，共同享有梦想成真的机会，共同享有同祖国和时代一起成长与进步的机会。

从实现途径而言，共享是共建共享。共建是共享的基础和前提，人人共享需要人人共建。人民群众中不仅蕴藏着巨大的力量，而且蕴藏着无穷的智慧。中国特色社会主义事业只有紧紧依靠人民共同建设，才能不断发展进步。汉代王符说："大鹏之动，非一羽之轻也；骐骥之速，非一足之力也。"首先，要调动人民共同建设的积极性、主动性。当前，我国发展进入新阶段，经济发展进入新常态，面临着前所未有的机遇和挑战。只有尊重人民主体地位，发挥人民主人翁精神，充分发扬民主，广泛汇聚民智，极大激发民力，形成人人参与、人人尽力，人人都有成就感的生动局面，才能有效克服各种困难和挑战，推动经济社会又好又快发展。其次，要充分尊重人民的首创精神。人民的首创精神，是经济社会发展的原动力。随着我国经济社会发展进步，人民的文化素质不断提高，创新能力不断增强。党的十八届五中全会把创新作为五大发展理念之首，说明我们党对人民的首创精神的高度重视。尊重人民的首创精神，就要尊重劳动、尊重知识、尊重人才、尊重创造，就要解放思想、鼓励创新，宽容失败、允许试错，通过大众创业、万众创新，最大限度释放人民的创造潜能，让一切创造社会财富的源泉充分涌流。最后，要更加广泛凝神聚力推动发展。人心齐，泰山移。要真正把人民作为推进发展的主力军，始终相信人民，密切联系人民，紧紧依靠人民，用"四个全面"的战略布局和中国梦的宏伟蓝图，把广大人民更加紧密团结在党的周围，甚至包括最大限度用好可能争取的国际力量，努力形成全面建成小康社会、实现中华民族伟大复兴的强大合力。

从发展进程而言，共享是渐进共享。共享发展是我国社会主义建设的价值追求和既定目标。但罗马不是一天建成的，共享发展是一个从低级到高级、从不均衡到均衡的渐进过程，不可能一步到位、一蹴而就。我国现在仍然处于社会主义初级阶段，生产力发展水平还不高，加上历史遗留问题和自然资源差异等因素，发展不平衡、不协调、不可持续问题还比较突出，共享发展与人民的要求和期待相比差距还很大。推进共享发展，必须立足我国经济发展水平低、人口众多、资源短缺等基本国情，做出理性有效可行的政策制度安排。一方面要积极作为，努力合理回应人民群众诉求，落实先富带动后富的庄严承诺，加大对落后地区、低收入群体的投入支持力度，尤其要实施好精准扶贫政策，打好扶贫攻坚战；要打破不合理的行业垄断和地区壁垒，大力推进公共服务均等化，尽力解决当前必须解决和能够解决的共享不均问题。另一方面要脚踏实地，充分考虑各种客观条件和可承受能力，量力而行，循序渐进，分步实施，扎实有序地推进各项工作，积小胜为大胜，实现经济社会发展和民生改善的良性循环，防止草率冒进，欲速而不达，或寅吃卯粮，因过度投入而影响经济社会长期发展。同时，要加强舆论引导，既让人民坚定共享发展的信心和决心，又让人民看到共享发展的艰巨性、复杂性，使渐进共享、和谐发展成为举世共识。

全民共享、全面共享、共建共享、渐进共享，是紧密相关、融会相通的。全民共享是目标，全面共享是内容，共建共享是基础，渐进共享是途径，贯穿的核心是以人民为中心的发展思想，体现的价值是共同富裕和公平正义。

📖 案例分析

经济发展的最高目标和终极价值应该是人类发展。人类发展体现在人的各种能力的扩大上，包括：延长寿命的能力、享受健康身体的能力、获得更多知识的能力、拥有充分收入来购买各种商品和服务的能力、参与社会公共事务的能力等。但是，在历史上，一些国家由于单纯追求经济增长，主要依靠资源消耗和资金投入来拉动经济增长，不重视社会发展和社会公平，忽视环境保护和能源、资源的节约，结果形成了"有增长无发展"的局面，造成贫富两极分化、人口爆炸、农业衰败、粮食不足、资源短缺、环境污染等许多问题。出现了下列几种有增长而无人类发展的情况，（1）无工作的增长，即经济发展并没有伴随就业人数的增加。（2）无声的增长，即经济增长并没有伴随民主和自由的扩大。（3）无情的增长，即经济增长带来了贫富差距的扩大，两极分化严重。（4）无根的增长，即经济增长带来了民族传统文化的衰败。（5）无未来的增长，即经济增长伴随着环境恶化，生态平衡的破坏。

总之，经济增长并不一定会自动带来社会的发展，给广大人民带来更多的实惠，有时甚至会产生相反的结果。经过对经验的总结和对教训的反思，要求突破单纯追求经济增长的传统发展观的呼声渐起，共享发展理念逐渐被各个国家所接受。从覆盖人群而言，共享是全民共享。全民共享就要使各阶层、各民族、各地区的人民都能享受到改革发展成果，一个民族也不能少，绝不让一个人掉队；从享受内容而言，共享是全面共享。全面共享是包括经济、政治、文化、社会、生态等各方面的共享，任何一个方面都不能缺位；共享经济发展成果，是最重要、最基础的共享，但不是共享的唯一内容。特别是随着社会的发展进步和人民生活水平的提高，人民对政治权利、精神文化、社会保障、生态环境等方面共享的需求更加强烈。这就要求统筹推动经济建设、政治建设、文化建设、社会建设和生态文明建设，使各方面协调发展，全面保障人民各方面的合法权益。

📖 案例讨论

（1）如何全面理解共享发展理念的深刻内涵？

（2）你认为如何才能保证全体人民共享经济和社会发展成果？

（图片来源：百度图片）